舊金山全區大地圖

Angel Island,
South San Francisco,
Oakland,
Vallejo

San Francisco Bay

頂 Fisherman's Wharf
灘 Albatraz Ferry
ach

探索博物館

城 金融區
atown Financial
District

渡輪大廈

Embarcadero
Main
Fremont
Stewart
中央車站

Market
b
Bart Montgomery
b Powell
3rd
舊金山現代美術館

To Treasure Island

HWY 80

金銀島
Treasure Island

11th St.
Ave D
Ave B
9th St.
Ave Of the Palms
4th St.
California Ave

To Oakland

HWY 80

To San Francisco

b
Mission
Howard
4th
5th
Moscone
Center
2nd

下城區
SOMA
7th
Bryant
Brannan
Townsend
AT&T park
Berry
King

Mission Rock
Station

UCSF Mission
Bay Station

HWY 280

Potrero
Hill

Mississippi
Arkansas
Carolina
Rhode Island
Dakota

San Bruno
Utah

Terry A. Francois Blvd
Third
Tennessee
Indiana
Illinois

Mariposa Station

20th Station

Dogpatch
23rd
24th
25th
26th
23rd Street Station

Cesar Chavez
Marin
Tulare

Marin Street Station

N
W E
S

Napoleon
Custer
Davidson
Cargo Way

Hampshire

ewster
ntcalm

Jerrold

Oakdale

HWY 280

Evans Station

Faufax
Evans
Mendell
Hudson

Hunters Point
Middle Point

Heron's Head Park

Hudson Innes
Station

Industrial
Silver
Rankin
View
Phelps
Newhall

Bayview

Oakdale/Palou
Station

India Basin

Innes
Kiska
Lockwood

lton
ows
Phelps
Williams
Station
Lane
Keith
Shafter
Palou

Pier 45

Pier39

43 ½ 43

Pier41

F *Jefferson St.*

each

漁人碼頭 Fisherman's Wharf

47 *North Point*

Pier 35

F

Pier 33

Pier 31

30 **PM** *Water St.*

Pier 27–29

Francisco St.

Chestnut

柯伊特塔 Coit Tower

The Embarcadero

Pier 23

Lombard

北灘 North Beach

Telegraph Hill

Pier 19

Leavenworth

Columbus

30 Washington Square

Battery

Pier 17
Pier 15

F

Pier 9

Powell-Mason Cable Car

Stockton

41

Kearny St.

Sansome

Front

Davis

Pier

Jones

Taylor

Mason

Powell

10

30 Jackson Square Historical District

Pi

F

Drumm

中國城 Chinatown

41

Jus Hen Pla

貴族山 Nob Hill

1

45 Portsmouth Square

Sansome

Battery

Front

Davis

1

1 *California Street Cable Car*

1

California Street Cable Car 金融區

41

Leavenworth

Jones

Taylor

Financial District

C

b **Bart Emba**

市中心 Downtown

3

30

Grant

Kearny St.

Montgomery

30

10

3

聯合廣場 Union SQ.

Maiden Lane

F **b** **Bart Mongomery站**

Fremont St.
Beale St.
1st St.
Main St.

O'Farrell

Powell

Market St.

New Montgomery

2nd St
3rd St

14

Ellis

derloin

Eddy St.

PM

PH

Museum of Modern Art

Mission St.

Hawthorne St.

10

Fremont St. 出口2C

Ha Emb

T

80

b **Bart Powell站**

Moscone Convention Center

Harrison St.

Golden Gate Ave

5th St

Jessie

May

n Library

Jessie

b

7th St.

14

下城區 South of Market (SOMA)

Minnia St.

Natoma St.

Tehama St.

Clementina St.

Folsom St.

Shipley

Clara

5th street Downtown 出口2A

Lapu

Stillman St.

Taber Pl.

Varney Pl.

Federal

Bran

80

19

Mission St.

4th street 出口2

ter站

8th St

Tehama St.
Clementina St.

Langton St.
Hallam St.
Rodgers St.

Columbia

Columbia Square

Bryant

Morris St.

47

47

Ritch

Clarence Pl.

Stanford St.

45

30

7th street 出口1

Sheridan

Ringold St.

Harrison St.

Decatur

Brannan St.

Harriet St.

47

Caltrain Depot **T**

King

Berry

AT

Civic Center 9th St.出口433C

10

Townsend St.

Channel St.

19

San Francisco Bay

Ferr
Saus
Tibu
Alar

Aquatic Park 漁人

Crissy Field

North Point 梅森堡 海事博物館 North
Beach 47

Old Mason 藝術宮 Ch
Doyle Dr. Bay

Walt Disney Family Museum

Chestnut Russian Hill 47
Lombard Hill

Greenwich Cow Hollow/ Union Street

Union Pacific 貴族山 Nob Hill
Vallejo Heights Octavia Franklin Van Ness Polk Hyde
Pacific Buchanan Laguna 聯合
Scott Webster Union
Fillmore Steiner

Fillmore 日本城 38R 38
Sutter Japantown

O'Farrell 38R 38
西餘區 Ellis Jones Leavenworth
Anza Western Addition 49
38R Turk 47 b
Balboa Golden Gate Hayes Ce
McAllister Valley Bart Civic Cen

McLaren Lodge 嬉皮街區 Fulton Alamo Van Ness
Hayes Square T Muni Metro
Haight Oak Lower Fell 11th
Ashbury Haight Page HWY
Haight Waller Market 101
美景公園 N Duboce 49 14th
Roosevelt Upper 14 15th
Church St. Market 14R b
Muni Metro F 16th Bart 16th
17th Missic
Castro St. T 18th 14R 教會
Muni Metro 19th 14 Missic
卡斯楚街 M L K 20th 49 Showell
Castro 21st 14 Capp Mission
Eureka 22nd
Castro 23rd b
Noe 24th Valencia Bart 24t
Sanchez 25th 14
Douglas 26th Dolores
Hoffman Cesar Chave

Woodside Portola Diamond Heights Berna
O'Shaughnessy 14 Heig
Ulloa Diamond Heights 14R Bernal He
49 Prospect

Portal Muni Metro Marietta Randall
Teresita Laidley Fairmont
Bella Vista Addison
Glen Chenery 14R Mission College
Park Bosworth HWY
b Bart Glen Park 280
San Francisco City College Ney University
Judson Marnard Silver 49

個人旅行主張

有人在旅行中享受人生，
有人在進修中順便旅行。
有人隻身前往去認識更多的朋友，
有人跟團出國然後脫隊尋找個人的路線。
有人堅持不重複去玩過的地點，
有人每次出國都去同一個地方。
有人出發前計畫周詳，
有人是去了再說。
這就是面貌多樣的個人旅行。

不論你的選擇是什麼，
一本豐富而實用的旅遊隨身書，
可以讓你的夢想實現，
讓你的度假或出走留下飽滿的回憶。

有行動力的旅行，從太雅出版社開始。

個人旅行

98

舊金山

San Francisco

文字・攝影◎陳婉娜

太雅

個人旅行 *98*

舊金山

目錄

2　出版緣起／太雅出版社旅行主張
8　作者序・編輯室提醒
10　如何使用本書
12　舊金山十大性感帶
14　看懂舊金山標誌

16 【舊金山風情掠影】

- 18　舊金山歷史大事紀
- 22　舊金山非吃不可
- 34　舊金山非買不可
- 40　舊金山非乘不可
- 45　行程規畫

48 【舊金山分區導覽】

■50　聯合廣場

熱門景點　　54
聯合廣場公園／仕女巷／舊金山遊客中心
／美國國際藝術美術館／蘋果旗艦店／叮噹車總站

美食餐飲　　61
購物名店　　65
夜生活　　　68
70　**深度特寫**：十大必逛潮店

■72　下城區周邊

熱門景點　　75
加州歷史學會／猶太博物館／舊金山現代美術館
／芳草地花園／非洲博物館／兒童創意博物館

美食餐飲　　86
購物名店　　89

■90　漁人碼頭

熱門景點　　94

39號碼頭／41號碼頭／海灣水族館／探索博物館／USS潛水艇／SS戰艦／機械博物館／海德街碼頭／海事博物館

美食餐飲　　101
購物名店　　106
108　**深度特寫**：舊金山離島逍遙遊

■112　北灘、電報山周邊

熱門景點　　115

花街／華盛頓廣場／科伊特塔／披頭族博物館

美食餐飲　　121
購物名店　　125
夜生活　　　127

■130　中國城

熱門景點　　133

中國牌坊／中華史學會／聖瑪麗古教堂／花園角廣場／天后宮／金門幸運餅家

美食餐飲　　138
購物名店　　139

■140　卡斯楚街、教會區周邊

熱門景點　　143

Harvey Milk廣場／舊金山同志社區中心／卡斯楚戲院／雙峰／都勒教會／壁畫藝術與遊客中心

美食餐飲　　147
購物名店　　153
154　**深度特寫**：教會區壁畫排行榜

■**160　嬉皮街周邊**
熱門景點　　163
美景公園／亞拉摩廣場／紅色維多利亞旅館
美食餐飲　　168
購物名店　　169
170　**深度特寫：二手衣店淘寶樂**

■**172　市政中心、日本城周邊**
熱門景點　　175
市政廳／舊金山總圖書館／亞洲藝術博物館／聯合國廣場／大戰紀念歌
劇院／退伍軍人館／路易斯戴維斯交響樂廳／日本城
美食餐飲　　182
購物名店　　183
夜生活　　　183

■**184　金門公園**
熱門景點　　187
迪楊博物館／溫室花房／加州科學館／音樂廣場／日本茶園／莎士比亞
花園／史托湖／鬱金香花園
美食餐飲　　196

■**198　金融區、恩巴卡德羅中心**
熱門景點　　200
環美金字塔／富國銀行博物館／舊金山鐵路博物館／渡輪大廈／赫曼廣場
美食餐飲　　207
購物名店　　210
夜生活　　　211

■**212　濱海區**
熱門景點　　214
金門大橋／藝術宮／梅森堡／城寨區／加州
榮民堂／華德狄斯耐博物館／莉莉安泰之屋
美食餐飲　　222
購物名店　　223
224　**深度特寫：聖誕園遊會搶熱鬧**

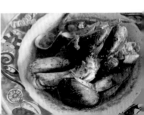

■226　貴族山

熱門景點　　228
慈恩堂／叮噹車博物館
美食餐飲　　230

233 【舊金山住宿情報】

■234　選擇住宿三步驟
■237　舊金山旅館精選

246 【舊金山郊區一日遊】

■248　納帕酒鄉
■260　柏克萊大學
■270　如何參加當地短期旅行團

272 【舊金山旅遊黃頁簿】

■272　前往與抵達　　　■278　消費購物
■274　航空交通　　　　■279　日常生活資訊
■278　觀光客服務台

全書地圖目錄

舊金山全區大地圖、市中心	卡斯楚街、教會區周邊地圖 142
地圖、捷運Bart路線圖　　拉頁	嬉皮街周邊地圖 162
叮噹車、F線骨董街車路線圖 41	市政中心、日本城周邊地圖 174
聯合廣場區地圖 52	金門公園地圖 186
下城區周邊地圖 74	金融區、恩巴卡德羅中心地圖 200
芳草地花園地圖 82	濱海區地圖 213
漁人碼頭區地圖 92	貴族山地圖 227
渡輪路線圖 111	舊金山郊區簡圖 247
北灘、電報山周邊地圖 114	納帕酒鄉地圖 252
中國城區地圖 132	柏克萊大學地圖 261

7

來自編輯室

作 者 序

人生有多少個10年？算一算，這本書居然是我出版的第11本書了，別人用日記來記錄生命，而我好像是用書來寫自己的生活。

過去的旅行，是一種奢侈又幸福的夢想實現，當旅行不再是夢想，不再是奢侈品，而變成了一種生活，那會是什麼樣的感覺呢？

多年以前，我像個小女生般，背著雙肩背，腳踏著球鞋，穿梭在舊金山的大街小巷，好奇地無盡探險。然後，腳步就再也離不開了，旅居在舊金山周邊，一住就是好多個年頭，當初的夢想變成了生活的一部分，自己也快變成半個舊金山人了。1/2的舊金山習性，常在血脈裡蠢蠢欲動，每年回台灣常鬧笑話不說，還會不時懷念起舊金山我最愛的Blue Bottle Coffee、還有IN N OUT Burger那爆汁的好滋味！時空轉換，如今異鄉都快變故鄉了，今日，你的旅行腳步都變成了我生活最道地的印記了，當過去的流浪落實成生活，這真是一種難得的幸福。

感謝太雅出版社慷慨的增頁，原來預定250頁出版的書，因為寫得太精采、太盡興，最後超頁出版，感謝辛苦的編輯們，Daniel、Brendan和所有協助過這本書的朋友們，最後想將此書獻給我的父母，期待我的父親早日康復，有一日，和我同遊舊金山。

陳婉娜

關 於 作 者　陳婉娜

一個無可救藥的自遊控，遊牧過世界五十多個城市，自稱為「字耕農」的好遊份子，喜歡耕字維生、閱讀維生、旅行維生，最後停腳舊金山，旅居舊金山灣區20年。端莊的遊法向來是我行李箱的絕緣體，總是偏好道地及隱藏版的次旅行，一個以四處搜集美食為樂的享樂份子，曾任知名時尚雜誌的總編輯、報社專欄作家、電視台客串主播、中文播音員，現在隨文字流浪，並出版過11本著作。

銘傳大學大眾傳播系及舊金山藝術大學(San Francisco Academy of Art University)電腦藝術系畢業，曾任福茂唱片企劃宣傳、ICRT電台播音、哈潑時尚雜誌(Harper's Bazaar Magazine)總編輯、美國星島日報生活版撰述……，著有《開始在美國自助旅行》、《開始到洛杉磯玩遊樂園》、《喜馬拉雅山腳下的臭襪子》等多本著作。詳見影音介紹：www.youtube.com/watch?v=eB6L3uYCrS0

編 輯 室 提 醒

出發前，請記得利用書上提供的Data再一次確認

每一個城市都是有生命的，會隨著時間不斷成長，「改變」於是成為不可避免的常態，雖然本書的作者與編輯已經盡力，讓書中呈現最新最完整的資訊，但是，我們仍要提醒本書的讀者，必要的時候，請多利用書中的電話，再次確認相關訊息。

資訊不代表對服務品質的背書

本書作者所提供的飯店、餐廳、商店等等資訊，是作者個人經歷或採訪獲得的資訊，本書作者盡力介紹有特色與價值的旅遊資訊，但是過去有讀者因為店家或機構服務 態度不佳，而產生對作者的誤解。敝社申明，「服務」是一種「人為」，作者無法為所有服務生或任何機構的職員背書他們的品行，甚或是費用與服務內容也會隨時間調動，所以，因時因地因人，可能會與作者的體會不同，這也是旅行的特質。

新版與舊版

太雅旅遊書中銷售穩定的書籍，會不斷再版，並利用再版時做修訂。通常修訂時，還會新增餐廳、店家，重新製作專題，所以舊版的經典之作，可能會縮小版面，或是僅以情報簡短附錄。不論我們作何改變，一定考量讀者的利益。

票價震盪現象

越受歡迎的觀光城市，參觀門票和交通票券的價格，越容易調漲，但是調幅不大(例如倫敦)，若出現跟書中的價格有微小差距，請以平常心接受。

謝謝眾多讀者的來信

過去太雅旅遊書，透過非常多讀者的來信，得知更多的資訊，甚至幫忙修訂，非常感謝你們幫忙的熱心與愛好旅遊的熱情。歡迎讀者將你所知道的變動後訊息，善用我們提供的「線上讀者情報上傳表單」或是直接寫信來taiya@morningstar.com.tw，讓華文旅遊者在世界成為彼此的幫助。

太雅旅行作家俱樂部

如何使用本書

　　本書精采單元有：風情掠影、行程建議、城市導覽、逛街購物、美食餐飲、住宿情報、旅遊黃頁簿，迅速領略舊金山特色與文化。而各城市導覽中，除了必遊的熱門景點、美食餐飲與購物地圖，也提供玩家交流，將作者私人心得完全公開。而實用的住宿情報，與貼心的旅遊黃頁簿，則讓行前準備與在地遊玩休憩計畫更臻完善。

先作功課的：

　　【風情掠影】本章讓讀者在行前先了解舊金山的魅力：不但有舊金山歷史簡介，也提及舊金山最特殊的多元文化；文中還詳述了舊金山非吃不可的特色美食、非買不可的精品；以及遊客到舊金山絕不可錯過的叮噹車與骨董車之旅；最後並貼心設計1～7天的行程，自助旅行者可以依樣安排行程，完全不必傷腦筋。

　　【旅遊黃頁簿】遊客行前請先詳讀公共巴士、叮噹車、捷運Bart一節，讓遊覽舊金山更為便捷。本章亦提供各月分節慶表，想藉節慶更融入民情的遊客務必先做研究，才不會去錯時節而扼腕興嘆。

邊走邊看的：

　　【地圖與說明圖】書中包含20張地圖與說明圖，所有內文提到的景點、餐廳、旅館，地圖上幾乎都有標示；特色地區更提供遊程說明圖。讓讀者一書在手，旅程無憂。

　　【熱門景點】每個地區不容錯過的好玩地方都有詳盡資料與介紹，讓你清楚知道該怎麼去、該怎麼玩、該看些什麼。

　　【旅行小抄】【玩家交流】【知識充電站】有的提供更詳盡的旅遊資訊、有的談及更深入的風土民情背景資料；有的是作者獨門的旅遊小撇步，讓你省時、省錢、省力，又玩得更開心。

　　【郊區一日遊】如果時間有餘，可以前往郊區走走。像附近的Napa酒鄉與柏克萊大學，都是舊金山郊區重量級的景點之一。

需要時查詢的：

　　【美食推薦】【住宿情報】【購物名店】有餐廳、店家或旅館的概況介紹，也有營業時間、地址、電話等聯絡資料，而且在地圖上都有明確標示，讓你吃、住、血拼全都不用苦苦尋覓。

　　【旅遊黃頁簿】本章詳述前往舊金山所需重要資訊，包括簽證、機場、交通、消費購物、電話使用、貨幣、訂房、旅遊中心等等；內容豐富，全都是最實用的新資料。

※全書幣值以美金為單位。

各主題單元開版　　　索引小目錄

玩家交流　分區概況導覽

一日遊建議　城市分區地圖　熱門景點介紹

美食餐廳　　購物名店　　夜生活介紹

特殊專題介紹　　旅行小抄

郊區一日遊，玩得更深入

內文資訊符號

- **$** 價格・費用
- **✉** 地址
- **☎** 電話
- **⏰** 營業・開放時間
- **http** 網址
- **@** 電子信箱
- **FAX** 傳真
- **休** 休息・公休日
- **MAP** 地圖位置
- **➡** 前往方法
- **⁉** 注意事項

地圖資訊符號

- **🍴** 餐廳
- **🏠** 旅館住宿
- **🛍** 購物商店・百貨公司
- **📷** 旅遊景點
- **ℹ** 旅客諮詢處
- **🚌** 巴士・巴士站
- **✈** 機場
- **🚢** 遊輪・碼頭
- **🚃** 電車・地鐵
- **M** 捷運

舊金山十大性感帶
San Francisco Neighborhoods

在陽光下閃耀的多霧城市，
43座山丘起伏、層次分明的美景，
就像一個多情又多變的窈窕女人，
沒有走過她的性感地帶，又怎麼算是來過舊金山呢！

16 惡魔島
Alcatraz Island

3 漁人碼頭
Fisherman's Wharf

4 北灘
North Beach

10 濱海區
Marina

13 貴族山
Nob Hill

5 金融區
Financial District

11 中國城
China Town

14 列治文區／城寨區
Richmond/Presidio

1 聯合廣場
Union Square

15 金銀島
Treasure Island

12 市政中心
Civic Center

2 下城區
SOMA

8 嬉皮街
Haight Street

7 教會區
Mission District

6 卡斯楚街
Castro Street

9 金門公園
Golden Gate Park

1 聯合廣場 Union Square

舊金山的交通大樞紐，名牌店很少能逃離這兒，是你血拼到虐心的地雷區。

速配公車：2、3、4、30、45、76、J、K、L、M、N、F，或搭Bart在Powell站

重要景點：聯合廣場公園

★最新最強蘋果旗艦店就在本區(P.58)

2 下城區 SOMA/Yerba Buena

史上最強的文青寶地，博物館雲集逛到你腿軟。

速配公車：5、9、14、30、38、45、J、L、M、N、F，或搭Bart在Powell站

重要景點：舊金山現代美術館、芳草地花園

★全新登場舊金山現代美術館(P.76)

3 漁人碼頭 Fisherman's Wharf

迷人的海灣景色，襯著數百隻海狗的叫聲，在悠閒的甲板上散步，捕捉你自己野生的一天。

速配公車：10、19、39、47、F，或搭Cable Car的Powell-Mason、Powell-Hyde線

重要景點：39號碼頭、惡魔島

4 北灘 North Beach

咖啡與文學為這裡背書，是舊金山文學與咖啡的起源地，尋根的意味濃厚，腳步裡有說不完的好聽故事。

速配公車：12、30、41、45，或搭Cable Car的Powell-Mason線

重要景點：九曲花街、柯伊特塔、華盛頓廣場

5 金融區 Financial District

結合當地農產品的手作美食市集，成為逛渡輪大廈的另一種風情，吃吃喝喝的小確幸，也能乘船出海逛離島。

速配公車：2、6、7、9、14、21、31、32、66、71、F

重要景點：渡輪大廈、環美金字塔

6 卡斯楚街 Castro Street

這條全世界最同志氣氛的街，在彩虹旗的國度下，體驗性別異世界。

速配公車：22、24、33、35、37、K、L、M、F

重要景點：雙峰、同志酒吧

7 教會區 Mission District

到處都是色彩鮮豔的大型壁畫，舊金山最好吃的甜點、墨西哥菜、咖啡廳全都開在這兒。

速配公車：48、67，或搭Bart在24th street站

重要景點：都勒教會、巴米巷、克萊爾巷

8 嬉皮街 Haight Street

朝聖嬉皮運動的起源地，二手衣店、刺青店、搞怪店……等，反傳統就是這麼簡單。

速配公車：6、7、24、33、71

重要景點：亞拉摩廣場、Haight and Ashbury交叉街角

9 金門公園 Golden Gate Park

全世界最大的城市公園，被稱為是舊金山的肺臟，無數的博物館為它加碼演出，絕對可以玩上一整天。

速配公車：5、44、71、N

重要景點：溫室花房、加州科學館、迪揚美術館

10 濱海區 Marina

捕捉最美的無敵海景，沒有走過金門大橋，就不算來過舊金山。

速配公車：28、29、76

重要景點：金門大橋、藝術宮、加州榮民堂

看懂舊金山標誌

行人道按鈕

停車場

男女廁、身障廁所

紅燈停

綠燈行

公廁

Muni公車

Bart捷運

停止載客服務

Geary街
(前300號
往左)

**快速結
帳櫃檯**
(10件以下)

觀光客在舊金山 一定要做的 10 件事

1. 與金門大橋合影
2. 坐叮噹車去兜風
3. 參加維多利亞屋導覽團
4. 漁人碼頭出海遊惡魔島
5. 遍嘗道地美食與百年餐廳
6. 血拼聯合廣場
7. 坐坐北灘人文咖啡館
8. 逛Napa酒鄉品美酒
9. 朝聖城市之光書店
10. 漫步在花街

詢問亭

計程車招呼站(往右)

禁止跨越

再多4~5折

請繞路

禁止停車時段限制

清倉特賣

回收垃圾

一般垃圾

廚餘

無麩質

當地人在舊金山一定會做的 10 件事

1. 逛Ferry Building的農夫市場
2. 看Beach Blanket Babylon的秀
3. 坐坐同性戀酒吧、人妖餐廳
4. 逛Outlets、二手衣店(Second-Hand store and Thrift store)
5. 在金門公園騎腳踏車或玩滑板
6. 坐露天咖啡座，喝Blue Bottle Coffee
7. 到Union street、Fillmore street、Chestnut street逛街
8. Tiburon小島放風箏
9. 逛Napa酒鄉騎單車、洗泥巴浴
10. 到AT&T Park去看巨人(Giants)棒球隊比賽

舊金山
風情掠影

圖片提供／安宇

舊金山歷史大事紀　　　　**p18**

舊金山非吃不可　　　　　**p22**

舊金山非買不可　　　　　**p34**

舊金山非乘不可　　　　　**p40**

行程規畫　　　　　　　　**p45**

舊金山歷史大事紀

複雜又多變的情緒都收納在這寬大的胸懷裡，融合出一種特有的活力與氣氛、歷史與現代、傳統與叛逆、優雅與解放、純樸與世俗，兼容並蓄從不互相矛盾，翻開舊金山的前世今生，這就是舊金山了，無以倫比的多元化美麗。

1500以前

Miwork、Ohlone和Wituk印第安人部落，居住在大部分的北加州。

1776

除了原住民的印第安人外，還出現過西班牙人及新英格蘭人的蹤跡，1776年船長Juan Bautista De Anza到達舊金山，建立了Mission Dolores。

1821

1821年墨西哥脫離了西班牙的統治，開始有一些商船及漁船在舊金山下錨。

1848(Gold Rush)

金礦在內華達山脈被發現，前來舊金山淘金的人越來越多。

因為淘金的熱潮，原來僅有500名居民的舊金山，短短2年內人數就暴增為2萬人，之後吸引了20萬移民前來淘金，1848～1852年總共開採出2億美元的金礦，之後產量就每下愈況，到1854年已接近尾聲。之後又發現銀礦，1863年光是太陽山(Sun Mountain)附近的銀礦產量就高達4千萬美金，因而造就了不少的富翁及金融活動。

1852(Pony Express)

Wells Fargo開展業務，往後發展出Pony Express的郵遞業務。

富國銀行(Wells Fargo Bank)於1852年成立，除了是西岸最大的銀行，也是連絡加州礦場到東岸的運輸公司，其中最著名的服務，就是從礦場運

出黃金，並協助當時的礦工運回生活上的必需品。旗下的小馬快遞隊相當有名，以馬匹來運輸貨物或郵件，連結西岸舊金山到美國東岸密蘇里，是運輸上的創舉。之後由於電報技術的發明，及美國南北戰爭導致的業務量遞減，1861年10月26日，小馬快遞宣布結束營業，至此進入新的電訊時代。

小馬快遞曾風光一時

1862

淘金熱突顯了橫貫美國東西兩岸的迫切需要，於是美國國會在1862年批准興建大陸鐵路的方案，整條鐵路共耗時6年興建，投注了大量的中國勞工，終於在1869年完成，過程中無數人失去了性命，卻換來了這個橫越大美國的劃時代工程，至此從東到西只需6天半的時間。

1873(Cable Car)

叮噹車開始行駛於Clay Street。

1906(SF earthquake)

1906年4月18日下午5時12分，八級大地震重創舊金山，幾乎全毀。

1906年的這一天，位於聖安地列斷層(San Andreas Fault)附近的舊金山，2個板塊在斷層處移動了15英尺，巨大的能量造成了前所未見的大地震，大部分的建築呈骨牌狀倒下、電車的軌道如扭曲般被扯斷、水管破裂、煤氣管爆炸，接著全城大火燃燒了3天3夜，高達1,500度高溫，濃濃的煙霧高達8公里，連80公里以外也清晰可見。共514條街道毀於祝融，2萬8千棟房屋倒塌，死亡人數估算從700～3000人以上，有25～30萬人無家可歸，宛如一座死城。

舊金山小檔案

人口：85萬以上

面積：46.7平方英里

人口密度：全美第二大(僅次於紐約)

地理：位於美國西岸加州，瀕臨太平洋

氣候：海洋型、地中海型氣候

匯率：美元兌台幣約1: 31(即時匯率

　　　可查www.taiwanrate.org)

時差：比台灣慢16小時

　　　(日光節約時間為15小時)

電壓：120伏特(與台灣同)

1915

巴拿馬太平洋博覽會1915年在舊金山舉行，為期288天。地震後全體市民齊心重建，原本陳舊的市容、雜亂的街道，反而因為重新規畫整修的新建築，讓城市有如洗牌般煥然一新，讓全世界的人見證了她的重生。

1936

海灣大橋Bay Bridge通車，連接舊金山與東灣的交通。

1939

1939～1945年第二次世界大戰爆發，當時美國軍方開始按計畫解雇一批接一批的同性戀者，這些在舊金山下船，遭到無情解雇的社會邊緣人，因為無顏回到故鄉，便在舊金山定居了下來。當時的舊金山人相當排斥他們，不但隨時拘捕，更將他們從政府工作中除名。

1945

聯合國總部設於舊金山。

1950(Beatniks)

1950年代，一場文學上的文藝復興悄悄地在北灘(North Beach)上萌芽。

手染衫是當年嬉皮的象徵

當時城市之光書店(City Light Bookstore)的老闆費倫蓋提(Lawrence Ferlinghetti)，和一群思想叛逆、前衛的年輕作家們，如亞倫金斯伯(Allen Ginsberg)、傑克凱魯亞克(Jack Kerouac)等，組合成了新興的文學浪潮「Beatniks」，漸漸醞釀成為往後的嬉皮運動(Hippie Movement)。

1961

1961年，原本在黑貓酒吧工作的女演員Jose Sarria，因為不滿警察對同性戀者的不公平對待，跑去競選監察委員，沒想到居然獲得相當高的選票，至此，政治家們嗅出了新的選票勢力，使得酷兒勢力得以抬頭。

1967(Summer of Love)

1967年1月14日，嬉皮運動進入最高峰。

大批的嬉皮湧入金門公園，他們在這兒集會、演講、唱歌、跳舞，高舉著「只要做愛！不要打仗」的旗幟，這群崇尚自由、反戰的年輕激進份子，蓄著直直的長髮，穿著手染的絞染衫、隨意亂搭的喇叭褲，繼金門公園的集會後，Haight Street上的嬉皮們，宣布將這個夏天獻給了愛、和平和迷幻藥LSD，這就是震撼全世界的夏日之愛(Summer of Love)活動。

1972

第一次同志大遊行在Castro street展開。

1977(Gay Culture)

1977年，Harvey Milk當選了監察委員，為美國第一個出櫃的同志政府官員。

雖然Harvey Milk和同樣支持同志的舊金山市長George Moscone，在1978年11月27日，雙雙遭到仇視同志的監察委員Dan White槍殺，但同志勢力儼然成型。他們大量聚集在今日的Castro Street一帶，女同志則以Valencia Street為據點，舊金山成為同性文化解放的聖地。

卡斯楚街上四處飄揚著代表同志文化的彩虹旗

1980

矽谷及蘋果電腦開始蓬勃發展，進入電腦工業新紀元。

1989

七級地震襲擊灣區，62人喪生，數千人受傷，損失60億美元。

1998

新法規定禁止在餐廳及酒吧吸菸。

2002

Dot-com網路工業泡沫化，重創股票市場。

2004

舊金山市長Newsom下令頒發同性戀結婚證書，造成全美一片嘩然。

倖存的維多利亞房屋，日後成為舊金山的象徵之一

2005

捷運Bart成為全美第一個擁有全程通話(Wireless Communication)的交通系統，即使行駛在地下隧道，撥打手機全程通話無阻。

2010～

興建中央車站Transbay Transit Center，成為美國西岸最大的交通系統轉運中心。

中央車站於2010年開始動工，預計2019年完成，屆時所有的公車、鐵路、灰狗巴士、Bart等共11個交通系統齊結於此，帶你到城市的心臟地帶。

舊金山非吃不可

獨家在地美食

獨家的在地美食，正港舊金山的道地料理，絕不能錯過的朝聖目標。

當格那斯大螃蟹Dungeness crab

舊金山灣特產的Dungeness螃蟹顯得又肥又大，吃起來肉質非常鮮美，會彈牙的韌性加上豐富而多汁的肉質，絕對讓你口齒留香。

每年11月通常是它的季節，一直延續到來年的6、7月，其產地從北方的阿拉斯加一路往南，延伸到舊金山南方的Santa Cruz，由於這種螃蟹滿大的，有巨蟹(Master Crab)之稱。

除了在舊金山各大餐廳常見到它的身影之外，最道地的吃法是到漁人碼頭上45號碼頭的海鮮大排檔吃立吞，無論是清蒸吃原味、快炒或炭烤，雖然是站著吃卻風味十足，另外漁人碼頭39號碼頭上的許多海鮮餐廳，或是當地超夯的吃蟹餐廳Thanh Long，都是品嘗Dungeness Crab的高級享受。

圖片提供／San Francisco Travel Association/Jack Hollingsworth

● **Thanh Long**
✉ 4101 Judah St
☎ (415)6651146

● **Crab House at Pier 39**
✉ 203 C Pier 39, Fisherman's Wharf
☎ (415)4342722

美味加州菜California Cuisine

加州向來農產富足，有新鮮的蔬菜水果，Napa酒鄉特產的葡萄酒更風靡全球，這裡也是美國最早使用有機肥料種植農產品的市場，而加州烹調菜式(California Cuisine)正展現了它的優點。

這種特殊的烹調方法非常講究新鮮的食材，全部採用當地當季最新鮮的材料，多來自當地的農場，然後以簡單的手法來展現食物鮮美的原味。

位於柏克萊的Chez Panisee餐廳(268頁)，相傳是加州烹調(California Cuisine)的發源地，Chez Panisee的主人Alice Waters是California Cuisine發明人。研發於1971年，由於過去高級餐廳多為歐式烹調，Alice Waters大膽採用當地特產、新鮮的農產，而做出了加州菜獨有的口味。

煎牡蠣蛋捲Hangtown Fry

1850年淘金熱時期留下來的高級美食，因為當時的雞蛋算是高級食材，而培根都得從東岸進口，再加上牡蠣又是遠從100英里的外海，千里迢迢而來，因此煎牡蠣蛋捲在當時得來相當不易。

要吃道地的Hangtown Fry，就要到約翰燒烤店(John's Grill，61頁)，這個老餐廳因為偵探小說家漢米特(Dashiell Hammett)而聲名大噪，據說他就最愛吃店裡的煎牡蠣蛋捲。另外舊金山的百年老店Tadich Grill(207頁)，菜單上有Hangtown Fry已有160年的歷史。

義式海鮮湯鍋Cioppino

酸酸辣辣的海鮮湯，裡頭食材豐富得不得了，肥美的Dungeness蟹腳、新鮮的魚肉、大蝦、牡蠣、蚌殼、干貝等海鮮，在番茄與美酒的烹調下，色澤鮮美、香氣四溢，微酸的甜美讓你齒頰留香。

這道舊金山獨家發明的美食，如今成了舊金山義大利餐廳裡的招牌菜之一，傳說在19世紀中後期，上岸的漁夫都會叫一碗Cioppino來填飽肚子，這種色澤鮮美的番茄海鮮燉湯，在義大利文的意思是「剁得好」（Chopped fine），除了新鮮的海鮮，還放入了奶油、洋蔥、橄欖油、蒜頭、苦艾酒、芹菜、番茄等加以調製，湯頭酸甜好喝。相傳來自義大利的移民、Alioto's餐廳（101頁）老闆的太太，是這道料理的發明人。

波丁酸麵包Boudin Sourdouch

這是從1850年淘金熱時期就留下來的美食，一種酸酸的麵包，一口咬下，非常有彈性又有嚼勁，從過去採礦工人帶進礦坑的午餐，變成了現今舊金山餐廳桌上，最常見的餐前麵包。

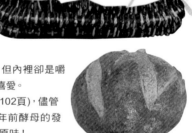

發明酸麵包的相傳是來自法國的麵包師傅Isidore Boudin，1849年他發明了一種特殊的麵包發酵方法，讓麵包帶著微微的酸味，外皮偏厚硬，但內裡卻是嚼勁十足的好滋味，結果大受淘金工人的喜愛。

如今的Boudin旗艦店位在漁人碼頭（102頁），儘管經過了上百年的歲月，仍然堅持使用百年前酵母的發酵方法來製作麵包，可謂百年來的原汁原味！

幸運餅Fortune Cookie

外型像是中國元寶的小餅乾，咬下去脆脆爽口，空心的餅乾中央，藏著一張小紙條，上面寫著小預言和幸運號碼等等。

相傳幸運餅是1909年，金門公園日本茶園的園藝家荻原誠發明的（137頁），將近有100年的歷史。只要光臨舊金山的中國餐廳，大多餐後都會免費送上一份，1人1個，因此，餐後大家吃幸運餅、拆紙條，已經變成了舊金山特殊的美食文化。

一年兩次的Dine About Town

玩家交流

價格不斐的高級餐廳，怎麼樣才能以較便宜的價錢書到呢？每年1月和6月通常是Dine About Town舉辦的日子，為期兩週，在此期間內，許多舊金山的餐廳都會推出低價特餐，其中也不乏米其林餐廳，如果你恰好在這些月分來玩，別忘了到舊金山旅遊局官網查一下。

舊金山旅遊局官網
http www.sftravel.com

旅行小抄

舊金山米其林哪裡吃？

被米其林賦予星級是餐廳相當大的榮譽，也標榜著一定的烹飪水平，但價格自然不斐，如果對以下餐廳有興趣，可到Open Table網站查詢訂位。

http www.opentable.com

區域別	星別（最高三顆星）	
	一星	二星／三星
North Beach／Fisherman Wharf／Marina	Gary Danko(104頁) Spruce Spqr Nico Octavia	Coi(二星) Atelier Crenn(二星) Quince(三星)
Union Square／Financial District	Micheal Mina Kin Khao	Campton Place(二星)(61頁)
Mission／Castro District／Richmond & Sunset	Aziza Wako Al's Place Aster Commonwealth Californios	Lazy Bear(二星)
Nob Hill	Son's & Daughters Keiko a Nob Hill Lord Stanley Mister Jin's	Acquerello(二星)
SOMA District／Civic Center	Luce State Bird Provisions Ame Mosu Progress Ju-ni Hashiri Omakase Mourad	Benu(三星) Saison(三星)
Napa	Auberge Du Soleil Solbar La Toque Terra Bouchon	French Laundry(三星)(258頁) Restaurant at Meadowood(三星)

走累了想來點道地小吃，平民的價錢卻有著物超所值的好滋味，街頭美食讓你快閃帶著走，無論是想野餐或是填充疲憊下午的輕食時光，都是旅程中小確幸的開始。

鬆餅Pancakes

↘Sears Find Food 的超級大鬆餅

席斯美食(Sears Find Food，64頁)是舊金山最負盛名的百年鬆餅店，不論是最有名的18 Swedish Pancakes，還是現在照片上的超級大鬆餅，都是來自1938年Sears 夫婦祖傳的瑞典式鬆餅口味。

↙Cheese Board Pizza Collective每日只供應一種Pizza

比薩Pizza

位於柏克萊大學附近的起司板合作社(Cheese Board Pizza Collective，269頁)，曾被選為全美10大最佳小吃，是平民美食的天王，如果是Pizza控，就千萬別錯過號稱小義大利區的北灘了，這裡的Tony's Pizza Napoletana被譽為城中最好吃的Pizza，另一間Golden Boy Pizza也具有超高人氣！

三明治Sandwich

到處都是三明治，就來嘗嘗一點特別的吧！高檔的可以試試Rotunda(64頁)的龍蝦三明治，價格貴些但真的好吃，渡輪大廈Frog Hollow Farm Market and coffee(204頁)的牛油果三明治，健康素食又可以嘗到加州特產蔬菜的美味，便宜的就點越南三明治(Banh mi)，Saigon Sandwich的越南三明治在舊金山超人氣，是物超所值的首選。

↖Frog Hollow Farm Market and coffee的牛油果三明治可以吃到加州蔬果的新鮮好滋味

● **Tony's Pizza Napoletana**
✉ 1570 Stockton St
☎ (415)8359888

● **Golden Boy Pizza**
✉ 542 Green St
☎ (415)9829738

● **Saigon Sandwich**
✉ 560 Larkin St
☎ (415)4745698

漢堡Burger

到了美國西岸內行人都知道，別吃麥當勞，一定要試試西岸連鎖漢堡店天王 In N Out Burger(103頁)。Super Duper價格親民，漢堡肉是來自天然草牧養殖的牛肉，連乳酪也是有機的，Pearl's Deluxe Burgers在城中具超高人氣，招牌漢堡Bula Burger with Wagyu beef曾得過獎，另外還有得過漢堡比賽冠軍的WesBurger，不喜歡肉食的朋友，不妨去試試我在舊金山最愛的素漢堡VeganBurg。

VeganBurg美味的鳳梨蔬食漢堡

● **Super Duper Burgers**
✉ 721 Market St
☎ (415)5383437

● **Pearl's Deluxe Burgers**
✉ 708 Post St
☎ (415)4096120

● **WesBurger 'n' More**
✉ 2240 Mission St
☎ (415)7459371

● **VeganBurg**
✉ 1466 Haight St
☎ (415)5488000

熱狗Hot dog

Underdog和Dapper Dog都是當地的最佳熱狗店，Underdog的熱狗標榜來自有機的草飼牛肉，Dapper Dog則是最經典的紐約和芝加哥熱狗，Top Dog(269頁)是1966年的老店，也是當地最負盛名頂尖的熱狗店之一。

來自Top Dog的超人氣熱狗

● **Underdog**
✉ 1634 Irving St
☎ (415)6658881

● **Dapper Dog**
✉ 417 Castro St
☎ (415)5536332

椒鹽蝴蝶餅pretzel

相傳2002年美國前總統小布希還因為吃這個哽住而昏倒，但因為口感比一般麵包扎實，吃起來特別有香味和嚼勁，因此成為美國最受歡迎的小吃之一。Auntie Anne's和Wetzel's Pretzels是舊金山專賣Pretzel的小吃店。

Auntie Anne's 的 Pepperoni pretzel

● **Auntie Anne's**
✉ Westfield San Francisco Center/865 Market St, 2nd Floor
☎ (415)3711098

● **Wetzel's Pretzels**
✉ 3251 20th Avenue
☎ (415)5047742

麵包魂 V.S. 甜點控

　　一般對美國甜品超甜的印象，恐怕會在品嘗過這些舊金山最棒的手作麵包甜點店後，完全被推翻，時髦的舊金山人，跟隨著全球講究環保與健康的風潮，以細緻的手作、細膩的口感及健康的潮流，絕對會讓麵包魂和甜品控們失控地愛上他們啊！

Craftsman and Wolves

鹹瑪芬萬歲

　　鎮店之寶是爆漿鹹蛋黃瑪芬(The Rebel Within)，每日限量出售75個，常常中午就賣完了，還好其他的甜點一樣出色，老闆William Werner本身就是個傳奇，過去是個救生員，現在是舊金山頂尖的甜點廚神了，曾經是舊金山著名米其林二星餐廳Quince的甜點主廚，2012年落腳到此自立門戶，成為城內超高人氣的麵包甜品店(詳見153頁)。

ACME Bread

　　舊金山米其林餐廳常用的御用麵包，1983年Steven和Suzie Sullivan創立了這間麵包店，最早在Berkeley起家，而後紅到舊金山，成為舊金山高級餐廳的最愛，例如米其林一星的Chez Panisse、Bouchon等都是採用他們的麵包，自1999年起就開始使用100%有機麵粉、有機橄欖油、有機葡萄乾

米其林御用

等純天然素材來製作麵包，強調不加防腐劑，是健康潮流的最佳代表了(詳見203頁)。

Tartine Bakery & Café

最佳
烘培坊

大排長龍證明它在舊金山轟動的程度，尤其是它的肉桂早餐包(Morning buns)大家搶得最兇，另外，杏仁可頌、水果麵包布丁(Bread Pudding)和香蕉奶油塔(Banana Cream Tart)也具超人氣。

老闆是一對來自紐約的夫妻Elisabeth Prueitt和Chad Robertson，2002年在這個不起眼的小角落，開始了他們的麵包夢，果然高超手藝難自棄，2008年得到美國美食界至高榮譽——James Beard Award的最佳甜點廚藝大獎，並得到Zagat推薦為舊金山最佳麵包店和早餐店，絕對是舊金山必訪的甜點聖地之一。

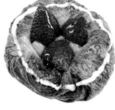

✉ 600 Guerrero St
📞 (415)4872600
 www.tartinebakery.com

Neighbor Bakehouse

2015年被《SF Chronicle》報紙評選為舊金山最好吃的可頌，下午2點準時關門，不早來根本吃不到。招牌必點是Butter Croissant和Pistachio Blackberry口味，吃完仍意猶未盡呢！

店主Greg Mindel出身自舊金山米其林餐廳Spruce和知名麵包店Tartine Bakery，還為Four Barrel和Sightglass coffee供應麵包甜點，2015年起開起了實體店面，許多人都是衝著他的知名可頌而來，其實其他甜點也相當出色(詳見38頁)。

名品
可頌

The Mill

極致
麵包魂

和舊金山精品咖啡天王Four Barrel coffee聯手出擊，有點歐式麵包的風格，口感偏硬卻扎實有嚼勁，加上許多養生的素材，非常健康，尤其新鮮是一大特色，當日烘焙新鮮出爐。

✉ 736 Divisadero Street
📞 (415)3451953
 www.themillsf.com/#about

Dandelion Chocolate

老實說，這裡的蛋糕真的很甜，店內滿滿的人潮，全是衝著巧克力而來。強調「Bean-to-Bar」，亦即從原產地進來的巧克力豆，在這裡包辦烘培、研磨、調溫、倒模等，完整的藝術手作，小量卻精緻，呈現巧克力個性化的口感。

店主人是2位史丹佛大學的高材生Todd Masonis和Cameron Ring，在矽谷發跡致富後，決定轉行到手工巧克力的領域來，沒想到大受歡迎，甜點廚師來自舊金山米其林餐廳Gary Danko的Lisa Vega，在和舊金山的知名咖啡Four Barrel搭配下，已經成為舊金山近年來最夯的甜點潮店了(詳見204頁)。

旅行小抄

百年巧克力不吃不可

儘管現代的甜品潮店這麼多，但是舊金山人還是不會忘了他們的獨家百年巧克力—Ghirardelli Chocolate(107頁)。1852年，義大利的巧克力商之子Domingo Ghirardelli到達了舊金山，創立了Ghirardelli巧克力，由他深黯巧克力的製作技巧，結果使Ghirardelli巧克力大量風行。這個阿公級的巧克力已超過150歲了，是美國第二老的巧克力(第一是Baker's Chocolate)，也成了舊金山的代表之一。

就像到台灣要買鳳梨酥，來舊金山就要買吉拉德里巧克力(Ghirardelli chocolate)似的，位於漁人碼頭巧克力廣場(Ghirardelli Square)上的Ghirardelli巧克力旗艦店，除了到此選購伴手禮之外，絕對不要錯過這裡的熱巧克力(Hot Chocolate)，那濃郁香甜的好滋味，可是我喝過全市最好喝的呢！

直擊精品咖啡6大天王

淘金熱帶來的義大利移民，在舊金山移植了最棒的咖啡文化，近代的小眾精品咖啡館更青出於藍，尤其其中的咖啡6大天王，儼然已將舊金山推向了美國第三大咖啡之都的寶座。

藍瓶子咖啡Blue Bottle Coffee

最近轟動亞洲的藍瓶子咖啡(Blue Bottle Coffee)是正港的舊金山土產，被稱為舊金山6大精品咖啡天王一哥，2004年開始時不過是在農夫市場裡的臨時咖啡攤，沒想到一飛沖天，以每年70%的速度成長，已是國際級的身價。

最佳朝聖目標當屬位於Hayes Valley的藍瓶咖啡1號店，開幕時是在一個改造車庫裡，除了門口一張長板凳外什麼都沒有，克難1號店的編號還在，如今卻是滿滿的人潮。另一個不能錯過的目標，當然是它發跡的渡輪大廈，這裡的拿鐵是我在舊金山的最愛，espresso或紐奧良冰滴咖啡(New Orleans-style iced coffee)都很出色，它的咖啡豆更是最佳伴手禮。

- 藍瓶咖啡一號店(Blue Bottle Hayes Valley Kiosk)
✉ 315 Linden St.
☎ (510)6533394

- 藍瓶渡輪大廈分店(Blue Bottle Ferry Building)(203頁)

旅 行 小 抄

如何一網打盡6大咖啡天王

旅程的時間有限，如何在最短的時間內，喝遍舊金山的6大精品咖啡天王，首先，Mission區絕對是一級戰區(140頁)，這裡有Ritual、Four Barrel 和 Philz的創始店，另外Sightglass的分店也在這附近。

渡輪大廈則是第二戰場，這裡可以喝到Blue Bottle，Philz的金融區分店也在附近。若想深入了解更多咖啡資訊，歡迎上網瀏覽我的影音介紹！

http www.youtube.com/watch?v=ZeqnFy4bTDY

儀式咖啡Ritual coffee Roasters

它與藍瓶子曾共同被美國美食網站推選為美國精品咖啡的先驅，當藍瓶子開設第一間店的時候，Ritual也在Mission區開業，從此展開了舊金山的咖啡革命。

不再講究量與大，乃是小而美，以藝術般的手工沖泡手法，再加入加州水果特有的香氣，為你調配出1杯個人化的咖啡。目前已有5間分店，當然位於Mission區的元老店是朝聖目標之一，另外位於Hayes Valley上的Rutual分店，距離藍瓶子的1號創始店步行不到1分鐘，朝聖者剛好可以一魚兩吃呢(詳見169頁)！

- **Ritual Coffee創始店**
✉ 1026 Valencia St
☎ (415)6411011
- **Ritual Coffee Hayes Valley分店**
✉ 432b Octavia St
☎ (415)8650989
🌐 www.ritualroasters.com

四桶咖啡Four Barrel Coffee

堅守崗位不隨意開分店，除了和舊金山超高人氣的麵包師傅Josey Baker聯手合作，可以在他開的The Mill麵包店喝到Four Barrel Coffee之外，要喝Four Barrel Coffee就只有2家分店。

位於Mission區的創始店最值得一逛，儘管跟著人潮排隊一定是必做的事，好在店裡空間寬大又雅痞。創始人Jeremy Tooker原來也是Ritual的創始人之一，後來在2008年出來自立門戶，沒想到造成舊金山雅痞界的大轟動。

- **Four Barrel Coffee Mission區創始店**
✉ 375 Valencia
☎ (415)2520800
🌐 www.fourbarrelcoffee.com

視鏡咖啡Sight Glass Coffee

第一次造訪它在七街的旗艦店就感到驚豔，極簡風的寬闊空間相當舒服，其沖泡的咖啡口味非凡，真的與藍瓶子旗鼓相當呢！

2009年出道，2011年才正式對外營業，深得舊金山文青們的喜愛，老闆是來自奧勒岡州的Jerad 和Justin Morrison兩兄弟，從衣索匹亞、祕魯或

盧旺達來的新鮮咖啡豆，在他們的老烘焙機Probat的烘培和縝密的監督下，呈現了完美的風味。

● **Sight Glass Coffee旗艦店**
✉ 270 7th St
☎ (415)8611313

● **Sight Glass Coffee Mission區分店**
✉ 3014 20th St
☎ (415)6411043
http sightglasscoffee.com

費爾斯咖啡 Philz Coffee

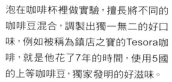

創辦人Philz先生被譽為「咖啡界的魔術師」，25年來幾乎都泡在咖啡杯裡做實驗，擅長將不同的咖啡豆混合，調製出獨一無二的好口味，例如被稱為鎮店之寶的Tesora咖啡，就是他花了7年的時間，使用5國的上等咖啡豆，獨家發明的好滋味。

創始店同樣位於Mission區，店裡濃厚的壁畫風格，呼應出Mission街區頹廢又藝術的氣氛。來Philz，可別點什麼拿鐵或espresso，一定要試試它的花式咖啡，像是Iced mint mojito、Tesora等都具有超高人氣。

● **Philz Coffee Mission區創始店
(152頁)**

● **Philz Coffee金融區分店**
✉ 5 Embarcadero Center
☎ (415)3211499
http philzcoffee.com

彼斯咖啡Peet's Coffee

被稱為「美國精品咖啡之父」的Alfred Peet先生，等於是星巴克咖啡的祖師爺，因為當年星巴克咖啡的大佬，就是在這裡被調教出來的，1966年起家，如今算是舊金山當地最受歡迎的大眾咖啡，最值得一遊的是它位在柏克萊大學附近的元老1號店，裡頭還有個小小的紀念館呢！

● **Peet's Coffee柏克萊創始店**
✉ 2124 Vine St Berkeley, CA 94709
☎ (510)8410564
http www.peets.com

● **Peet's Coffee金融區分店(208頁)**

舊金山非買不可

↓漁人碼頭海鷗杯

←熊愛San Francisco

小資女必敗10大伴手禮

→捕夢網

地標紀念品

所有的舊金山地標變成了生活小物，送禮自用兩相宜。

哪裏買 熱門景點遊客中心

↗金門大橋造型湯匙

民俗風飾品

買一個韓劇《繼承者們》劇情裡的印第安捕夢網吧！印第安飾品也很出眾。

哪裏買 柏克萊大學電報街、Haight Street

↘Philz coffee

咖啡豆

全美十大最好喝的咖啡，其中3名就落在舊金山，實在是咖啡控必帶的紀念品啊！

哪裏買 6大咖啡專賣店(31頁)、Whole food

↑Sight Glass

→Ritual

↑Blue bottle

↓星際大戰便當盒

←Recchisets

巧克力

Ghirardelli是舊金山特產的百年巧克力，還有流行的潮牌Dandelion、XOX、Nubbia、Recchisets都很好吃。

哪裏買 各巧克力專賣店、Walgreens、CVS

↑Ghirardelli

↗Dandelion

電影小物

熱門電影或是迪士尼的造型商品，種類比台灣多太多。

哪裏買 Disney Store (39 Stockton St)、Target

校園紀念品

↑柏克萊大學樂高積木

讀不到柏克萊大學、史丹佛大學，就買它的紀念品，懷念我的青春少女時光。

哪裏買 各大學紀念品專賣店

→Stonehouse 的Aglio Olio醬（搭配橄欖油沾麵包吃超好吃）

↓Boudin海鮮濃湯罐頭

手作美食

當季蔬果或食品製作的手作美食。

哪裏買 渡輪大廈，農夫市場

Napa的葡萄酒舉世聞名，記得帶回台灣，一瓶酒免稅，液體不能手提上飛機，需託運。

哪裏買 Napa各酒廠、CVS、Walgreens

加州葡萄酒

↑Napa Sterling 酒莊葡萄酒

旅行小抄

平價紀念品哪裡挖？

逛逛當地的超級市場，可以讓你找到當地的零食、咖啡、巧克力、酒和地標性紀念品，甚至是開架式的化妝品或保養品小物等，這些都是你花小錢送好禮的好地方。

Walgreens
✉ 135 Powell St
☎ (415)3917222
🕐 24小時營業

Target
✉ Metreon, 789 Mission St
☎ (415)3436272

CVS
✉ 731 Market St
☎ (415)2430273

Whole Food有機超市
✉ 399 4th St
☎ (415)6180066

→49足球隊可愛嬰兒裝
↓巨人隊商標膠帶

圖片提供／Amazon

運動迷追星

金州勇士籃球隊(Golden State Warriors)、49人足球隊(San Francisco 49ers)和舊金山巨人棒球隊(Giants)的球迷們，一定剁手必敗。

哪裏買 AT&T或各大球場紀念品專區、Amazon網購

保健有機品

這裡的維他命真的比台灣便宜很多，尤其是有機食物更是流行，Whole Food有機超市可以讓你找到許多用有機食材製作的維他命，更天然更健康。

哪裏買 Whole Food、Walgreens、CVS、Target

貴婦剁手名牌大地圖

貴婦血拼的速查地圖，名牌雲集的
聯合廣場，自然是你飛奔的方向。

1. Apple ✉ 300 Post St
2. Bloomingdale's ✉ 845 Market St
3. Bottega Veneta ✉ 124 Geary St
4. Buberry ✉ 225 Post St
5. Cartier ✉ 250 Post
6. Chanel ✉ 156 Geary St
7. Coach ✉ 190 Post St
8. Emporio Armani ✉ 1 Grant Ave
9. Georgio Armani ✉ 278 Post St
10. Gucci ✉ 240 Stockton St
11. Kate Spade ✉ 845 Market St
12. Levi's ✉ 815 Market St
13. Louis Vuitton ✉ 233 Geary St
14. Macy's ✉ 170 O'Farrell St
15. Michael Kors ✉ 845 Market St #137
16. Neiman Marcus ✉ 150 Stockton St
17. Niketown ✉ 278 Post St
18. Nordstrom ✉ 865 Market St
19. Prada ✉ Saks Fifth Avenue 384 Post St
20. Saks Fifth Ave. ✉ 384 Post St
21. Salvatore Ferragamo ✉ 236 Post St
22. Tiffany& Co. ✉ 350 Post St
23. Tory Burch ✉ 845 Market St #153
24. Timberland ✉ 845 Market St
25. UGG ✉ 437 Sutter St

5大Outlets攻略

　　名牌便宜入荷非難事，聰明的觀光客，絕對不會忘了激戰暢貨中心
(Outlets)的，介紹舊金山周邊5大Outlets，以比國內便宜25%～65%
的價錢助你大掃名牌貨，縱使荷包不滿，也可以入門當貴婦喔！

Napa Premium Outlets

　　可以與NAPA酒鄉(246頁)合併遊覽，大部
分美國流行的名牌這裡都有，像是Coach、
Gap、Under Armour、Max Studio、BCBG、
Banana Republic、J. Crew等。

✉ 629 Factory Stores Drive Napa

☎ (707)2266219

🕐 週一～六10:00～21:00、週日10:00～19:00

🌐 www.premiumoutlets.com

➡ 高速公路I-80 E連接CA-29 N，在19號 出口Sonoma Blvd in Vallejo下，車程約1～1.5小時

San Francisco Premium Outlets

屬於戶外的逛街區，但有著一般美國Outlets比較沒有的奢華大名牌，如Prada、Gucci、TOD's、Armani、Zagna、Jimmy Choo、Versace等，另外也有輕奢華的Tory Burch、Kate Spade等，是最推薦的暢貨中心。

✉ 2774 Livermore Outlets Dr Livermore
☎ (925)2922868
🕐 週一～六10:00～21:00、週日10:00～19:00
🌐 www.premiumoutlets.com/outlet/san-francisco/stores
➡ 高速公路I-80 E連接I-580 E ，在48號出口下，車程約1～1.5小時

Great Mall

北加州最大的室內型暢貨中心，好處是風吹下雨日曬都不怕，超過200個品牌，幾乎該有的都會有，相當豐富值得一逛。

✉ 447 Great Mall Drive Milpitas
☎ (408)9562033
🕐 週一～六10:00～21:00、週日11:00～20:00
🌐 www.simon.com/mall/great-mall
➡ 高速公路I-80 E連接I-880 S，在Great Mall PKWY出口下，車程約1～1.5小時

Petaluma Village Premium Outlets

可能是所有暢貨中心中規模最小的，但也有Coach、Adidas、Tommy Hilfiger、Levis、Van Heusen等品牌。

✉ 2200 Petaluma Blvd N. Petaluma
☎ (707)778-7452
🕐 週一～六10:00～21:00、週日10:00～19:00
🌐 www.premiumoutlets.com/outlet/petaluma-village/stores
➡ 高速公路101 N連接I-880 S，在474號 出口E Washington St下，車程約1～1.5小時

Gilroy Premium Outlets

距離舊金山最遠，但如果你剛好要往南到別的旅行點，就可以順道連結遊覽，共有4大區塊，屬戶外的逛街區，共約150間商店，幾乎美國的名牌都會有。

✉ 681 Leavesley Road Gilroy
☎ (408)8423732
🕐 週一～六10:00～21:00，週日10:00～19:00
🌐 www.premiumoutlets.com/outlet/gilroy
➡ 高速公路101 S，在357號 出口Leavesley Rd in Gilroy下，車程約2小時

旅 行 小 抄

如何在市區裡找便宜名牌？

一般的暢貨中心多位在很遠的郊區，開車還是最便利的方式，不然人多的話，可考慮搭Taxi或Uber分攤車資。跑不遠的觀光客，市區內也有一些店，可以讓你找到便宜的名牌貨，像是Ross、Marshalls、TJmaxx、Rack、Last Call等，另外像是DSW是鞋子的暢貨中心，也可以找到一些名牌鞋，除了TJmaxx較遠外，其他都集中在聯合廣場不遠，有空不妨多逛一逛。

Ross ✉ 799 Market St.　　**Marshalls** ✉ 760 Market St
Nordstrom Rack ✉ 555 Ninth St　**TJmaxx** ✉ 100 Westlake Ct Daly City
DSW ✉ 400 Post St
Neiman Marcus Last Call Studio ✉ 767 Market St

激戰Dogpatch新興文創園區

外表看起來是個大型的倉庫、卸貨碼頭邊的廠房，或是什麼罐頭工廠，沒錯！過去藍領聚集的貨倉碼頭，現在變成了舊金山周邊新興的文創園區。一棟棟的貨倉裡，藏著無數好玩好吃的潮店，販賣的商品也是設計手作的獨特商品，位於舊金山東南邊臨海，是文青們逛街的首選。

➡️ 聯合廣場搭乘T線，在3rd & 20th st交口下，步行3分鐘即達，車程約需20～30分鐘

Mr. and Mrs. Miscellaneous 冰淇淋店

這間由Miscellaneous夫婦創立的手作冰淇淋店，被稱為舊金山最好吃的冰淇淋之一。

所有口味全部是自創的，冰淇淋變成了創意的舞臺，再加上牛奶是採用灣區有機農場的優質牛奶，因此，吃起來香醇得不得了，連著名的美食評鑑Zagat都讚譽它有「無法置信的濃郁Incredibly Rich」，絕對是Dogpatch區等著排隊的口袋名單之一。

✉️ 699 22nd St, San Francisco, CA 94107
📞 (415)9700750
🕐 週三～六11:30~18:00、週日到17:00

Neighbor Bakehouse麵包店

Dogpatch第二個排隊的目標，就是這間獲得舊金山最佳可頌店美譽的麵包坊，沒有什麼華麗了不起的裝潢，但常常熱門款中午以前就賣完了。

✉️ 2343 3rd St #100
📞 (415)5497716
🕐 週三～日06:30～14:00
休 週一、二
http www.neighborsf.com

The Workshop Residence
設計師工作坊

舊金山新秀設計師的創意空間，就像是個藝術家的工作室，結合open studio和商店的概念店，實在是文青翻找萌貨的好地方。

✉ 833 22nd street
☎ (415)2852050
🕐 週二～六10:00～18:00，週四至20:00
http workshopresidence.com

Museum Craft Design
手工設計博物館

成立於2004年，2013年移址到此區重新開幕，但展出來自世界各地的手作藝品。

✉ 2569 3rd St
☎ (415)7730303
🕐 週二～六11:00～18:00、週日12:00～17:00
http sfmcd.org

Smokestack at Magnolia
Brewing燒肉啤酒店

燒肉加啤酒真是天作之合的好滋味，也難怪這裡常常人滿為患，感覺就像在個熱鬧鬧的大倉庫裡似的，工業設計風豪邁又現代，號稱此區最好吃的燒肉店。

✉ 2505 3rd street
☎ (415)8647468
🕐 11:30～22:00，週五、六延長至23:00
http www.magnoliasmokestack.com

Dodocase設計店

位在一個大倉庫裡，這裡販售的同樣是設計師的手作3C配件藝術品，像是皮雕的Iphone手機殼、Ipad的藝術殼等等，全部是當地藝術家的客製化手工創意作品。

✉ 2525 3rd St
☎ (877)9203636
🕐 週三～六11:00～18:00
休 週一、二、日
http www.dodocase.com

舊金山非乘不可

叮噹車＋Ｆ線骨董街車　就是愛兜風

　　百年的骨董街車，穿梭在城市的大街小巷，半開放式的車廂，涼風自來流去，美麗的城市風景，就像是一部流動的電影，看得人心曠神怡。

叮噹車 Cable Car

　　叮噹車(Cable Car)早已成為舊金山的標誌，全世界絕無僅有，來到舊金山沒有坐到叮噹車，就如同沒來過舊金山，實在不乘不可。

　　發明於1873年的叮噹車，是出自宅心仁厚的哈樂迪(Andrew Smith Hallidie)先生，因為舊金山高低起伏的山坡地形，據說他因為曾親眼目睹上坡的5匹馬，因上坡太重當場累死的悲劇，憤而發明了叮噹車。

聯合廣場叮噹車總站的手工轉檯，可以欣賞到叮噹車360度大掉頭

● 過去曾有六百多台叮噹車行駛於城中，共計8條路線，現在則只有3條路線，分別是Powell/Mason、Powell/Hyde、California street，貫穿全城精華美景 。

● 每年7月中旬舉辦的「叮噹車鳴鈴大賽」， 比賽哪台車鈴聲最悅耳、最動聽，屆時鈴聲響徹雲霄，舊金山充滿了歡樂的氣氛！

● 叮噹車博物館(229頁)裡有更詳盡的歷史資料展現，全館免費，更炫的是，可以當場看見叮噹車纜車的運轉與操控的過程。

叮噹車內部一景

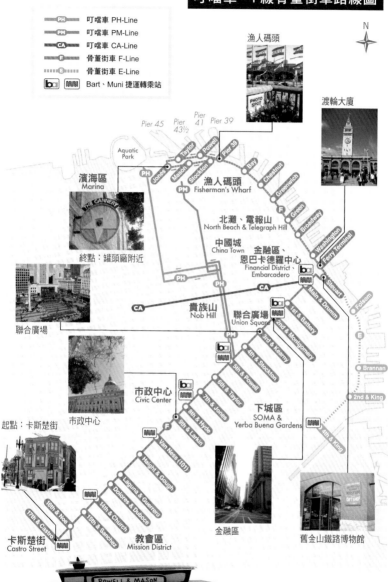

叮噹車、F線骨董街車路線圖

圖例
- PH 叮噹車 PH-Line
- PM 叮噹車 PM-Line
- CA 叮噹車 CA-Line
- F 骨董街車 F-Line
- E 骨董街車 E-Line
- Bart、Muni 捷運轉乘站

N

漁人碼頭

渡輪大廈

Pier 45　Pier 43½　Pier 41　Pier 39

Aquatic Park

濱海區
Marina

終點：罐頭廠附近

聯合廣場

起點：卡斯楚街

市政中心

Jones　Mason　Taylor　Stockton　Powell　Pier 39　Bay　Chestnut　Greenwich　Green　Broadway　Washington　Ferry Terminal

漁人碼頭
Fisherman's Wharf

北灘、電報山
North Beach & Telegraph Hill

中國城
China Town

金融區、恩巴卡德羅中心
Financial District、Embarcadero

Main & Drumm　Steuart

貴族山
Nob Hill

聯合廣場
Union Square

1st & Battery　2nd & Battery　3rd & Kearny　4th & Stockton　5th & Powell　6th & Taylor　7th & Jones

市政中心
Civic Center

下城區
SOMA & Yerba Buena Gardens

Folsom

Brannan

2nd & King

8th & Hyde　9th & Larkin　Van Ness (101)　Haight & Gough　Laguna & Guerrero　Dolores & Duboce　14th & Church　15th & Sanchez

17th & Castro　16th & Noe

卡斯楚街
Castro Street

教會區
Mission District

4th & King

金融區

舊金山鐵路博物館

POWELL & MASON

5 SAN FRANCISCO

🕐 06:30～00:30，每15分鐘一班
💲 $7
http www.sfmta.com

叮噹車這樣搭

搭乘叮噹車共有4種票種可以選擇，最簡單的就是買單程票，每次美金$7元，若會搭乘多次，可以視需要選擇其他種類。

車票總類	內容	票價	購票地點
Cable Car單程票	上車付現或票亭購票(小額可找零，不可使用公車Transfer)	$7	聯合廣場票亭(Powell & Market streets)，詳情可查網站。網址：www.sfmta.com
Visitor Passports	可無限制搭乘Cable car、street car及公車	1日$20 3日$31 7日$40	同上
CityPass	可7天內無限制搭乘公車和Cable Car	$94	同上
Clipper Card	類似臺北捷運的悠遊卡，加值後可任意搭乘Cable car、Bart及公車	空卡$3，之後隨意加值	各Bart、Muni車站售票亭、Walgreens藥局

3條黃金路線

共有3條路線，Powell-Mason和Powell-Hyde起點站相同，終點站都在漁人碼頭，但略有差異，Powell-Mason終點站較靠近漁人碼頭的39號碼頭，Powell-Hyde到達漁人碼頭的西側，靠近巧克力廣場，這兩條路線人非常多，想要避開人潮，可以試試California Line到貴族山上去玩。

路線	1. Powell / Mason Line	2. Powell / Hyde Line	3.California Street Line
啟程	聯合廣場Powell和Market St.交叉口上車	聯合廣場Powell和Market St.交叉口上車	在California和Market St.交叉口上車
第一站	聯合廣場	聯合廣場	中國城聖瑪麗古大教堂(Old St. Mary Church)
第二站	中國城西邊	中國城	貴族山
第三站	纖車博物館	貴族山(Nob Hill)的Fairmont Hotel旁	
第四站	至Jackson St.左轉前，盡情遠眺美麗海景，可以看到天使島(Angel Island)	花街(Lombard Street)在右邊	
第五站	到達北灘(North Beach)區的華盛頓廣場(Washington Square)，還可以看到遠方的柯伊特塔(Coit Tower)	下坡俯衝，看見一片碧海藍天，及樹立在大海中央的惡魔島(Alcatraz Island)	
第六站	花街(Lombard Street)在左邊		
終點站	漁人碼頭	漁人碼頭西邊	California和Van Ness交叉口

街頭發現

叮噹車不可不知

行駛在2英尺厚的鐵軌上

會發出叮噹的鈴聲，提醒其他的路人或行車

司機(Gripman)站在最前方，控制行駛、煞車和鈴聲

車掌(Conductor)通常站在最後面，收票、管理秩序及幫助司機

聯合廣場票亭，可以買到各種車票種類

叮噹車沿著山丘地形行走，可以登高望遠

後方及兩旁座位的視野最好，先上車就要先搶

F線骨董街車 F -Market Streetcar

搭乘百年的老電車，同樣穿梭在城市的大街小巷，流線型的現代跑車從你身邊呼嘯而過，摩天大樓在眼前摩拳擦掌，只有你一派氣定神閒，好像乘坐在時光褪去的欲望街車，時間定格，有一種倒錯的感覺。

F線骨董街車全是100年前的老電車，這是觀光客除了叮噹車外的另一個最愛，不同於叮噹車以蒸汽動力的地下纜線控制，這些老電車的頭頂上都通著一根電線，以電力啟動，因此，頭頂上的電纜是它們之間最大的差別。

同樣都有上百年的歷史，F線的骨董街車從Castro Street出發，沿著Market street，經過聯合廣場、市政中心、金融區、渡輪大廈，再到漁人碼頭，總長6英里，這些都是舊金山的黃金景點，坐在百年電車上兜風一氣呵成，根本就是渾然天成的最佳城市遊園車。

📞 415-9560472
💲 單程$2.25(其他票種見叮噹車)
🌐 www.sfmta.com
❓ 購票地點：同叮噹車，或上車付費(車上不找零)

📢 街頭發現

骨董街車不可不知

↑天線寶寶！頭上有電線的是Streetcar，不是Cable Car

↑車身有綠色與黃色，不同的車款，有著不同的身世及故事，但都是18或19世紀的老公公了啦

←F Line起始於1995年，但在1983年Trolley Festival後，這種骨董街車就已出現在街頭

※ 未來會有E線的骨董街車加入服務，從4th和King Street交叉口的Caltrain車站，經Embarcadero到達漁人碼頭。F線未來則會從漁人碼頭再延伸到Fort Mason

行程規畫

　　旅遊舊金山最好的季節是暑假前後的2～3個月(3～6月、9～10月)，非旺季，天氣不錯，旅館、機票又可搶到便宜，每年的11月底～2月，是舊金山的雨季，氣候較冷也可能會下雨，但有熱鬧的聖誕節。

　　暑假天候佳，卻是昂貴的旺季，基本上，5天4夜是最標準的行程(須扣頭尾到達及搭機時間)，7天更好，能附加周邊的景點一起玩。

1～7日精華遊

　　以下的行程規畫較為緊湊，可以盡覽舊金山市區及郊區的精華景點，都是以單天來設計，可根據你的需要，做一天加一天的行程套裝。

Day 1	聯合廣場(早上)→乘叮噹車在Lombard street下車逛花街→ 漁人碼頭 (午餐)，下午乘船出海到惡魔島→返回漁人碼頭(晚餐)
Day 2	現代美術館和芳草地花園(早上)→中國城(午餐)→北灘及逛柯伊特塔(晚餐)
Day 3	逛嬉皮街Haight street (早上、午餐)→金門公園→懸岩屋Cliff House(晚餐)
Day 4	金門大橋→藝術宮→Fort Mason→金融區Financial District(午餐)→Embarcadero區逛街→坐叮噹車逛貴族山(晚餐)
Day 5	市政中心(早上)→搭捷運Bart到教會區看壁畫(午餐)→卡斯楚區Castro street (晚餐)
Day 6	Napa酒鄉之旅一整天，或聯合廣場逛街一整天
Day 7	坐捷運Bart逛柏克萊大學一天，或參加其他短期的當地旅行團到其他地點 (270頁)

7天以上深度遊

　　如果想要更深入的了解，更有深度的漫遊，請參考本書分區導覽裡各區的【一日遊玩精華版】，共有11區的設計，可以做互相的連結做設計。

49哩觀景道49 Mile Scenic Drive

　　如果想要一天玩透舊金山，首先，你必須要認識一個藍白色畫著海鷗的49 Mile Scenic Drive標誌，只要跟著這個標誌開車，就可以一網打盡所有舊金山的精采景點。老字號的49哩觀景道(49 Mile Scenic Drive)，創立於1938年，是為了1939～1940年前來參加金門國際博覽會(Golden Gate International Exposition)的觀光客而設計的。即使不開車，也可以作為你行程規畫上的一個指南。

http www.sftravel.com/article/49-mile-scenic-drive

預算怎麼抓？

項　目	淡　季	旺　季
機票(台幣)	15,000～28,000元	30,000～40,000元或以上
每日住宿旅館(美金，以3～4星級計)	60～200元	120～350或以上
餐費(美金)	速食餐廳6～10元 平價餐廳10～20元 中級20～40元 高級40元～以上	同左
當地交通費(美金)	Muni 公車2.25元 Cable Car 7元 市區停車費一日10～25元	同左
其他雜支	視個人而定	視個人而定

省錢須知5件事

1.San Francisco CityPass

　　購買CityPass可以7天無限制搭乘大眾交通工具，參觀數個主要的觀光景點，這對觀光客來說以量制價，非常划算。

☎ (888)3305008　　💲 $94
http www.citypass.net　　🎫 購票地點：聯合廣場票亭(Powell and Market streets)，或上網買票

2.Go SF Card

　　如果想要逛遍舊金山，Go San Francisco Card就會幫你省大錢了。其中包括多個景點，更包括了許多餐廳、商店的8折優惠，等於玩得越多省得越多。共有1、2、3、5、7天的票價選擇。

☎ (866)6289028　　💲 $65(1天)、$90(2天)
http www.gosanfranciscocard.com　　🎫 購票地點：上網買票(直接下載到手機或e-mail)

3.Visitor Passport

　　共有1天、3天或7天的選擇，在這些天數內，可以無限制搭乘Muni公車、骨

董街車和叮噹車(Cable Car)，有時還有一些別的優惠。

📞 (415)6736864　　💲 1日票$20、3日票$31、7日票$40
🌐 www.sfmuni.com　　🎫 購票地點：聯合廣場票亭(Powell and Market streets)，其他地點見網站

4.Free Walking Tour

英文不錯的話，就善用一些免費的徒步導覽團，可以幫你省到最高點。介紹一個相當棒的網站「San Francisco City Guides」，在這裡你可以輕而易舉地查到每天各時段免費徒步導覽團的相關資訊。

另一個可找到免費徒步導覽團的地方，是由San Francisco Museum & Historical Society所推出的徒步團，時間約為2小時，大部分是免費的喔！

San Francisco City Guides

📞 (415)5574266　　🌐 www.sfcityguides.org

San Francisco Museum & Historical Society徒步團

📞 (415)5371105　　🌐 www.sfhistory.org

5.博物館免費日Museum Free day

星期別	博物館別
每月第1個週二免費	• Legion of Honor(218頁) • SFMOMA(76頁) • De Young Museum(187頁) • Museum of Craft & Design(39頁) • Conservatory of Flowers(188頁) • Contemporary Jewish Museum(75頁)
每月第1個週日免費	• Asia Art Museum(177頁)
通通免費	• Musee Mechanique(98頁) • Cable Car Barn & Museum(229頁) • International Art Museum of America (57頁) • Wells Fargo Bank History Room(201頁)

旅 行 小 抄

深度之旅行前必做的9個功課

1.拜讀傑克倫敦(Jack London)的小說《白牙》。
2.看完美國偵探作家漢米特(Dashiell Hammetts)的《馬爾他之鷹》(The Maltese Falcon)。
3.看電影《自由大道》(The Times of Harvey Milk)。
4.拜讀大文豪馬克吐溫(Mark twain)的大作。
5.閱讀Jack Kerouac的名作《旅途上》(On the Road)。
6.看名導演科波拉(Coppola)的名作《教父》或《現代啟示錄》。
7.聽Jefferson Airplane、Grateful Dead、Janis Joplin的嬉皮音樂。
8.觀賞電影《逃出惡魔島》(Escape from Alcatraz)。
9.看李安所導演的電影《胡士托風波》(Taking Woodstock)了解嬉皮風潮。

舊 金 山
分區導覽

圖片提供／San Francisco Travel Association/Scott Chernis

聯合廣場	p50	嬉皮街周邊	p160
下城區周邊	p72	市政中心、日本城周邊	p172
漁人碼頭	p90	金門公園	p184
北灘、電報山周邊	p112	金融區、恩巴卡德羅中心	p198
中國城	p130	濱海區	p212
卡斯楚街、教會區周邊	p140	貴族山	p226

聯合廣場
Union Square

浪漫百分百

每年聖誕節的前夕，聯合廣場的中央會裝飾一棵巨大的聖誕樹，在市長舉行的點燈儀式後，整棵聖誕樹上的燈就亮起來了！

千千萬萬的霓虹燈綴飾在樹上，晶晶亮亮宛如繁星萬點，而對映著廣場上的浪漫滑冰場，每次看著雙雙對對、牽著手滑冰的情侶們，不禁會讓我想起《美國情緣》(Serendipity)，這部我非常喜歡的美國小品愛情電影。

電影裡，男女主角相識在聖誕季節的滑冰場，最後也在聖誕前夕的滑冰場重逢。而聯合廣場上，每年只在聖誕時節搭起的滑冰場，浪漫嬌旎，月光下飄雪滿天，樂音輕揚如繁風裡。

夏天，廣場中央則豎起了偌大的螢幕，播映著最新巴黎的時裝大秀，我坐在廣場上的露天咖啡座喝著咖啡，看著時裝秀，好像又重回過去在時尚雜誌工作時，老是看秀的時光。廣場四周有不少的街頭藝人，讓人看飽了免費的表演，綠地上到處是忙裡偷閒坐著曬太陽的當地人。

多彩又多姿的聯合廣場，也許是你刷爆信用卡、買不停手的時尚寶地，卻是我能真切體驗舊金山人生活的好地方呢！

從地圖上找到由Post、Stockton、Geary、Powell Street包圍起來的四角地帶，就像找到了舊金山的心臟。這裡是全舊金山交通的樞紐，城市的精神指標，市民活動的中心，也是世界名牌雲集的必戰之地。

琳瑯滿目的名牌店

因為1861年到1865年的美國南北戰爭(Civil War)，而在這裡舉行了支持聯邦政府的盛大遊行，之後這裡就被命名為聯合廣場(Union Square)。

如今的聯合廣場，已成為世界名牌的集散地與最熱鬧的商業區。四周高級百貨林立、各式餐廳頭角崢嶸、高級旅館簇擁著它，就像一個眾人捧在手心上的美麗公主，華麗多姿，更擁有著多樣的翩翩風采。

廣場中央的勝利女神雕像

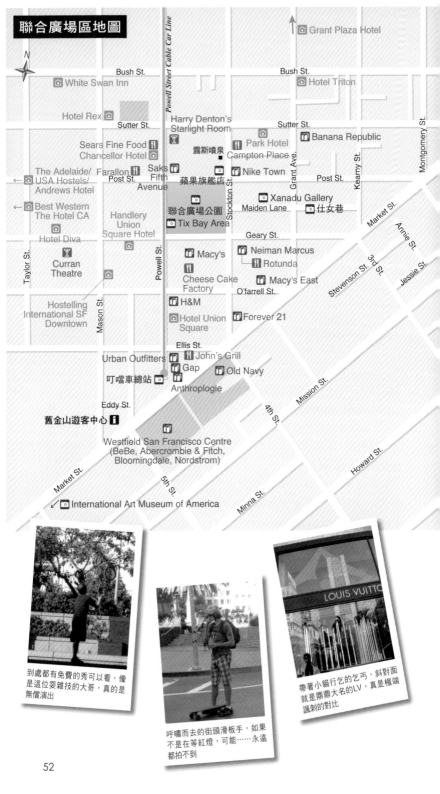

聯合廣場區地圖

N

Grant Plaza Hotel

Bush St.
White Swan Inn
Bush St.
Hotel Triton

Powell Street Cable Car Line

Hotel Rex

Sutter St.
Harry Denton's Starlight Room
Sutter St.
Banana Republic

Sears Fine Food
Chancellor Hotel
露斯噴泉
Park Hotel
Campton Place

Montgomery St.

The Adelaide/ USA Hostels/ Andrews Hotel
Farallon
Saks Fifth Avenue
Nike Town
Post St.

Grant Ave.

Post St.

蘋果旗艦店

Kearny St.

Best Western The Hotel CA
Handlery Union Square Hotel
聯合廣場公園
Tix Bay Area
Xanadu Gallery
Maiden Lane
仕女巷

Market St.

Hotel Diva

Taylor St.

Curran Theatre
Geary St.
Macy's
Neiman Marcus
Rotunda

Annie St.

Powell St.

Cheese Cake Factory
Macy's East
O'farrell St.

Stevenson St.

3rd St.

Jessie St.

Hostelling International SF Downtown

Mason St.

H&M
Hotel Union Square
Forever 21

Ellis St.
Urban Outfitters
John's Grill
叮噹車總站
Gap
Old Navy
Anthroplogie

Mission St.

Eddy St.
舊金山遊客中心

4th St.

Westfield San Francisco Centre
(BeBe, Abercrombie & Fitch, Bloomingdale, Nordstrom)

Howard St.

Market St.

5th St.

International Art Museum of America

Minna St.

到處都有免費的秀可以看，像是這位耍雜技的大哥，真的是無償演出

呼嘯而去的街頭滑板手，如果不是在等紅燈，可能……永遠都拍不到

帶著小貓行乞的乞丐，斜對面就是鼎鼎大名的LV，真是極端諷刺的對比

聽過《我的心遺留在舊金山》這首歌嗎？這顆畫著金門大橋的紅心，現在遺留在聯合廣場上了

名牌店裡的可愛造型香水

廣場上的Bancarella餐廳很有露天休閒的氣氛

廣場中央有表演舞臺，今天是女伶的歌劇演唱，好聽極了

一日遊玩精華版

早上
- Sears Fine Food 吃早餐
- 舊金山遊客中心
- 逛聯合廣場周邊景點

午餐 ↓ 🚶15分鐘
- Cheese Cake Factory
- 或Starlight Room看人妖秀(限週日)

下午 🚶15分鐘 ↓ 30分鐘
- 商場逛街
- 或坐叮噹車到漁人碼頭遊覽

下午茶 🚶15分鐘 ↓ 30分鐘
Rotunda

晚餐 ↓ 🚶15分鐘
John's Grill或Farallon

夜生活 ↓ 🚶15~30分鐘
- Starlight Room跳舞
- 或Curran Theatre看表演

★行程悄悄話

最能體驗本區的玩法是，到Westfileld San Francisco Shopping Center地下美食街的Bristol Farm買一份全麥三明治(65頁)，叫一杯當地盛行的甲霸果汁泥，坐在廣場上跟著當地人一同野餐。

熱門景點

🏃 舊金山的第一景點

聯合廣場公園

Victory Monument in the Union Square Park

✉ Post、Stockton、Geary、Powell Streets包圍起來的廣場正中央

➡ 搭2、3、4、30、45、76、J、K、L、M、N、F公車；或搭Bart至Powell站

TIX Bay Area

✉ 廣場東側，350 Powell St.

☎ (415)4337827

🌐 www.tixbayarea.org

🗺 P.52

高30公尺的圓柱雕像，聳立在廣場的正中央，裙擺飄揚的綠色雕像是勝利女神的化身，而這座雕像的模特兒更是大有來頭，是舊金山著名的博物館—加州榮民堂(California Place of the Legion of Honor)的創辦人，詩普雷克年輕時的身影。

這座建於1903年的高聳雕像，當時是為了紀念在1898年美西戰爭中獲得勝利，如今已成為聯合廣場的精神象徵，即使沒有望遠鏡，卻可以用相機的高倍數長鏡頭，飽覽它的倩影。

這裡有階梯式的綠地，到處是享受陽光的偷閒族，廣場上有露天咖啡座，咖啡與麵包的香味傳送千里，耳邊飄揚著優美的歌聲，廣場正中央的舞臺，永遠都有看不完的免費秀。

廣場東側的TIX Bay Area票亭，出售舊金山當日藝術表演的各種特價票，有時半

旅行小抄

Shopping最好自備環保袋

聯合廣場名牌雲集，想不逛街都好難。如果有逛街的打算，最好攜帶環保袋。舊金山自2012年10月1日起，新的環保政策上路，商家將不再提供免費的購物袋，如果沒有自備袋子，就須以10分錢向商家購買紙袋。

當地不是一次性使用的環保袋，比起台灣來，真的貴很多，若想省錢，最好在台灣就準備好。

價就可以買到，但只收現金及旅行支票，有空瞧瞧，或許就能撿到大便宜。

名牌時尚之街

仕女巷
Maiden Lane

Xanadu Gallery

- 140 Maiden Lane San Francisco
- (415)3929999
- 週二～六10:00～18:00
- www.xanadugallery.us/index
- 搭2、3、4、30、45、76、J、K、L、M、N、F號公車；或搭Bart至Powell站
- P.52

過去的仕女巷是一條罪惡之街，活躍的色情活動、猖狂的毒品交易、平均每星期一次的兇殺案，讓善良百姓聞風喪膽，然而1906年的大地震完全摧毀了它，在徹底重建後，這裡脫胎換骨，變成了聯合廣場附近最有情調、

最高級、也最藝術的一條街。

來拍照的那天，狹窄的巷道裡擺滿了雕塑藝術品，彷彿是一個戶外開放的藝廊。而藝術家們就這麼露天坐著，和你侃侃而談。

不遠處的Xanady Gallery是美國頂尖建築大師萊特(Frank Lloyd Wright)的大作，和同為萊特所設計的紐約古根漢博物館相較，絕不因只是間小小的藝廊而相形失色。其圓形現代的線條，充分展現了萊特晚期作品的特色，也是美國建築史上的珍寶之一。

Chanel的旗艦在巷子裡飄搖，世界高級名牌如眾星拱月於此，Hermes、Prada、YSL等各大名牌向你招手，高尚優雅的氣氛，讓你怎麼也無法想起仕女巷不堪的過去。

旅行小抄

中央地鐵動起來

來到聯合廣場，也許你看到的景象卻是坑坑疤疤的，烏煙瘴氣的工程，卻象徵了一個更美好的未來。

路障、怪手、機械工程……到處都是，這其實是為了興建未來的「中央地鐵Central Subway」車站，到時從中國城，途經聯合廣場，便可以到達位於一街與Mission街交口的中央車站(Transbay Transit Center)，那裡將會是交通的大樞紐，也是西岸最大的轉運中心，同時所有的公車、鐵路、灰狗巴士、Bart等……共11個交通系統齊聚於此，將會帶你到城市的心臟地帶，甚至直達美國的其他城市，跨越4條街區的大工程，加上四周興建的摩天大樓，將瞬間改變舊金山的天際線。

2010年已開始動工，預計2019年完成，看見現在聯合廣場上現在施工的煙塵漫漫，其實是窺見了舊金山更美麗的未來。

萊特名作大公開

全球知名的4大建築名師——柯比意 (Le Corbusier)、密斯凡德羅(Ludwig Mies Van der Rohe)、葛羅佩斯 (Walter Gropius)、萊特(Frank Lloyd Wright)，其中的前3人是歐洲人，只有萊特是土生土長的美國人。如今萊特已經辭世40多年了，但仍然深深地牽引了世界建築迷的心，美國人視他為民族英雄。

如今美國已經有50多棟萊特建造的房子，並設立了博物館供人參觀。多數他的建築已被列為「國家歷史地標」 (National Historical Landmark)，規定屋主不能改建。

舊金山無獨有偶，擁有兩個傲人的萊特建築，一個是位在仕女巷中的Xanadu Gallery，另一個則是位於舊金山北方的馬林郡市政中心(Marin County Civic Center)，馬林郡市政中心更推出萊特解說之旅(Frank Lloyd Wright Tour)，每週三早上10:30由專人帶你導覽整座建築物的精華。

萊特建築的特色，是將建築融入自然的風景之中。他的建築從不掛畫。他不喜歡繪畫和雕塑，因為他認為善用空間就能成就美感，不需要多餘的裝飾。從自然環境中取材，讓建築融入環境，這就是他最偉大的建築特色與理論。

馬林郡市政中心
Marin County Civic Center
✉ 3501 Civic Center Boulevard San Rafael
☎ (415)4997419

🦌 提供12種語言的旅遊資訊

舊金山遊客中心

Visitor Information Center

- ✉ Hallidie Plaza, Lower level, 900 Market Street
- ☎ (415)3912000；(415)2830177
- ⏰ 週一～五09:00～17:00，週六、日至15:00 (11～4月週日休息)
- 🌐 www.sanfrancisco.travel
- ➡ 搭27、30、38、45、J、K、L、M、N、F號公車；或搭Bart至Powell站
- 🗺 P.52

　　裡頭提供多種語言的旅遊資訊，還有許多的免費地圖、折價券、餐館旅館資料任君選取。現場的免費雜誌《Where Magazine》，會有舊金山當時最新的表演及活動資訊，不拿可惜！而櫃檯的服務人員，隨時可提供協助，回答問題，還可以買到最實用的舊金山公車地圖。

🦌 充滿東方情調的美術館

美國國際藝術美術館

International Art Museum of America

- ✉ 1025 Market street
- ☎ (415)3766344
- ⏰ 週二～日10:00～17:00
- 💲 免費
- 🌐 iamasf.org
- 🗺 P.52

　　2011年開幕的美術館，展出內容尤以東方藝術見長，尤其是對佛教有興趣的人，會倍感親切。

　　一樓像一個花園，小橋流水，

很有東方的情調。二樓展出的永久收藏，有佛教名人第三世多杰羌佛(H.H. Dorje Chang Buddha III)的作品，裡頭包括他的書法、國畫等作品，為本館的鎮館之寶。

店的正門是大片透明玻璃，非傳統的外牆

🦢 朝聖蘋果迷的新麥加

蘋果旗艦店
Apple Store Union Square

✉ 300 Post Street
☎ (415)4864800
🕐 週一～六09:00～21:00；週日10:00～19:00
http www.apple.com/retail/unionsquare
➡ 搭30、45、J、K、L、M、N、F；或搭Bart
　至Powell站
MAP P.52

　　蘋果文化儼然已成為美國精神的象徵，2016年5月21日全新開張的蘋果旗艦店，以科技、綠能、現代的嶄新設計，成為全世界蘋果店的翹楚。

　　號稱是蘋果的第二代店，站在旗艦店的2樓，開闊的、高達兩層樓的巨大玻璃門完全敞開，涼風徐來不說，彷彿完全沒了外牆、沒了隔間似地，無限開闊的視野，將整個聯合廣場的景色盡收眼底。據說，光是要關上這扇巨大的玻璃門，就需要整整10分鐘，但除非天候不佳，否則幾乎是全天候敞開，不但留住了良好的通風與採光，更使得大型貨物進出無礙。

　　1樓的Avenue區，以橫長條的專櫃形式展示著蘋果的產品，以在大街上逛街，從一個攤位走到下個攤位為設計的概念，一整面牆的試用品，讓你一攤一攤地把玩蘋果的各式產品。室內一棵棵的綠樹，是這裡號稱「天才樹Genuis Grove」的新穎設計，綠樹被種在大型的圓桶裡，圓桶則被設計成椅子，摒棄了原本許多蘋果店「天才吧檯Genuis Bar」的設計，

The Plaza新空間有如一個露天的咖啡座

結合露斯噴泉的休憩廣場

蘋果的服務員坐在樹底下，輕鬆地與顧客交談，解決所有蘋果產品的問題。

接著往後走是被稱為The Plaza的新空間，一整片的綠牆、休閒的咖啡座，結合了原來在1972年就存在的露斯噴泉(Ruth Asawa Fountain)，成為一個開放式的休憩廣場，頑皮的青少年在LOVE的大型字標裡大玩自拍，閒散看書滑手機的上班族，這裡24小時開放，還提供免費Wi-Fi，如果不說，你還以為是到了哪個美麗的露天咖啡座呢！

位於2樓的The Forum，有一整面牆的超大螢幕，四處散落著幾何

The Forum現代化的設計

形狀如積木般的座椅，怎麼像是外太空的座艙呢！這個可以容納約100人的空間，除了展示著蘋果的最新產品之外，還是各類藝術家們分享創意的場所。

屋頂設有130個太陽能模組，所有的電力都是百分之百的回收能源，彷彿走在一個現代科技感的城市玻璃花房，綠意盎然的簡單清新，絕對是世界上最美的蘋果旗艦店之一啊！

蘋果VS露斯噴泉

當蘋果開始興建旗艦店之時，曾經為了店後方露斯噴泉的存廢傷透了腦筋，由於當地居民的強烈抗議，最後蘋果才將其融合至設計之中，因此得以保存下來。

這個建於1972年的銅製噴水池，為日裔藝術家Ruth Asawa的大作之一。她生於1926年，有噴泉女王(Fountain Lady)之稱。舊金山有許多大型公共藝術均出自她的創作，像是漁人碼頭Ghirardelli Square上的美人魚噴泉、舊金山Bayside Plaza的Aurora噴泉等，皆是以噴泉的創作而聞名。

露斯噴泉直徑高達4公尺，噴泉上綴滿了舊金山的人文與風景，你可以找到維多利亞房屋、環美金字塔、叮噹車……等風景，是舊金山知名的公共藝術之一。

🦶可以看到叮噹車360度轉頭

叮噹車總站
Powell Street Cable Turntable

✉ Powell Street和Market Street交口附近
➡ 搭27、30、38、45、J、K、L、M、N、F號公車；
　 或搭Bart至Powell站
MAP P.52

　　舊金山的叮噹車共有3條路線(見41頁)，其中的兩條Powell- Mason和Powell-Hyde的總站就是位在這裡。不像第三條California Street Line是雙向的，這兩條路線是單向的，所以在總站必須轉頭。當車靠近總站時，車掌和站務都會下車，用手動的方式，讓車子在圓形的轉盤上，做360度的大調頭，這可是少見的奇景之一喔！總站

附近還有許多街頭藝人和攤販聚集，非常熱鬧！

美食餐廳

百年老店

John's Grill
(約翰燒烤店)

✉ 63 Ellis Street ☎ (415)9863274
◉ 週一～六11:00~22:00，週日12:00~22:00
💲 $20~30   🌐 www.johnsgrill.com
➡ 搭27、30、38、45、J、K、L、M、N、F號公車；
　或搭Bart至Powell站
MAP P.52

　　平凡的餐廳招牌，卻隱藏著赫赫有名的歷史，這裡是舊金山頗富盛名的文學地標之一。一間創立於1908年的百年老餐廳，因為有著作家Dashiell Hammett的加持而不同凡響。

餐廳牆上都是老照片

　　生於1894年的美國作家漢米特Dashiell Hammett，是世界頂尖的偵探小說家之一，而他著名的小說《馬爾他之鷹》(The Maltese Falcon)，相傳裡頭的場景，就是取材自這間餐廳。

　　餐點以牛排、海鮮、煎牡蠣蛋捲(Hangtown Fry)聞名，裡頭的裝潢很有古樸的味道，牆上掛著舊金山的陳年歷史，樓上每晚還有爵士樂表演，慕名來這兒的名人如過江之鯽。

摘米其林星星去

Campton Place
(坎頓餐廳)

✉ 340 Stockton Street ☎ (415)9555555
💲 午餐$30，晚餐$75以上
🌐 www.camptonplacesf.com
➡ 搭38、J、K、L、M、N、F號公車，或搭Bart至
　Powell站
MAP P.52

　　吃過舊金山不少的米其林餐廳，這家的裝潢不算高貴，場地也不算寬敞，但菜色實在讓我驚豔不已。

　　已經榮獲數年米其林餐廳一星的榮耀，如果覺得晚餐太貴，不妨選擇它的Brunch或午餐來試試，不但價格便宜許多，又可以品嘗到它的好滋味，記得上次來，是參加了舊金山的美食節活動(Dine About Town，見25頁)，結果以好便宜的價錢吃到，物超所值到了極點，所以記得行前先check一下。

舊金山頂級4大餐廳之一

Farallon
（法拉隆餐廳）

- ✉ 450 Post Street
- ☎ (415)9566969
- ⏲ 週一～四05:30～21:30，週五、六05:30～22:00，週日05:00～21:30
- 💲 $30～40
- http www.farallonrestaurant.com
- ➡ 搭2、3、4、76、J、K、L、M、N、F號公車；或搭Bart至Powell站
- MAP P.52

水母燈是這裡的特色

1997年開幕，它和以法國菜聞名的Fleur de Lys、Masa's以及加州菜餐廳Postrio，並列為舊金山頂級餐廳四大天王。由名設計師Pat Kuleto所開，有160個座位、花了4百萬美元的裝潢也是出自他之手，他和大廚同時也是老闆的Mark Franz，共同建立起頂級美食的稱號。

這裡的菜單是每天變換的，大廚Mark Franz會先看今天買到了什麼食材，才能決定今天的菜色內容，所以菜單上會打上當天的日期。Mark Franz最擅長融合日式料理和義大利的烹調技術，這裡的海鮮最有名。另外酒單上就有300多種名酒，美酒配佳肴，這才是美食家的風範啊！

餐廳的名字是來自於舊金山西太平洋上的一群小島。餐廳外觀除了一個如貝殼半圓形開展的扇型遮篷之外，打開大門，一朵朵的水母燈，宛如走進了海龍王的水底世界，在幽暗的氣氛中有名畫相襯，細看每桌的客人穿戴整齊，還有人穿著小禮服。所以來時記得穿上你最棒的行頭，享受一個高級的美食之夜吧！

曾造訪這裡數次，烹調為水準之上

賞夜景的好去處

*C*heese Cake Factory
（起司蛋糕工廠）

✉ Macy's，251 Geary Street 8樓
☎ (415)3914444
🕐 週一～四11:00～23:00，週五、六延至 00:30，週日10:00～23:00
💲 $20
🌐 www.thecheesecakefactory.com
➡ 搭38、J、K、L、M、N、F號公車；或搭Bart至 Powell站
🗺 P.52

　　1940年，Evelyn為了撫養她的兩個稚子，在底特律開了一間小小的蛋糕店，到了1971年，孩子長大了，Evelyn和先生Oscar決定將餐廳移師到洛杉磯，他們胼手胝足，每天工作18個小時，終於憑藉著好手藝，獲得廣大的迴響，變成了全美擁有150多間分店的知名連鎖餐廳。

　　店裡最知名的當然是起司蛋糕，而且覺得還是原味的最好吃，餐廳內也供應午餐及晚餐，以美式食物為主，像是披薩、牛排、義大利麵、三明治等等，餐點味道雖不及蛋糕出色，但是這裡有無敵美景，露天陽臺可俯瞰聯合廣場，風光一覽無遺，因此常常人滿為患，再加上營業到較晚，所以是聯合廣場附近夜晚最熱門的夯點之一。

▌道地早餐店

Sears Fine Food
(席思美食)

✉ 439 Powell St
☎ (415)9860700
🕐 06:30～22:00，早餐供應到15:00
💲 $20
🌐 www.searsfinefood.com
➡ 搭30、45、J、K、L、M、N、F號公車；或搭Bart至Powell站
🗺 P.52

早晨的聯合廣場因為店都還沒有開門，往往很冷清，但有朋友來這兒看見長串的人潮，都是擠在這間店的門前。如果台北的道地早餐是永和豆漿的話，那麼這兒就是舊金山人道地的早餐了。

1938年，退休的馬戲團小丑Ben Sears和他的太太創立了這間店，憑著他太太祖傳的瑞典式鬆餅(Swedish Pancakes)而風靡一時。

這裡最有名的當然是鬆餅了，尤其是Sear's World Famous 18 Swedish Pancakes最富盛名，在小巧軟棉棉的鬆餅上淋上楓漿與奶油，滋味非凡。另外這裡的Raised Waffles是標榜來自於1896年《Fanny Farmer Cookbook》這本老食譜所製作出來的，所以是百年前的老滋味喔！

▌最佳下午茶

Rotunda(圓頂餐廳)

✉ 150 Stockton Street，Neiman Marcus百貨公司4樓
☎ (415)2492720
🕐 週日～二11:00～16:00，週三～六11:00～17:00
💲 $20～30
🌐 www.neimanmarcus.com/store/info/restaurant.jhtml?rest=200010
➡ 搭38、J、K、L、M、N、F號公車；或搭Bart至Powell站
🗺 P.52

抬頭是100多年前留下的骨董彩繪玻璃，由2,500片彩色玻璃組合的屋頂天窗，真的非常壯觀。優雅的雕飾，配合著窗外流瀉出的聯合廣場景色，真是個不用晒太陽，就可以覽盡風景的好地方。

這裡不供應晚餐，但以下午茶聞名。小小精緻的三明治、拇指餅乾放在銀色高疊的托盤上，再配上英式有機茶(Flowery Earl Grey Organic Tea)，高級又養生，午餐試過它的龍蝦三明治，相當可口。

購 物 名 店

精品名店，美食應有盡有

Westfield San Francisco Centre（舊金山西域商場）

- ✉ 865 Market Street
- ☎ (415)5126776
- ⊙ 10:00～20:30，週日至19:00
- $ $20～30
- http westfield.com/sanfrancisco
- ➡ 搭5、6、7、9、21、31、66、J、K、L、M、N、F 號公車；或搭Bart至Powell站
- MAP P.52

每年有高達2千萬人次造訪這個占地150萬平方英尺的大型購物中心，這裡有超過170間以上的商店，其中包括美國頂級百貨公司Bloomingdale的旗艦店、全美第2大的Nordstrom百貨公司、占地1萬6千平方英尺全城最大的Burke Williams Day Spa，裡面的名品應有盡有，絕對是你逛街的首選。像這裡的Abercrombie & Fitch、Arden B、Banana Republic、bebe、Champs、Crocs、Eddie Bauer、Express、Juicy Couture……絕對都是台灣買不到，或是比台灣便宜很多的名牌。

美食中心(Food Court)裡各式食物雲集，還有超級市場，尤其最愛逛Bristol Farm，裡頭生鮮美食應有盡有，無論是在這兒買三明治外帶，還是在美食中心裡用餐，物廉價美絕對讓你吃得超開心。

百貨公司5巨頭

聯合廣場附近大型百貨公司雲集，認識各百貨公司的屬性，逛起來更得心應手。

Neiman Marcus百貨最出名的是屋頂的彩繪玻璃。建立於1900年，原為「巴黎城」的裝潢，後來原建築已在1982年拆除，這座美麗的天窗卻得以保留。天窗上畫著巴黎城的船型圖徽，高貴優雅的氣質呼應著Chanel、Prada等頂尖名牌，是一家走高級路線的百貨公司。

第5街百貨(Saks Fifth Avenue)，全世界最頂尖的服裝品牌雲集於此，同樣也是以高貴、頂級取勝，和Westfield San Francisco Centre裡的Bloomingdale百貨一樣走貴婦路線。

如果想平價一些，梅西百貨(Macy's)當然最得人心，種類繁多，和Nordstrom百貨公司一樣，品牌較為平易近人。

Neiman Marcus
✉ 150 Stockton Street
☎ (415)3623900

Saks Fifth Avenue
✉ 384 Post Street
☎ (415)9864300

Nordstrom
✉ 865 Market Street
☎ (415)2438500

Macy's
✉ 170 O'farrell Street
☎ (415)3973333

Bloomingdale
✉ 845 Market Street
☎ (415)8565300

UNION SQUARE

聯合廣場—購物名店

旗艦店總覽

誰的衣櫃裡會沒有一條Levi's 501的牛仔褲？發明於舊金山的Levi's牛仔褲，沒來逛逛它的旗艦店，怎能算過來過舊金山呢！

全世界最齊全的Levi's牛仔褲款式就在這裡，還有歷代牛仔褲的展示。

✉ 815 Market street
☎ (415)5010100

Nike Town旗艦店

各式運動鞋看到你眼花撩亂，超大賣場就像一個百貨公司一樣。門口的牆上將慢跑者的名稱合成一種圖樣藝術，創意十足。

✉ 278 Post Street
☎ (415)3926453

Gap旗艦店

由舊金山起家的美國服裝品牌(見71頁)，如今已發展成全世界1千多家店的龐大規模。既然起源於舊金山，這家舊金山的旗艦總店，當然不會讓你失望。

✉ 890 Market Street
☎ (415)7885909

Old Navy旗艦店

發源於舊金山，是Gap的姊妹品牌(見71頁)，走物美價廉路線，簡單的美式風格，很討年輕人的喜愛，旗艦店大到裡頭有餐廳，慢慢逛到你腳軟吧！

✉ 801 Market Street
☎ (415)3440375

買了可退，退了再買

整體來說，美國的時裝雖然追不上台灣的時髦流行度，但是同樣的價錢，卻可以買到質感相當不錯的衣服，尤其是穿慣了美國的棉T，100%美國棉的好觸感，絕對會讓你愛上它。

美國的服裝店幾乎全年365天都有打折區，聰明的老美，一進店門絕對都是往後走，因為通常位在後區的ON SALE區，可以讓你每天撿便宜。

買完後記得收據好好保存，只要未拆吊牌，在退款期間內(大部分店是30天，有些15天，可查閱收據後的Return Policy)，都可以憑收據無條件退錢或換貨。

這種退貨在美國是天經地義的一件事，千萬不要覺得靦腆不敢去做，像Macy's百貨公司就有90天的退貨期，Coach的退貨期是Life Time的，亦即只要吊牌沒拆、沒用過，你任何時間不滿意皆可以拿來退或換，在美國買東西真的好幸福，這種顧客至上的精神，讓你逛街很享受。

名流的聚集地

*H*arry Denton's Starlight Room
（星光舞廳）

✉ 450 Powell Street，San Francis Drake Hotel 21樓

☎ (415)3958595

🕐 週四～六18:00～02:00，週日11:00～02:00

http www.starlightroomsf.com

➡ 搭30、45、J、K、L、M、N、F號公車；或搭Bart至Powell站

MAP P.52

夜幕低垂，會想找一個喝酒跳舞的好地方，位在San Francis Drake Hotel 21樓的Starlight Room，就是知名的夜店之一。

這裡是無數名流以及大明星的現身地，像是阿諾史瓦辛格、莎朗史東等都來過這兒。創立於1930年，除了有現場樂隊演出，舞池讓你飆舞之外，最讓人心醉的是它360度的城市美景，萬家燈火登高一呼，成就了無限浪漫的可能。

週五、六每晚20:30後有現場音樂表演，可先上網查詢節目表。週日推出變裝早午特餐(Sunday's A Drag Brunch)，在週日的10:30和13:00分別有兩場Donna Sachet領軍的變裝秀演出。

過去舊金山最有名的變裝秀，是位在北灘的Finocchio，曾經看過它的表演，令人大開眼界。然而這個擁有63年老歷史的特色地標，卻在1999年關門落幕了，一向珍惜文化特色的舊金山人哪能忍受，於是數年前Starlight Room開始了它的Drag Show，像是帶點彌補的色彩吧！再現舊金山的異色光華。

88年的老劇場

*C*urran Theatre
（柯潤劇場）

✉ 445 Geary Street
📞 (415)5512000
🌐 sfcurran.com
➡ 搭30、38、45、J、K、L、M、N、F號公車；或搭
　Bart至Powell站
🗺 P.52

舊金山有三大劇院：柯潤劇場
(Curran Theatre)、Golden Gate
Theatre、Orpheum Theatre，其中的
柯潤劇場離聯合廣場很近，通常步
行10分鐘就可以到，所以可以安排
一場晚間的音樂秀，和聯合廣場搭
在一起遊覽。

1922年的老劇場，卻有超過
1,600個座位。這裡上演的多是百老

匯的名劇，像是《歌劇魅影》、《獅
子王》等大型百老匯音樂劇都在
這裡上演過，你可以先上網查詢演
出表，甚至到TIX票亭去撿便宜票
(54頁)。

旅行小抄

如何買表演票

可以在戲院的票亭買票，也可以上
網買，舊金山最具規模的戲院網站
是Ticketmaster，這裡可以買到球
賽、音樂會、劇場等各式各樣的門
票，但會加收手續費。

ticket master
🌐 www.ticketmaster.com

看懂座位才買票

Orchestra Seat	交響樂席 1樓正前方上等座位
Mezzanine	中層樓座位 1～2樓間的座位
Balcony	2樓座位 2樓正前方的上等位
Loge	包廂
Slip	最邊邊的兩側座位
Gallery	頂層座位

十大必逛潮店

Urban Outfitters。

逛聯合廣場的首要任務,就是要捏緊荷包,小心錢包大失血,如果一定要買,就要學會反向思考,買人所不能買,必屬這幾家流行潮店。

H & M

✉ 150 Powell Street　📞 (415)9864215

在全世界35個國家,共有兩千多家分店,這個來自歐洲的品牌,唯獨台灣還沒有,過去常常到香港去買,但是舊金山聯合廣場的這家分店,規模實在太大了,種類多到讓你眼花撩亂,再加上價錢不貴,款式時髦新穎,值得一遊。

Anthroplogie

✉ 880 Market Street
📞 (415)4342210
🌐 www.anthropologie.com

如果你喜歡骨董衣的懷舊溫暖味道,就會和我一樣對它著迷,款式相當有自己的風格,有維多利亞時代甚至民俗風的質感,如今在全美24州、加拿大皆有分店。

Forever 21

✉ 2 Stockton St.　📞 (415)7659908

1984年開始於洛杉磯,由韓裔的Don-Won Chang及他的太太所創立,原名叫Fashion 21,沒想到越來越受歡迎,如今已是全美潮店的代表之一。快速抓住流行的腳步,是Forever 21的致勝密碼,那些貴如天價的大品牌潮款,在這兒可以看到類似的款式,並擁有合理的價格。

bebe

✉ 865 Market Street(San Francisco Shopping Centre Space 232)
📞 (415)5432323

講究時髦、性感、曲線,自然身材也要有條件才適合。難怪bebe能得到瑪丹娜、布魯克雪德斯等巨星的垂愛,因為它的超性感設計,可以讓你成為女人中的女人。1976年Manny Mashouf在舊金山開了第一家的bebe,如今已發展成全美300多間店的盛大規模。

Abercrombie & Fitch

✉ 865 Market Street
☎ (415)2849276
http www.abercrombie.com

　1892年創立，服飾比較休閒、運動風，尤其是棉T，質感超舒服，一穿絕對愛上。

Gap／Banana Republic／Old Navy

Gap
✉ 890 Market Street　☎ (415)7885909

Banana Republic
✉ 256 Grant Ave.　☎ (415)7883087

Old Navy
✉ 801 Market Street　☎ (415)3440375

　1969年發跡於舊金山，旗下共有Gap、Banana Republic、Old Navy、Piperlime、Athleta等數個品牌。Gap以美式休閒風席捲年輕人的心，Banana Republic以質感、品味的上班服飾獲得青睞，Old Navy則以青春活潑、價廉物美而取勝，Peperlime是鞋子品牌，Athleta走運動風。如今全球已擁有近3,500家分店，可謂全美最大、最成功的服裝品牌。

Urban Outfitters／Free People

Urban Outfitters
✉ 80 Powell Street　☎ (415)9891515

Free People
✉ Stanford Shopping Centre #313-A Palo Alto　☎ (650)4621986

　時髦、搞怪、帶點叛逆，絕對是潮女飛奔的方向，尤其是1樓精選的禮品、書籍、CD另類有餘，特色十足。而隸屬於同公司比較晚

創立的Free People，我個人非常喜歡，創意十足的設計，令人愛不釋手。

下城區周邊
SOMA &
Yerba Buena Gardens

泡沫化的午後

對SOMA很難忘懷，是在一個參觀SOMA區一個畫家工作室的下午。

原來在1870年代，這裡只是一片填海造出來的新生地，當時居住在這一區的，都是比較下階層的工人，而當時工業區留下來的大量倉庫及廢棄的工廠，卻在80年代，成為藝術家們夢想的家園。

1980年代，大量的藝術家、畫家、攝影師、音樂家……進駐這一區，他們大規模地改造了倉庫及工廠，成為他們工作場地，於是，大量的藝廊、畫室、個人工作室誕生了，而隨後幾個大型美術館的進駐，人文的氣息由此展開。

到了西元2000年，網路公司從原先的天之驕子，隨著全球網路dot-com的泡沫化，一夕之間裁的裁、倒的倒，而當時大批的網路公司，就是聚集在SOMA這一帶。

我在多年前，跟著朋友走訪一個位在SOMA區的畫家工作室，工作室凌亂但開闊，記得她是一位在皮衣上創作的畫家，她大量地蒐集舊皮衣，在上面畫上你想像不到的美麗畫面。

當天，SOMA區冷清到不行，無數的空屋，潦倒的景象、狼狽的店招，當時網路泡沫化的耳語，如入一座空城，10年後的今天，全球金融海嘯撲天蓋地而來，而今看見的SOMA，卻是坐在露天餐廳，對著美景啜飲東方茶的滿滿觀光客，不知當年那些人去樓空的辦公室都變成了什麼？或許你也會想和我一樣，轉入迂迴的巷弄中，去找尋答案吧！

在 摩天大樓的環抱下，一抹綠地，可以讓你仰望天空，呼吸一下清新的空氣。

附近不時舉辦大型的藝術活動，知名的博物館圍繞，就連路上行走的人，都顯得優雅有氣質。這裡會讓你有置身在紐約蘇活區(SOHO)的錯覺，看不

玩的展覽，數不盡的表演，還有草坪上免費演出的芳草地花園慶祝會，甚至連這兒美景綿延的露天餐廳，賣的都不是老美傳統的咖啡，而是搭上全球禪風的上等好茶。

沒錯！高雅、時尚、藝術、品味，正是這兒的寫照，強烈散發的人文氣息，閒散的悠閒氣氛，再加上附近無數高級時髦餐廳交織出的好品味，讓SOMA永遠是SOMA，無人可取代，永遠以質感取勝。

下城區周邊地圖

New Montgomery St.
Hawthorne St. Hawthorne St.
Jessie St.
Howard St.
Folsom St.
Harrison St.

加州歷史學會
California Pizza Kitchen
非洲博物館 舊金山現代美術館
W Hotel
3rd St. St. Regis Hotel 3rd St.

Samovar Tea Lounge
猶太博物館 芳草地花園
Moscone Convention Center South
Yerba Buena Ln.
Mission St.
Folsom St.
Harrison St.

Metreon 兒童創意博物館

Marriott Hotel
The View Lounge
4th St. 4th St.

Moscone Center West
Lulu

Market St.
Stevenson St.
Jessie St.
Mission St.
Minna St.
Howard St.
Clementina St.
Shipley St.
Clara St.

5th St.
Folsom St. 5th St.
Harrison St.

Asia Sf

一日遊玩精華版

早上

Modern Art museum(11:00開門)

午餐 ↓ 🚶 10分鐘

- 在芳草地花園野餐
- 或Samovar Tea Lounge
- 或Metreon用餐

下午 ↓ 🚶 10分鐘

- 芳草地花園
- Contemporary Jewish Museum
- Museum of the African Diaspora

下午茶 ↓ 🚶 15～20分鐘

The View Lounge

晚餐 ↓ 🚌 7分鐘／🚶 20分鐘

Asia Sf

★行程悄悄話
SOMA區其實離聯合廣場不遠，走路約5～10分鐘到達，二區可一起規畫遊覽。

The View Lounge
(美景酒吧)

Metreon

74

熱門景點

深入加州歷史

加州歷史學會
California Historical Society

- ✉ 678 Mission Street
- ☎ (415)3571848
- ⏰ 週二～日12:00～17:00
- 休 週一
- 💲 $5
- http www.californiahistoricalsociety.org
- ➡ 可搭9X、15、30、45
- MAP P.74

展出內容以加州歷史發展為主

由於離非洲博物館、卡通博物館、舊金山現代美術館非常近，可以一併遊覽。

已經有百年歷史的California Historical Society，收藏有許多19和20世紀有關加州歷史的畫作、手稿、照片等等，並不定時舉辦有關加州歷史或舊金山歷史的主題式展覽，門口處有免費的茶、水供應，還有一個小小的紀念品書店。

位於磚紅色的建築內

城中的新地標

猶太博物館
Contemporary Jewish Museum

- ✉ 736 Mission Street
- ☎ (415)6557800
- ⏰ 週四11:00～20:00，其他時間11:00～17:00
- 休 週三
- 💲 $12，每月第一個週二免費，週四17:00後半價
- http www.thecjm.org
- ℹ 免費導覽團：週三除外，每日有免費導覽團(Free Public Tours)，集合地點在Sala Webb Education Center，內容為介紹本館建築及展覽，可多加利用
- ➡ 搭9、14、30、45、J、K、L、M、N、F號公車；或搭Bart至Powell站或Montgomery站
- MAP P.74

2008年暑假重新開張，新穎的建築，好像一個藍色的大骰子，原來的博物館，起源於1984年，後來在1998年由建築大師Daniel Libeskinds重新設計、大筆一揮下，變得相當時髦。館內展出現代藝術與猶太人的歷史與文化，門前的廣場有噴水池和涼椅，是你忙裡偷閒、野餐的好地方。

一進門，就被叫去檢查背包，可能是猶太人的博物館吧！安檢比一般博物館要嚴格許多。

建築物乍看之下好像一顆骰子

舊金山現代美術館

San Francisco Museum of Modern Art(SFMOMA)

✉ 151 3rd Street
🕐 週五～二11:00～17:00，週四至21:00(5～9月提前於10:00開門)
💲 $25，第一個週二免費，每週四晚上半價
➡ 搭5、9、14、30、38、45、J、L、M、N、F號公車；或搭Bart至Powell站
📞 (415)3574000
休 週三
http www.sfmoma.org
MAP P.74

　　原本是美國西岸第一座現代美術館，經過3年擴建改裝，耗資3億美金，2016年5月14號重新開幕的舊金山現代美術館，改寫了美國美術館的排名。新增了23萬平方英尺的展覽空間，展場增加一倍以上，公共空間增加6倍之多，三萬多件的展覽作品，讓它如今傲視群雄，成為美國最大的現代藝術博物館。

　　前棟紅磚色加上黑白煙囪狀的建築是1995年瑞士設計師Mario Bottag的作品，當時它的競圖可是打敗了赫赫有名的安藤忠雄呢！但之後展區越來越不敷使用，2013年6月決定閉館3年，由挪威Sn hetta的建築設計團隊主導，開始了美術館的擴建計畫。

　　在紅磚色建築物的背後，那有如波浪起伏10層樓高的白色建築便是新的展區，創意的起緣是舊金山灣海洋飄渺的霧氣。

　　1樓的輕食餐廳移到了頂樓，結合戶外雕塑公園有更好的視野，米其林三星主廚掌廚的高檔餐廳則進駐1樓，3樓有舊金山四大咖啡天王之一Sight Glass咖啡，原先最受歡迎的、位於5樓的天橋設計則被保留了下來。

　　展覽品方面，由美國時裝界神人GAP服飾創辦人費雪夫婦(Donald and Doris Fisher)所捐贈的1,100件藝術收藏，是讓美術館改頭換面的重要功臣，文青們趕快搶著華麗登場吧！

逛樓進行式

1F 當代藝術

位於Howard街區的「Sequence」大型鋼雕絕對不容錯過，1樓的紀念品店，有許多新穎創意的玩意兒，口袋夠深的話，到米其林三星主廚執掌的In Situ餐廳用餐，當然就夠令人羨慕的了！

●《Sequence》大型鋼雕

這件2006年世界知名雕塑大師Richard Serra的超大型鋼雕《Sequence》，是GAP服飾創辦人費雪夫婦（Donald and Doris Fisher）的捐贈品。作品在2015年被裝置在這裡，整個空間等於是為了它量身訂作的。

●《無題Untitled》大吊飾

來自藝術家Alexander Calder在1963的作品，同樣也是 Doris and Donald Fisher 的捐贈；名為《無題Untitled》，以白色排列協調感的趣味，成為一樓大廳的焦點之一。

● In Situ餐廳

2016年6月開張，主廚是得過米其林三星榮譽的舊金山Benu餐廳名廚Corey Lee，室內新穎現代的裝潢，同樣是美學的大集合，木質的大餐桌是來自灣區藝術家Evan Shively的傑作，牆上的畫作則是當地藝術家Rosana Castrillo Diza和Tucker Nichols的作品。

📞 415-9416050

🕐 週一～二11:00～16:00；週四～日11:00～16:00，17:00～21:00

http insitu.sfmoma.org

● Museum Store紀念品店

1、2樓都有，但1樓的規模比較大，是尋找紀念品的好地方。

②F 油畫、雕塑、紙上作品

　　售票處被移到了2樓，19、20世紀現代藝術的經典畫作是本層的靈魂，耳熟能詳的名畫家們好像從美術課本走出來似地，除了永久性的收藏，也有不同的特展。

● 19世紀經典畫作Open Ended

19、20世紀現代藝術的經典畫作也是本館的永久性蒐藏，尤其不能錯過的鎮館之寶為：野獸派畫家馬諦斯Matisse的《Woman with the hat》、壁畫大師Diego Rivera和女畫家太太Frida Kahlo的自畫像等。

● 永遠的加州藝術家 California Artist

展場有許多加州當地藝術家的作品，但尤以這一尊雕塑等於是終結代表，與真人等高的「加州藝術家California Artist」，是1982年美國藝術家Robert Arneson的作品。

● 向保羅·克利致敬Paul Klee in Color

這位生在1879~1940年代的瑞士籍現代主義畫家，一生留下了9,000幅畫作，以大膽的構圖與色彩運用打破了傳統，在這個特展區就可以一次讓你看個夠。

（3）F 攝影、雕塑

館內千挑萬選的Sight Glass咖啡，絕對會讓文青大驚豔，一整片大綠牆搭配大型的雕塑藝術，從Alexander Calder的作品區望出去，好像到了童趣的遊樂園；而另一邊加州藝術家的攝影展，竟然又彷彿帶你走回了現實無情的世界。

● 綠化牆X雕塑露台Living Wall+ Sculpture Terrace

號稱全美國最大的綠化牆，高30英呎，面積有4,400平方英尺的大片綠色牆面，裡面種有接近2萬株植物，共有38種品種，其中加州及舊金山灣區特有的植物就占了40%，非常具有環保與自然特色，尤其襯托出雕塑露台的背景，更有畫龍點睛之效。

● 瞄準動態雕塑大師 Alexander Calder：Motion Lab

展出Alexander Calder1920～1960年代的藝術作品，這位美國藝術家當年以活動雕塑(Mobile)帶領雕塑藝術走入了一個新的世界，大膽的藝術品中，讓人不敢相信，接近90多年前的藝術品，怎麼現在看來還這麼現代？

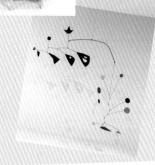

● 遇見Sight Glass好咖啡

2009年新崛起的咖啡梟雄，與Blue Bottle、Ritual、Four Barrel並稱為舊金山四大咖啡天王。

Ⓒ 週五～週二10:00～16:30，週四至20:30

特展區

不定時舉辦各種主題式特展，都是現代藝術的精華，過去舊建築的精華──圓頂橋(Oculus Bridge)依然被保留著(位於5樓)，同層的Café 5有戶外雕塑公園的美麗視野，當然你也可以不必在餐廳消費，直接穿過餐廳、走到戶外，欣賞許多的大型雕塑。

當代媒體藝術

以21世紀的當代藝術、實驗媒體藝術為主，別忘了走到陽臺，在雕塑露臺上與有趣的雕塑合影或自拍，同時飽覽博物館登高一望的城市美景。

走進千年紅木林，最愛繆爾森林

這裡是我在舊金山最愛的遺世樂園，忍不住要與你分享，我喜歡漫步森林，那種寧靜與禪意，如果你也是大自然的愛好者，那麼，我們就一起出發吧！

繆爾森林
Muir Woods National Monument

✉ Muir Woods Rd Mill Valley, CA 94941
☎ (415)3882595　🌐 www.nps.gov/muwo
➡ 開車經101號和1號高速公路到達，66路公車可達Muir Woods(限週末假日行駛，且有季節限定，詳情上網www.marintransit.org/routes/66.html)

美國國家公園之父

位於舊金山北邊約半個小時車程的繆爾森林(Muir Woods National Monument)是一座具有歷史性的自然保育類森林。

成立於1908年，至今已有約一百多年的歷史，它原來是古老海岸紅木林的遺跡，直到1905年企業家威廉‧肯恩和他的太太買下了這塊土地，最後捐贈出來，才確定了它永久的保存。

這座紅木森林，便是以紅木(Sorrel)而著稱，它是世界上最高的植物，存在於地球上已經1億3千多萬年了，樹齡可達2,000年以上。

大片的紅木孕育了整座森林的生態與命脈。在森林覆蓋下的土地，茂盛的生長著許許多多的蕨類與羊齒科的植物。

各式各樣的野生動物充滿了森林，從夜晚的貓頭鷹、蝙蝠、浣熊，到白日的鹿、松鼠、蜥蜴等等不可計數，等於是一座全天然的野生動物園。

如何參觀森林

公園入口處有禮品店及餐廳，入口處也可以索取一份公園的步道圖，其中有鋪路步道、半小時的巡迴步道、一小時1英里的巡迴步道及一個半小時2英里的巡迴步道等，是非常好的參考。

你可以循著步道短程繞一圈，約30～40分鐘走完，或是想挑戰專業一點的路程，沿著未鋪路的步道，延伸到峽谷之外，連接到Mt. Tamalpais國家公園。

漫步森林氣候多微涼，記得穿得暖和些，森林內有些植物是有毒的，記得別隨意觸碰。

> ### 旅行小抄
>
> **繆爾森林一日／半日導覽團**
> **GuideYou.com**
> ☎ (415)7751200　🌐 guideyou.com
>
> **Muir Woods Tour**
> 🌐 www.muirwoodstoursf.com
>
> **Tom's Muir Woods Walking Tours**
> ☎ (415)2646235
> 🌐 www.muirwoodstour.com

瀑布後面是半開放式的金恩紀念館

🦎 讓人忙裡偷閒之地

芳草地花園
Yerba Buena Gardens

✉ 750 Howard Street
📞 (415)8203550　　🕐 06:00～22:00
🌐 www.yerbabuenagardens.com
➡ 可搭14、15、30、45、J、L、M、N、F號公車；
　或搭Bart至Powell站

芳草地藝術中心
✉ 700 Howard Street
📞 (415)9782787
🕐 週二～日11:00～18:00　　休 週一
🗺 P.74

　　5.5英畝的大草原，到處是晒太陽、忙裡偷閒的城市人。拾階走上氣勢磅礡的瀑布，在欣賞完人權領袖馬丁路德的警語後，眼前開闊的風景，捧著交錯的摩天大樓，超有FU！

　　廣大的Esplanade草坪，原來下面是常常舉辦大型集會的Moscone Center，草坪中央的舞臺，常是露天表演會的場地，也是人們野餐的好地方。

蝴蝶花園與姊妹城市花園
　　在草坪東北方有一座蝴蝶花園（Butterfly Garden），這裡種植了蝴蝶最喜歡的植物及自然環境。由

芳草地花園地圖

N

Mission St.

Sony Metreon　蝴蝶花園 📷　Center for the Arts Gallery
Esplanade　East Garden
金恩紀念館 📷
姊妹城市花園 📷　芳草地藝術中心

Fourth St.

Howard St.

Third St.

Carousel
Zeum　Moscone Center South
Children's Garden　Moscone Convention Center Ballroom
Ice Rink

Folsom St.

看秀好康 芳草地花園慶祝會 玩家交流

世界上最美麗的事，就是一切都是免費的！(The best things in life are free.)

沒錯！只要每年5～10月底，參加這裡的芳草地花園慶祝會(Yerba Buena Gardens Festival)，一切都是免費的！

這裡有免費的歌劇廳、免費的芭蕾舞表演、超級樂團的露天演出，還有小朋友最愛的木偶秀，一連串的戶外藝文活動，豐富了這個超讚的城市藝術公園，你可以坐在草地上，聆聽現場表演，領略加州陽光，帶著你的野餐，悠悠哉哉地度過美好的一天。

每一年的慶祝會，都少不了數百位藝術家的共襄盛舉，像是舊金山歌劇團(SF Opera)、舊金山交響樂團(SF Symphony)、Lyric歌劇團等等都是演出的常客。另外高有國外音樂好手的助陣，像是芭蕾舞表演、劇場及文學讀詩活動、木偶秀以及加州藝術家的展覽會等等，內容包羅萬象，精采萬分。

這場藝術大拜拜，可謂舊金山城中一年一度的盛事，如果是5～10月來舊金山玩，別忘了先上網查詢演出時間，湊一湊道地的熱鬧。

芳草地花園慶祝會 Yerba Buena Gardens Festival
✉ Yerba Buena Gardens前的大草坪(Esplanade Gardens)
☎ (408)5431718
🕒 5月～10月底(多在週末)
🔗 www.ybgfestival.org

芳草地花園

日本藝術家Reiko Goto所設計，提供給舊金山上百種的蝴蝶，一處最佳的自然棲息地。

高約50英尺的瀑布，下方為金恩紀念館(Martin Luther King Jr. Memorial)，這位美國人權運動的黑人領袖，最後遭到暗殺，但他的影響力卻是無遠弗屆的。長廊裡可欣賞到他的照片、生平以及他被翻成各國語言的名言。

↑內有馬丁路德的照片展示
→2層樓高的瀑布宣洩而下

在瀑布上方為姊妹城市花園(Sister City Gardens)，這座花園是由舊金山的13座姊妹城市捐種花木而成，其中包括了中國上海的山茶花(Camelia)和韓國的茉莉花(Star Jasmine)等等，別忘了找找花園中的Sago Palm，這可是咱們台北捐種的喔！

不遠處的芳草地藝術中心(Yerba Buena Center For the Arts)，會不定時舉辦各式的藝術表演，裡頭有劇場與藝廊。

↗城市花園美景無邊
→芳草地藝術中心

🔍 **景點花絮**

船形雕塑

位於舊金山現代美術館對街的East Garden內，這個像個大熨斗的綠色玻璃雕塑，高20英尺，由Willie Lang所設計，象徵著天、地、人三位一體的和諧概念。

握手的人

名為Shaking Man的這座銅雕，是雕塑家Terry Allen的作品，打著領帶，一手拿著公事包，另一隻手變成了3隻手，好像要和你握手一樣。

🐾 一探非洲文化的影響力

非洲博物館
Museum of the African Diaspora(MoAD)

- ✉ 685 Mission Street
- ☎ (415)3587200
- 🕐 週三～六11:00～18:00，週日12:00～17:00，週一、二休館
- 💲 $10
- http www.moadsf.org
- ➡ 搭9、14、30、45、J、K、L、M、N、F號公車；或搭Bart至Powell站或Montgomery站
- MAP P.74

坐在黑暗的戲院裡傾聽黑奴的故事，聆聽一段搖滾、黑人唱出的動人福音，在這裡，你可以看出非洲文化對世界的影響力有多大。尤其館內3層樓高的馬賽克，都是由無數個小女孩的臉拼貼而成的。而館外玻璃帷幕的現代化建築，新穎又有特色，很容易就吸引你走進這個占地2萬英尺，以展出非洲文化為主題的樂園。

🐾 兒童最愛的玩樂世界

兒童創意博物館
Children's Creativity Museum

- ✉ 221 Fourth Street，Moscone Conventon Center樓上
- ☎ (415)8203320
- 🕐 週二～日10:00～16:00
- 💲 $12
- http creativity.org
- ➡ 搭9、12、30、45、76、J、K、L、M、N、F號公車；或搭Bart至Powell站或Montgomery站
- MAP P.74

經常舉辦國際大型展覽會的Moscone Center，沒想到它的頂樓，居然是一個兒童最愛的玩樂世界，一個免費的兒童遊樂場、一個滿溢童心的旋轉木馬(Looff Carousel)、滑冰場、保齡球館、還有這個具有啟發性的舊金山兒童創意博物館Zeum。1998年開幕的它，占地3萬4千平方英尺，內容強調發現的樂趣，兒童們學習動手做，自己發現問題。在館內，你可以體驗自己動手製作卡通、音樂錄影帶、剪接音樂、數位藝術等，結合科技與藝術的樂趣。

博物館前的露天座椅

旅行小抄

大人這樣玩

發現旋轉木馬(Looff Carousel)旁邊有個小小的露天咖啡座，如果本區的兒童玩意兒無法吸引你，在這裡喝個露天咖啡，看著旋轉木馬旋舞著樂音，倒是個滿愜意的選擇。

美食餐廳

▌充滿性別幻想的餐廳

Asia Sf
(亞洲舊金山餐廳)

- ✉ 201 9th Street(在Howard Street)
- ☎ (415)2552742
- ⊙ 18:00～22:00，club至2:00
- 💲 $25～50
- http www.asiasf.com
- ➡ 可搭14、19、F號公車
- MAP P.74

先別問這裡的侍者是男是女，在這個性無國界的世界，美麗性感才是最高的準則。

有人說他們是人妖，他們卻說自己是性別幻想家Gender Illusionists，在這個性不性由你的世界，邊緣化的叛逆才能走出自己的風格。

1998年，Larry Hashbarger和Skip Young打造了這間獨一無二的人妖餐廳。除了融合東方元素，菜肴以加州式的亞洲烹調(Cal-Asian Cuisine)見長，其東方情調的特色裝潢，和人妖服務生的超值服務，再加上每小時載歌載舞的變裝歌舞秀(Drag Queen Show)，如今的Asia SF已是城中時髦的表徵。

雖然擁有人妖秀的噱頭，但是這裡的菜肴，嘗試後覺得相當不錯，像是它的橘子羊排(Orange Lamb)、寶貝回來吧牛小排（Baby Got Back ribs)都有超高人氣。一樓是餐廳，地下室則是舞池，這裡的酒單更連續榮獲8年(2001～2008)美國專業品酒雜誌《Wine Spectator》的大獎。

旅行小抄

訂位取消還罰錢

這裡時常人滿為患，最好事先訂位，但決定訂位時要非常小心，這裡訂位會要你的信用卡資料，訂位48小時前可以取消，但48小時後取消，每位會收你美金35元，由此可見它有多夯、多大牌了！

來自世界最棒的茶品

Samovar Tea Lounge
（山摩爾喫茶屋）

✉ 730 Howard Street
☎ (415)2279400
◉ 週日～三09:00～20:00，週四～六09:00～21:00
💲 $20
http www.samovarlife.com
➡ 可搭14、15、30、45號公車
MAP P.74

當你坐在餐廳，看著隔桌的侍者，用英文教導客人如何喝老人茶的同時，你實在很難相信，這裡居然是千里迢迢的舊金山。

沒錯！這裡就是城中最In的茶屋，講究如瑜珈、靜坐般的平靜，蒐集來自世界最棒的茶品，讓你在東方的禪境中，對著無敵美景，啜一口好茶，嘗一嘗改良過的東方健康美食，留下一顆平靜的心。

共有3家分店，最早的店於2001年開在Castro Street上；2006年位於芳草地花園上的店開幕了，接著位於Hayes Valley分店也相繼開張。

這3家店尤以位於芳草地花園瀑布樓上的

這家分店，最讓人難忘。因為開闊的城市美景近在眼前，一望無際的風景，閒散的露天座椅，在茶香裊裊中，成為你一生中的美麗時刻。

←神像變成了店內的裝飾　↗食物多為輕食，講究養生、健康

87

非吃不可的炭烤

LuLu (露露餐廳)

✉ 816 Folsom Street(4th and 5th Streets之間)
📞 (415)4955775　🕐 11:30～close
💲 $20～30　　http www.restaurantlulu.com
➡ 可搭12、27、30、45號公車
MAP P.74

坐落在1910年的老建築內，卻在建築師 Cass Calder Smith的改良下，變成了全城時髦的餐廳之一。這裡的炭烤非常有名，相傳它的Steamed Mussels也是全城最棒的，有次來嘗試Steamed Mussels，非常新鮮，果然名不虛傳，另外也體驗了它出名的披薩，薄而透脆別有一番滋味，無怪乎是芳草地花園附近值得一嘗的午晚餐地。

讓你荷包不失血

California Pizza Kitchen(加州披薩廚房)

✉ 53 Third Street　📞 (415)2780443
🕐 週一～四11:00～22:00，週五、六23:00，週日12:00～21:00
💲 $10～20　　http www.cpk.com
➡ 可搭9、30、45號公車　MAP P.74

1985年成立，如今已發展成為全美32州連鎖、230多家分店及9個國家的盛大規模，周遊世界的創新口味，可謂傳統披薩Pizza大變身，像是牙買家瘋雞(Jamaican Jerk Chicken)、加州俱樂部(California Club)、泰國雞(Thai Chicken)、日本茄子(Vegetarian with Japanese Eggplant)等等，推翻了傳統的披薩口味，開發了地球村式的口味，好吃、創新而且價格平價，是值得一嘗的省錢A咖。

午後美景勝一切

The View Lounge
（美景酒吧）

✉ 55 4th Street，Marriott Hotel 39樓
☎ (415)8961600
🕐 週一～三16:00～01:00，週四～六延至01:30
➡ 可搭9、30、45、J、L、M、N、F號公車；或搭 Bart至Powell站
MAP P.74

180度的大型窗戶，大量導入SoMo區的開闊美景，氣勢雄偉的摩天大樓，全都乖乖地臣服在你的酒杯底下。

這是舊金山最值得一遊的音樂酒吧，1989年開幕，偶而有鋼琴、爵士樂、藍調和R & B的音樂演奏，我的經驗是：這裡下午的美景無敵，如同夸父追逐落日般的壯觀，像顆震撼彈，晚上漆黑一片，反而比較看不出景色。

購物名店

大型商場不逛不可

Metreon
（曼陀商場）

✉ 135 4th Street
☎ (415)3696000
🕐 週日～四10:30～20:30，週五、六延至21:30
http shoppingmetreon.com
➡ 可搭5、6、7、9、21、31、66號公車
MAP P.74

是芳草地花園附近最值得一逛的商場。占地35萬平方英尺，無數3C、個性化商店、大型戲院與180度大螢幕的Imax劇場、還有各式各樣的餐廳，打造了它不同於一般百貨公司獨樹一格的風格。裡頭有不少的餐廳、蛋糕店、書店、甚至是SPA，是個用餐、逛街、看電影的好地方，餐廳中不妨試試Chipotle，它是舊金山知名又廉價的墨西哥捲餅(burrito)專賣店，東西俗攔大碗，很適合想省錢的觀光客。

商場內尚有美國有名的平價商場Target，不妨在此尋找帶回台灣的便宜伴手禮，如巧克力、糖果、保養品等等，另外4樓的City View經改裝後，室內有2萬平方尺，室外有1萬平方尺的空地，是可以容納2,000人聚會的場地。

漁人碼頭
Fisherman's Wharf

漁人碼頭歷史大事紀

1840：只有少數的商人及零星的捕鯨船出現在港口。

1848：發現金礦，變成重要的轉運港口。

1950：隨著港灣的魚逐漸被捕光，取而代之的木材貿易，讓港口變成轉運中心。

1800   **1900**

1853：漁人碼頭上的Powell Street開始繁榮起來，Harry Meiggs建立了Meiggs碼頭，碼頭附近鋸木廠及其他生意開始繁盛。

1882～1908：舊金山是世界上最大的捕鯨用港。1890年起，義大利人逐漸掌管了碼頭上的生意。

1950～至今：隨著外地水手越來越多，逐漸發展起港口的觀光事業，如今已成為舊金山最受觀光客歡迎的景點之一。

美麗的港灣，停泊的漁船，微鹹的海風拂面，碧海藍天海鷗迴旋。過去，這裡只是一個小小的漁港，如今，這裡商店雲集，遊人如織，這裡可謂舊金山觀光景點的當家花旦，熱鬧十足、美景無邊，絕對是你不能錯過的景點之一。

遠方不請自來的海獅，喔喔地叫個不停。美食小攤前蒸著Dungeness螃蟹的香氣，瀰漫在空中。遠方的渡輪回航了，載回來了離島上的傳奇故事。街頭藝人輪番搏命演出，帶來了歡笑送走了憂愁。這裡有愛爾蘭咖啡的傳奇歷史，也是舊金山傳統美食波丁麵包與Ghirardelli巧克力大型旗艦店的所在地。

45號碼頭遊人如織

漁人碼頭，有著太多得天獨厚的海洋景觀，逛不完的商店美食，留下的永遠是你玩一天就懷念一輩子的心。

←39號碼頭旗幟飛揚
↓商店裡賣的中文名卡片，正對老外觀光客的口味

漁人碼頭區地圖

N

Pier 45

 海德街碼頭

SS戰艦

USS潛水艇

Pier 47

San Francisco
Maritime National
Historic Park

Aquatic Park

機械博物館

Fisherman's
Wharf   Alioto's

遊客中心

Jefferson St.

In-N-Out Burger

Cannery

Hyde St.

Leavenworth St.

Jones St.

Taylor St.

Victorian Park

叮噹車總站

海事博物館

Ghirardelli
Square

Beach St.

Buena Vista Café

Beach St.

Polk St.

Larkin St.

Powell-Hyde Line

Hostelling
International SF
Fisherman's Wharf

Gary Danko

North Point St.

North Point St.

Aquatic Park

海事博物館

39號碼頭

USS潛水艇

↑往惡魔島

Pier 39

Pier 41
41號碼頭

海獅甲板

39號碼頭

Pier 43½ Pier 43

The Embarcadero

Boudin Bakery
Jefferson St.

紅白渡輪

藍金渡輪

The Embarcadero

海灣水族館

Pier 35

探索博物館

Pier 33

Mason St.

Powell St.

Beach St.

Stockton St.

Grant St.

North Point St.

往惡魔島
搭船處

Pier 33

惡魔島

一日遊玩精華版

早上
- 乘叮噹車到達漁人碼頭
- 逛漁人碼頭相關景點

午餐　🚶15～20分鐘
- Alioto's
- 或大排檔吃螃蟹

下午　🚶15分鐘＋🚲35分鐘
- 乘船出海到惡魔島或其他小島
- 或騎單車閒逛

下午茶　🚲35分鐘＋🚶15分鐘
- Buena Vista Coffee
- 或Boudin Bakery嘗酸麵包湯

晚餐　🚶15分鐘
- Gary Danko
- 或In N Out Burger

夜生活　🚶15分鐘
Lou's Pier 47

★行程悄悄話
在聯合廣場搭叮噹車Power-Hyde或Power-Mason線，終點站就是漁人碼頭，然後一路逛到海邊，回程可在東側搭骨董街車F線回到聯合廣場。

39號碼頭

93

熱門景點

🦭 壯觀的野生海獅群

39號碼頭
Pier 39

📧 Embarcadero 和Beach Street交叉口
📞 (415)9817437
➡️ 可搭10、19、39、47、F號公車；或搭Cable Car的Powell-Mason、Powell-Hyde線

免費海獅生態導覽
📞 (415)2897330
🌐 www.tmmc.org
🗺️ P.93

39號碼頭的旋轉木馬

木頭的甲板，美麗的港灣，踏著唧唧作響的木質階梯，海風撲面，暖和的陽光送迎著遠方歸來的帆船，就像一個悠閒的小漁村，這個從1905年貨運碼頭逐漸搭建起來的甲板碼頭，變成了漁人碼頭上最繁華的商業區。這裡不但店家林立，還有無數的餐廳，再加上豐富的休閒設備，成為最受觀光客青睞的景點之一。

碼頭上除了Aquarium of the Bay水族館之外，還可以聽到喔喔的海獅叫聲。從1989年開始，一群群野生的海獅不請自來，開始聚集在39號碼頭附近，尤其冬天1月時達到最高峰，數量多時可高達

Aquarium of the Bay水族館

一千多隻，變成了碼頭上最奇特的自然景觀。如果是週末前來的話，在39號碼頭的K甲板(K Dock)，可以參加由Marine Mammal Center所辦的免費海獅生態導覽。

碼頭上絢麗的旋轉木馬轉起來了，伴著七彩的燈光，俏皮的音樂，在這個威尼斯旋轉木馬(Venetian Carousel)的旁邊，有個小小的Outdoor Stage，常常可以看到一些免費的表演。

除了Aquarium of the Bay水族館之外，碼頭上尚有不少的休閒設施，Boudin Bakery(102頁)的麵包香讓人垂涎三尺，到處是靠海的海鮮餐廳，這裡的逛街店又非常有特色，像是專賣左撇子用具的店、帽子的店、專賣維多利亞屋的禮品店，實在是你選購特色紀念品的好地方。

知識 充電站

海獅哪裡去了？

觀看海獅有時也是要碰點運氣的，有時數量壯觀到層層疊疊一千七百多頭，有時空空蕩蕩的甲板，只剩下零星的4隻在晒太陽。科學家說，這和牠們的覓食季節有關，為了覓食，有時會在一夕之間全部消失，最愛吃沙丁魚和鯷魚的牠們，會跟隨食物而遷移。如果你看到的是光光的甲板，那是因為牠們都出門打獵去了，但終究會在一段時間內回來。

39號碼頭

95

🦎來去惡魔島

41號碼頭
Pier 41

紅白渡輪The Red and White Fleet

✉ 43 ½ 碼頭出發　　📞 (415)6732900
🌐 www.redandwhite.com
➡ 可搭10、19、39、47、F號公車；或搭Cable Car的Powell-Mason、Powell-Hyde線

藍金渡輪The Blue & Gold Fleet

✉ 41號碼頭出發　　📞 (415)7055555
🌐 www.blueandgoldfleet.com
➡ 可搭10、19、39、47、F號公車；或搭Cable Car的Powell-Mason、Powell-Hyde線
🗺 P.93

41號碼頭前可以欣賞到許多街頭藝人的表演，最經典的當然是金粉人，全身塗金(有時是銀)，一動也不動讓你以為是尊雕像。最絕的是看過「猛草驚嚇人」，一個背上背著樹枝的人，躲在暗處，再突然跳出來嚇路人，無厘頭又搞笑。更多是表演舞蹈、唱歌和樂器，讓你免費看到過癮。

這裡同時也是渡輪的售票口，可以讓你買到前往各離島(見108頁)，如沙沙利度(Sasalito)、惡魔島(Alcatraz)、天使島等各渡輪的船票。最有名的船公司有兩家：紅白渡輪(The Red and White Fleet)和藍金渡輪(The Blue & Gold Fleet)，可以搭船前往Alcatraz Island、Oakland、Alameda、Tiburon、Sausalito、Vallejo、Angel Island等地，或是參加1小時的海灣巡遊(Bay Cruise)。

🦎300英尺的透明海底隧道

海灣水族館
Aquarium of the Bay

✉ Pier 39, at Stockton
📞 (800)7323483，(415)6235300
🕐 夏日每日09:00～20:00，秋至春週一～四10:00～19:00，週五～日10:00～20:00
💲 $24.95　　🌐 www.aquariumofthebay.com
➡ 可搭15、37、49、F號公車
🗺 P.93

雖然規模不及我們屏東的海生館，但因為展出獨特的舊金山灣海洋生物，仍然每年吸引了60萬的觀光客光臨這兒。

在占地6萬5千平方英尺的場地裡，展出鯊魚、魟魚等2萬多種的水底生物，最大的特色是長約300英尺的透明海底隧道，可以讓你360度仰看承重70多萬加侖海水的海底世界。

動手玩科學

探索博物館
Exploratorium

✉ Pier 15 　　　　　 ☎ (415)5284444
🕐 夏日：週六～四10:00～17:00，週四晚場
18:00～22:00，週五10:00～22:00(其他季節
另有調整)
💲 $29.95，週四晚場$15(有免費日，但不定時請
上網查詢exploratorium.edu)
➡ 可搭公車15號、骨董街車F號
🗺 P.93

　　原來位於藝術宮附近的探索博物館，於2013年4月移址到現在的15號碼頭附近。新館比舊館整整大了3倍，互動展示項目從舊館的450件擴充到600件。

　　占地33萬平方公尺，共有5個室內展區和1個室外展區，全館耗資2.5億美金，採用非常環保的設計，共有6,000個太陽能發電板，並有過濾海水的設備，盡量做到自給自足、綠色環保。

　　這裡和金門公園的加州科學博物館最大的不同是，每項設備都講究自己動手研究、自己玩，從物理、氣象、天文、地理、生物……，你可以透過上百種的科學儀器，在玩樂中學習到知識的趣味。

1943年的超級戰艦

USS潛水艇
USS Pampanito

✉ Pier 45 at Tayler
☎ (415)7751943
🕐 週日～四09:00～18:00，週五、六09:00～
20:00
💲 $20 　　🌐 www.maritime.org
➡ 可搭10、19、30、32、39、47、F號公車；或搭
Cable Car的Powell-Hyde線
🗺 P.92

　　建於1943年，是當時的超級戰艦之一，後投入第二次世界大戰的戰役，戰果輝煌，曾擊沉6艘日本船艦。戰爭結束後，回到了舊金山灣，自1945～1960年間，它持續保養靜待出擊，1961～1970年間，它成為海岸訓練的場地，但再也沒有潛入深海。1982年它成為博物館，除了供觀光客使用的梯子之外，一切都保持在1945年的樣貌。

　　參觀二次大戰期間的潛水艇，想像當時船艇中的80個軍官是如何在這樣狹小又深海的空間裡生活兩個半月，而且還不能洗澡。參觀路徑是從船尾往船頭走，你可以看見難得一見的魚雷室、廚房及軍官寢室等等。

停靠在岸邊的USS潛水艇

🐾 參與諾曼地大登陸的戰艦

SS戰艦
SS Jeremiah O'Brien

✉ Pier 45 at Taylor　📞 (415)9644421
🕐 冬天09:00～16:00　💲 $20
http www.ssjeremiahobrien.org
➡ 可搭10、19、32、39、47、F號公車；或搭
　Cable Car的Powell-Hyde線
MAP P.92

巨大的戰艦有2、3層樓高

也是一艘曾經參與過二次世界大戰的戰艦，建於1943年，曾在二次大戰期間，參與過7次航行，甚至還參與諾曼地大登陸的軍事行動。

參觀之前，別忘了先上網查一下它的Steaming Weekend。從2010年2月開始，在特定的日期會運轉蒸汽引擎，供人欣賞，另外尚有不定時的巡遊(Cruises)行程，你可以登上船艦做歷史性的巡遊，船上並播放1940年的老音樂及提供午餐。

🐾 一百多年的骨董遊戲機收藏

機械博物館
Musee Mechanique

✉ Pier 45 at Taylor
📞 (415)3462000
🕐 10:00～20:00
💲 免費
http www.museemecaniquesf.com
➡ 可搭47、F號公車；或搭Cable Car的Powell-
　Mason、Powell- Hyde線
MAP P.92

過去位於Cliff House，2002年起移址到漁人碼頭，這是全世界最大的私人骨董遊戲機博物館，在

這裡，你可以看到許多一百多年以上的骨董遊戲機，甚至可以丟入銅板操作。

一進門的 Laffing Sal 是這裡的招牌，一直狂笑的Sal會讓你印象深刻，但笑得令人毛骨悚然。Edward Galland Zelinsky從11歲開始，就開始收藏這些骨董遊戲機，如今已有超過300項以上的收藏。最好康的是，這裡入場完全免費，像是穿越一條發黃的時光隧道般，重回了1930年代的老時光。

互比腕力的骨董遊戲機

🔱登上古船模擬海上生活

海德街碼頭

Hyde Street Pier

📧 Hyde street西邊的盡頭,遊客中心位於 Jefferson and Hyde Streets交口

📞 (415)4475000 (遊客中心)

🕙 09:30～17:00

💲 入場免費,上船參觀收費

🌐 www.nps.gov/safr/index.htm

➡️ 可搭19、30、42、47、49號公車;或搭Cable Car的Powell-Hyde線

🗺️ P.92

這裡等於是個活生生的海上博物館,你可以在戶外參觀這裡的多艘古船,親自登上古船模擬水手和船長的海上生活。從船上的擺設、航海儀器、船隻模型和歷史的資料照中,走進迷人的航海世界和緬懷過去的漁民生活。

在碼頭上停靠的7艘明星

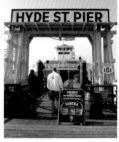

碼頭入口

古船,是這裡重量級的收藏,你可以沿著岸邊,一艘又一艘欣賞到曾榮膺全球最大客運渡輪之稱的Eureka號、曾是電影主角的百年雙桅帆船Balcultha號以及美國西岸港口啟航的最後一艘商業帆船CA Thayer號等等。

旅行小抄

明星艦自助式導覽

- **Eureka號**:是當時全世界最大的客運渡輪,建於1890年。在1922～1941年間,每次可以運送2,300個乘客和120輛汽車往返海灣兩岸,堪稱舊金山灣最老的客運渡船。

Eureka號

- **Balclutha號**:誕生於1886年,是一艘雙桅的方形帆船。它是當年由歐洲航行到舊金山數百艘船的典型代表,曾經航行過好望角17次,也曾成為電影裡的主角。

- **Alma號**:1891年下水,是現在舊金山灣唯一僅存的方底駁船,特色是船底平,所以吃水位淺,可以在海灣的淺水區航行。

Balclutha號

- **Hercules號**:1907年造於新澤西,是一艘海洋拖船,沿著西海岸託運木材到木材廠,還拖引船隻出海。

- **CA Thayer號**:建於1895年,是從美國西海岸港口啟航的最後一艘商業帆船。

Hercules號

海事博物館
The National Maritime Museum

✉ 499 Jefferson
☎ (415)5617100
🕐 每日開放，10:00～16:00
💲 免費
http www.nps.gov/safr/learn/historyculture/
bathhousebuilding.htm
➡ 可搭19、32、49號公車；或搭Cable Car的
Powell-Hyde線
MAP P.92

博物館外觀

擁有美麗沙灘與海景的Aquatic Park

完成於1939年，流線形的現代外觀，看起來就像一艘船一樣。原來的海事博物館本是澡堂和賭場，後改建為博物館。博物館曾重新整修，至2009年才重新開放。

參觀完還可以在附近的Aquatic Park野餐，不遠處的Municipal碼頭還可以釣魚，讓你盡情串成一個豐富的「海洋假期」。

展出內容並不多，但2樓有無敵海景

美食餐廳

海鮮湯鍋發源地

Alioto's

✉ 8 Fisherman's Wharf(Taylor Street和 Jefferson Streets交口)

☎ (415)6730183

🕐 11:00～23:00　　💲 $20～30

🌐 www.aliotos.com

➡ 可搭47、F號公車；或搭Cable Car的Powell-Mason、Powell- Hyde線

🗺 P.92

來這裡一定要試試它的海鮮湯鍋(Cioppino)，這是舊金山的獨有佳肴，而這裡就是它的發源地。味道鮮美的Dungeness螃蟹，原本就是漁人碼頭上的特產，再加上新鮮的蚌殼、魚肉、大蝦、淡菜等海鮮，調和在番茄、酒、蒜頭微酸、微辣的湯頭裡，吃一口口齒留香、滋味無窮，而且非常開胃。

原來這道佳肴已經有非常多年的歷史了，1925年開業的Alioto's餐廳，是漁人碼頭上最老的餐廳，店主人Alioto先生從義大利移民過來，原本只是從碼頭上一個小小的魚攤開始，後來生意蒸蒸日上，就開了這間餐廳，Alioto的太太，最

海鮮料理是這裡的一大特色

後還發明了海鮮湯鍋(Cioppino)，成為舊金山美食的象徵。

嘗試過這裡的海鮮料理，都具有不錯的水準。這裡的海鮮香腸(Seafood Sausage)也是餐廳獨家發明的。環境清雅，窗口還傍依著港灣美色，在這裡嘗海鮮、賞美色，人生一大樂也。

旅行小抄

Dungeness螃蟹與海鮮大排檔

Dungeness螃蟹是舊金山的特產，生長在美國西岸，體積較大，肉質厚、多而豐富多汁，吃起來非常有嚼勁。位在Alioto's餐廳的45號碼頭附近，還有許多的海鮮大排檔(Jefferson和Taylor Street交叉口)，這裡一個一個的小食攤，可以讓你以最經濟的價錢，吃到最新鮮的Dungeness螃蟹，無論是站著吃，還是坐在露天的桌椅上品嘗，都很有咱們夜市的感覺。

酸味麵包起源地
*B*oudin Bakery
（波丁麵包）

✉ 160 Jefferson Street
☎ (415)9281849　　　💲 $20
http www.boudinbakery.com
➡ 可搭10、19、39、47、F號公車；或搭Cable Car的Powell-Mason、Powell-Hyde線
博物館及廚藝之旅Museum & Bakery Tour
🕐 11:30～21:00　　　休 週二
MAP P.93

　　這是舊金山的獨門美食，大部分舊金山餐廳的餐前麵包，都是供應這種帶著酸味的Boudin麵包，可別因為它吃起來酸酸的，就以為是麵包餿了呢！

　　發明於1849年，因為法國移民Isidore Boudin獨特發明的發酵技術，而使麵包帶著微微的酸味，由於咬起來韌性十足，彈牙又扎實，所以當時非常受到淘金熱時期工人們的喜愛。

　　這間餐廳就是Boudin麵包的起源地，別忘了來這兒點一份它的海鮮濃湯麵包碗(Clam Chowder)，從圓圓的Boudin麵包中央挖個洞，再盛入熱騰騰的海鮮奶油濃湯，撕一口麵包，喝一小口熱湯，真是好吃極了！這裡尚有博物館及廚藝之旅(Museum & Bakery Tour)，你可以實際看到烤Boudin麵包的過程。

←哇！麵包作成烏龜啦

↗這隻Dungeness大螃蟹可是酸麵包作成的喔

↑有名的Clam Chowder，居然是裝在麵包裡的

周杰倫也瘋狂的好滋味

In-N-Out Burger
（來來去去漢堡）

✉ 333 Jefferson Street (Leavenworth street 交口)

📞 (800)7861000　🕐 10:30～1:00

💲 $10　　　　🌐 www.in-n-out.com

➡ 可搭30、41、45、47號公車；或搭Cable Car 的Powell-Hyde、Powell-Mason線

🗺 P.92

相傳周杰倫在美國拍《青蜂俠》的時候，瘋狂地迷上這家的漢堡，一天要吃好幾個才過癮。當我回台灣，面對各種美食，唯一還會想念的美國食物，就是這家 In-N-Out Burger。

雖然只有3種口味，但每一樣都是現場手工製作，每一樣都是現點現做，甚至連薯條，都是客人點了之後，才開始削馬鈴薯皮，當場現炸，而漢堡裡的萵苣菜，也是手工一片片仔細地摘洗。

現做的牛肉堡，鮮厚多汁，是每天進貨的上等牛肉。薯條也是挑選過的上等馬鈴薯，在零膽固醇的蔬菜油裡現炸，酥脆而有彈性，真的完全和麥當勞或其他速食店裡的漢堡大不相同。這個已有60多年歷史的漢堡店，原來發跡於洛杉磯，如今在美國擁有上百家分店，曾被美國民眾評選為速食餐廳類的冠軍。而舊金山僅此一家，要平價嘗鮮，推薦這裡為首選。

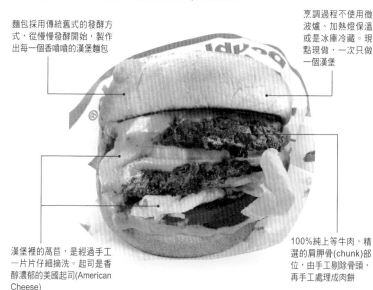

麵包採用傳統舊式的發酵方式，從慢慢發酵開始，製作出每一個香噴噴的漢堡麵包

烹調過程不使用微波爐、加熱燈保溫或是冰庫冷藏。現點現做，一次只做一個漢堡

漢堡裡的萵苣，是經過手工一片片仔細摘洗。起司是香醇濃郁的美國起司(American Cheese)

100%純上等牛肉，精選的肩胛骨(chunk)部位，由手工剔除骨頭，再手工處理成肉餅

▌米其林1星餐廳

Gary Danko

✉ 800 N. Point Street(Hyde Street交口）
📞 (415)7492060
🕐 17:30～22:00，不供應午餐
💲 $50～100
http www.garydanko.com
➡ 可搭10、30、47號公車；或搭Cable Car的 Powell-Hyde線
MAP P.92

曾經榮獲年度最佳主廚、最佳餐廳，甚至獲得米其林一顆星榮耀的Gary Danko餐廳，以優質的美食俘虜人心。餐廳老闆也是大廚的Gary Danko，曾經是舊金山麗池飯店(Ritz-Carlton)的主廚，他以融合法國、地中海、美國口味的獨特烹調方式，創造出美食如藝術般的境界，同時也讓自己成為舊金山首席的名廚之一。

每季更換的菜單，光是酒的Menu，就厚到像一本小電話簿那麼厚，一套全餐下來(包括前菜、主菜及甜點)，約美金$50～100之間。招牌菜包括有蒜泥包蛙腿(Pancetta wrapped frog legs with garlic puree)、火烤野菇填鵪鶉(Roasted Quail stuffed with mushrooms and foie gras)等等，餐廳有服裝要求，須提早訂位。

精緻的菜肴擺盤

明星方岑的美食日記

漁人碼頭—美食餐廳

(感謝明星方岑，為本書寫下她數年前造訪Gary Danko餐廳的美食日記。)

數年前我造訪舊金山，當時朋友介紹我位於漁人碼頭附近的Gary Danko餐廳，他說French Laundry雖然是米其林三星的餐廳，卻是給外地人朝聖的，當地人更喜歡Gary Danko輕鬆、時尚、自在的氛圍。

走進Gary Danko，映入眼簾的是一長列高腳椅的吧檯，餐桌分列於兩旁，開放的空間，流暢的動線，所以在這裡用餐遇到舊金山市長，或名流政要也不足為奇。

菜單讓我印象深刻，高貴不貴的Truffle Tasting Menu，可以選擇3～5道料理，享受美食更隨性了。

天使之翼佛朗明哥紅酒贊助
（圖片提供／方岑）

那一天，我和朋友們歷經早上在Napa品酒小食，中午在Bouchon飽餐一頓，晚上朝聖過French Laundry，回到Union Square又吃了百年老店的mini pancake之後，當朋友們看到當時的Zagat Survey美食評鑑，Gary Danko的食物、裝潢、服務，在當時都比米其林三星餐廳French Laundry高了一分，這時管它美食嘖喉，說甚麼都要再探訪一下，儘管已經接近餐廳打烊的時間，仍然打電話去試試運氣，沒想到餐廳居然接受了我們，第二次點了開胃菜和湯，只能說魔法，真的有魔法！朋友們也一致認同Gary Danko的魔力，吃了兩次Gary Danko，這真是難得的舊金山美食體驗。

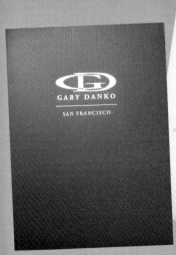

Gary Danko Menu

（圖片提供／方岑）

美國第一杯愛爾蘭咖啡誕生

*B*uena Vista Café
（美景咖啡屋）

- ✉ 2765 Hyde Street (Beach street交口)
- ☎ (415)4745044
- ◎ 週一～五09:00～02:00，週末08:00～02:00
- 💲 $20　🌐 www.thebuenavista.com
- ➡ 可搭10、47號公車；或搭Cable Car的Powell-Hyde線
- 🗺 P.92

1952年11月10日晚上，咖啡店主人Jack Koeppler遇上了當時知名的旅遊作家Stanton Delaplane，兩個人聊著聊著，聊到了最近流行在愛爾蘭夏倫河機場(Shannon Airport)的愛爾蘭咖啡(Irish coffee)，沒想到兩個人越聊越來勁，居然就打起賭來了，打賭誰先調製出正宗的愛爾蘭咖啡口味，誰就贏。

結果最後的勝利者是店老闆Jack，從此這裡成為美國第一杯愛爾蘭咖啡的誕生地。如今，這種咖啡加上威士忌酒的愛爾蘭咖啡，走過了50多個年頭，依舊堅持著它的老口味，讓這間小小的咖啡館大放光芒，永遠人潮洶湧，而成為碼頭上最耀眼的咖啡地標。

購物名店

氣氛悠閒的購物商場

*C*annery（罐頭廠）

- ✉ 2801 Leavenworth Street
- ☎ (415)7713112
- ➡ 可搭30、41、45、47號公車；或搭Cable Car的Powell-Hyde、Powell-Mason線
- 🗺 P.92

建於1907年，原址是加州最大的桃子罐頭公司Del Monte的工廠，後來在經濟大蕭條時期，工廠關閉，1968年被開發成商場。

仍保留紅磚外觀，裡面則是櫛比鱗次的美食餐廳及購物店，中庭花木扶疏，露天的座椅襯著小小的舞臺，不時有音樂表演，氣氛相當悠閒。

百年巧克力

*G*hirardelli Square
(巧克力廣場)

✉ 900 North Point Street(Larkin street交叉口)
☎ (800)8779338，(415)7755500
http www.ghirardellisq.com
➡ 可搭10、30、47、F號公車；Cable Car的
Powell- Hyde線
MAP P.92

　由North Point、Polk、Beach、Larkin streets包圍起來的一大區，就是巧克力廣場Ghirardelli Square，這個區域包含了無數的美食餐廳、特色逛街店，甚至舊金山的巧克力天王Ghirardelli的旗艦餐廳，就位在這裡。

　1852年，來自義大利的Domingo Ghirardelli，在舊金山創立了Ghirardelli巧克力，如今這個歷經過淘金熱的百年巧克力，已成為舊金山的特產，不但是回國的最佳禮選，而這個由昔日巧克力工廠改建成的商場，也成為逛街的好地方。

　商場裡有高級旅館Fairmont Heritage Place，有老牌的美景海鮮餐廳McCormick & Kuleto、高級酒吧與咖啡廳等60多家餐廳與商店。別忘了到Ghirardelli Soda Fountain & Chocolate Shop裡品嘗它有名的巧克力冰淇淋聖代(ice cream sundaes)，另外，餐廳現場還展示著老式的巧克力製造機，可以讓你看到整個巧克力的製造過程。

　每年聖誕節前夕這裡還會舉行聖誕樹的點燈儀式，在節慶時來這裡，非常有佳節的氣氛。

深度特寫

舊金山離島逍遙遊

惡魔島上多的是
這種海鳥

海鷗在天空上展翅翱翔，穿越金門大橋時急勁的強風，推鼓著波浪，也凌亂了髮梢。遠處浮現的小島，帶著神祕的色彩，慢慢被推進，搭上了海上的渡輪，像掀開女人蒙面的輕紗，輕解美麗島嶼的身世，不一樣的故事，不一樣的身段，這些散落在舊金山周邊的離世小島，早已成為城市人遠離塵囂的桃花源。

惡魔島
Alcatraz Island

📞 (415)5614926，(415)9817625
🌐 www.nps.gov/alcatraz
➡️ 可搭10、12、39、47、F號公車到Pier 33，再乘渡輪到達
🗺️ P.111

來一趟重刑犯監獄之遊

到達惡魔島只有一個方式，就是乘渡輪前往，這個號稱無人能逃離的小島，原來是美國的聯邦監獄，因為地勢孤立、峭壁深水，而成為重刑犯的服刑地。

Alcatraz在西班牙話是「鵜鶘」的意思，原來這座島上有許多鵜鶘，因而得名。這個島最早由西班牙探險家Jaun Manuel Ayala在1775年發現，後來曾為軍事碉堡、軍事監獄、聯邦監獄等。因為這個島什麼都需要外援，運輸成本過高，1963年聯邦監獄正式關閉。後來在1969年被印第安人

四周環海的惡魔島

體驗苦窯

蹲苦窯的日子究竟有多苦？在狹小5×9英尺、沒有暖氣的牢房內，每天待上16～23個小時，如廁、睡覺都在房間，犯人禁止說話，每天點名30次，每週放出來洗1次澡，1次10分鐘。參觀過程中，有些牢房會打開，讓你實際入內體驗，甚至拍張照。

占領，最後被驅逐，之後成為最受觀光客歡迎的景點之一。每年100萬名遊客的造訪，夏天來若不提早訂位，絕對向隅。

下船後，遊客會被聚集做個簡短的說明，在徒步一小段路程中，先欣賞一段有關惡魔島的歷史短片，接著發耳機(有7種語言，也有中文的喔！)讓你帶著耳機自由參觀監獄。監獄裡的牢房、餐廳、圖書館、放風的操場，甚至是毒氣室、控制室，都是參觀的項目之一。

惡魔島遊玩3須知

1. 提早購票

共有兩種渡輪行程，日遊惡魔島(Day Tour)和夜遊惡魔島(Night Tour)，價格均已包Audio Tour的費用，兩種行程都在漁人碼頭的33號碼頭(Pier 33)購票或上船，每30～45分鐘皆有一班，開船前20分鐘要到達碼頭。

2. 注意回程時間

到達島上後，會發給你導覽耳機，此段錄音導覽約45分鐘，但你可以隨時停下耳機，根據你自己的時間慢慢逛，一般人約2～3小時逛

完。記得在回程渡輪的15分鐘前到達港口搭船即可。記得最末班船的回程時間，否則就回不去了。

3. 注意保暖準備飲食

島上天氣寒風刺骨，要注意保暖及一雙耐走的鞋。監獄裡禁止飲食，也不販賣任何食物，可以準備一些飲水、乾糧放在背包裡。

惡魔島的歷史照片

渡輪行程資訊

日遊惡魔島Day Tour

🕐 08:45～15:50出發，回程09:55～18:30(依季節有變更)，每30分鐘一班

💲 $33

📞 (415)9817625

http www.alcatrazcruises.com

夜遊惡魔島Night Tour

🕐 17:55出發，回程20:40

💲 $40

📞 (415)9817625

http www.alcatrazcruises.com

前往惡魔島只能乘渡輪前往

誰能越獄？

這個關過1,545名囚犯的島嶼，共有36個人試圖逃獄，結果幾乎無人成功。最有名的逃獄事件是1962年的假人頭事件，當時的Anglin兄弟John和Clarence以及Frank Morris，鑿穿了牢房的後牆，在床上放上肥皂和水泥做的假人頭，再將雨衣充氣當救生衣，向大海逃逸無蹤，大部分的人猜測，在溫度接近零度，流速每小時高達9海哩的舊金山灣，應該是凶多吉少才對，這部電影後來被拍成電影《逃出惡魔島》(Escape From Alcatraz)。最後一次逃獄，是兩名囚犯將醫院偷來的手套充氣，游向大海，其中一人真的游到彼岸，但被人發現，而被警察抓了回去。

惡魔島電影排行榜 (以惡魔島為背景的電影)

1. 《絕地任務》(The Rock) 1996年
2. 《一級謀殺》(Murder in the First) 1995年
3. 《逃出惡魔島》(Escape form Alcatraz) 1979年
4. 《鳥人》(Birdman of Alcatraz) 1962年

舊金山其他離島
Other Islands

藍金號渡輪(Blue and Gold Ferry)

☎ (415)7055555

靠海的舊金山，仍有許多鄰近的美麗小島，以下介紹的小島，可以在41碼頭(Pier 41)，搭乘藍金號渡輪(Blue and Gold Ferry)前往，這些小島風景如織，海天一色，美景渾然天成。

沙沙利度 Sausalito

像個美麗的歐洲海邊小鎮，悠

↑每次去Sausalito都會遇到這個排列奇石成奇觀的街頭藝術家　↗Sausalito擁有美麗的海灣

閒的港灣，特色的餐廳、藝廊及逛街店，氣氛浪漫又悠閒。

 (415)3317262　 www.sausalito.org

天使島 Angel Island

舊金山灣最大的島嶼，曾經是中國移民的監獄，島上有美麗的自然風光，是登山、健行，騎單車的好地方。

 (415)4351915　 www.angelisland.org

提伯倫 Tiburon

個人非常喜愛的一個海邊小鎮，餐廳商店林立，沿海騎腳踏車、放風箏都非常適合。

 (415)4357373　 www.ci.tiburon.ca.us

許多人喜歡到Tiburon騎腳踏車或放風箏

旅行小抄

如何租腳踏車玩離島

可以在漁人碼頭先租好腳踏車，帶上渡輪，就可以在離島來一次難忘的腳踏車旅行了。攜帶腳踏車上船，記得要越早登船越好，像前往天使島的渡輪，只有25個腳踏車的位置，誰先到誰先拿。單車好手可考慮參加Guided Bike Tour，這個行程是騎單車經金門大橋，到達Sausalito，最後坐渡輪返回，約歷時2～4小時。

Bay City Bike Rental
 1325 Columbus Street；2661 Taylor Street；501 Bay Street
 (415)3462453　 08:00開門
 租金每日約$28
 www.baycitybike.com

Bike and Roll
 2800 Leavenworth Street, Anchorage Square(Beach Street交叉口)
 (415)2292000　 租金每日$28或以上
 www.bicyclerental.com

Electric Bike Tour(電動腳踏車遊覽團)
 757 Beach Street(Hyde Street交叉口)
 (415)4743130　 10:00出發
 團費$85
 www.electric-bike-tours.com

渡輪路線圖

Larkspur Landing
Larkspur
To Vallejo
Richmond
Richmond San Rafael Bridge
Corte Madera
Marin County
N
Belvedere
Tiburon
San Francisco Bay
Albany
Marin City
Angel Island
University of California
Sausalito
Golden Gate Nationail Rec Area
Alcatraz
Berkeley
Golden Gate Bridge
Emeryville
Treasure Island
Piers 43½, 41, 39
Bay Bridge
Oakland
Ferry Building
Jack London Square, Oakland
San Francisco
Pac Bell Park

渡輪路線圖

— 藍金號 Blue & Gold Fleet
— 金門號 Golden Gate Transit
— 紅白號 Red & White Fleet
— 探險號小風帆 Adventure Cat
— 公路
 碼頭 Ferry

北灘、電報山周邊
North Beach & Telegraph Hill Around

滿是義大利風情

玩家交流

星期五的晚上，走在北灘，人來人往、車水馬龍，感覺就好像走在台北東區那樣地熱鬧。

小酒館裡擠滿了人，義大利餐廳門口的露天座椅人滿為患，週末的夜晚，在這裡想找個車位都好難。

這裡是舊金山難得有夜生活的地方，文學地標的城市之光書店開到午夜，小小的書店燈火通明，強烈的人文氣質，對映著斜對角Broadway街上的紅燈區，是一種極端對比的感覺。

沿著Columbus Ave.走著，拐進了Stockton Street，斗大的中國字招牌映入眼簾，到處的中國超市，好像左腳才離開義大利，右腳就踏進了中國，北灘與中國城的距離，就好像一牆之隔，原來，從中國到義大利就是這麼簡單啊！

這裡可不是西雅圖，這裡是號稱「小義大利區」的北灘。雖然叫北灘(North Beach)，你可一點也找不到海灘，只剩下泅泳在咖啡杯裡，沉醉在人文咖啡座裡，朝聖披頭族(Beat)文化而來的大批觀光客。

淘金熱時期而來的義

Broadway紅燈區

大利移民們，過去大量聚集在這兒，也帶來了義大利美食的萬種風情，及名聞邇邇的義大利咖啡，在這裡，處處都是骨董級的咖啡廳及酒吧，1950年，大批的Beat族的作家們，流連於此，他們反社會、反傳統、反物質，他們寫詩、寫小說，沈迷於爵士樂、咖啡與酒精，而成為60年代嬉皮文化的前身，而北灘正是他們蟄伏的巢穴，孵育的母親。

濃濃的人文風情、精緻的義大利美食、四處飄散的咖啡香，是北灘的

街景中的壁畫

特色，這裡滿地的人文咖啡座，算算幾乎每個都比你還老，說不完的歷史故事是它動人的靈魂，當夜幕低垂，不遠處電報山上科伊特塔的燈光亮了起來，北灘上蠢蠢欲動的夜生活，喝酒狂歡的景象，是墮落過的青春，也是北灘一路走來的歲月。

113

北灘、電報山周邊地圖

Chestnut St.

🍴 Fior d'Italia

Herb Caen Way (Embarcadadero)

N

Lombard St.

Powell St.

Grant Ave.

Lombard St.

Sansome St.

Battery St.

Mason St.

🚋 花街

Greenwich St.

Greenwich St.

科伊特塔 📷

📷 費爾伯梯道

Filbert St.

Greenwich St.

🏪 XOX Truffles Inc.

Filbert St.

Alta St.

Levi's Plaza

📷 Saints Peter And Paul
天主教教堂

Montgomery St.

Union St.

Powell-Mason Line

Filbert St.

Powell St.

📷 華盛頓廣場

Union St.

Kearny St.

Green St.

Union St.

Columbus Ave.

🎭 Club Fugazi

Green St.

Green St.

Sansome St.

Battery St.

Green St.

Stockton St.

Beach Blanket Babylon

Vallejo St.

Mason St.

Saloon

Green Tortoise Hostel

Vallejo St.

Caffé Trieste 🍴
披頭族博物館 📷

Broadway 🚇 Broadway

Vallejo St.

Stinking Rose 🍴

🍴 Conder Sports Bar

City Lights Bookstore 📚
Vesuvio Cafe 🍴

🍴 Spec's Twelve Adler Museum Café

🍴 Tosca

Broadway

Pacific Ave.

Montgomery St.

Sansome St.

Jackson St.

黑手黨大廈 📷
Café Zoetrope 🍴

Columbus Ave.

Kearny St.

Jackson St.

Jackson Square

Battery St.

📷 環美金字塔

一日遊玩精華版

早上
• 乘叮噹車遊覽花街
• 參觀北灘相關景點

🚶 15~30分鐘

午餐
廣場野餐

🚶5分鐘+🚌10分鐘 ↓ 🚶15分鐘

下午
• 步行或搭39路公車到 Coit Tower遊覽，走 費爾伯梯道，再走回 北灘

• 或轉往中國 城遊覽

🚌10分鐘+🚶5分鐘 ↓ 🚶15分鐘

下午茶
坐坐北灘的人文咖啡店

🚶15分鐘

晚餐
品嘗義大利餐廳，如Stinking Rose等

🚶15分鐘

夜生活
• 北灘酒吧尋歡
• 觀賞高帽子秀(Beach Blanket Babylon)

★行程悄悄話
北灘距離中國城非常近，幾乎 走路就可以到。距離花街(Lombard Street)約6~10 個路口，可以坐叮噹車連結或步行。夜晚酒吧開到清 晨2點，白天是非常適合徒步旅行的地方。

Jack Kerouac Alley

華盛頓廣場上的雕像

花街怎麼沒有花呢？

玩家交流

沒錯，冬天來花街，不是繁花盛開的季節，當然沒有花，拍照的時候是3月底，是春天但沒有花開，別以為花街一年四季都是花團錦簇，我曾經開車經過花街，當時那高陡的坡度，擔心掉下去都來不及了，哪有心情賞花呢！

熱門景點

♦可以賞花也可練車

花街
Lombard Street

- ✉ Lombard street(在Hyde Street和Leavenworth Street之間)
- ➡ 可搭30、41、45號公車；或搭Cable Car的Powell-Hyde剛好到達它的頂端
- MAP P.114

號稱全世界最崎嶇的一條街，原本坡度高達27度，呈S形狀，彎彎曲曲的車道由上而下，兩旁種滿了美麗的植物和花卉，陡峭的坡度讓你看到膽戰心驚，美麗的花卉又讓你覺得心曠神怡，或許就是這種兩極化的感官挑戰，每年吸引了75萬的車輛前來試身手，好像在花叢中考台灣路考的S型駕駛，景象可能全球僅有的吧！

沒有車的觀光客也不用失望，

行人可以拾階而上

花街兩旁有徒步的階梯，可以讓你徒步拾階而上，兩旁的房屋花木扶疏，登高的美景開闊無比，海天一色美不勝收，無怪乎從1922年到現在，這裡就是舊金山知名的觀光景點之一。

有時間的話，記得在這條路的轉角，找找Lombard Street的1100號，這裡曾住著大文豪史第文森(Robert Louis Stevenson)的遺孀。

花街是單行道，車子只能下不能上

115

🔴 瑪麗蓮夢露拍婚紗之地

華盛頓廣場

Washington Square Park

- ✉ 由Union、Filbert、Powell和Stockton Street 圍起來的區域
- ➡ 可搭30、15、39、45號公車；Cable Car的 Powell-Mason線
- MAP P.114

　　一片綠意盎然的草地，是全城最老的公園，建於1847年，過去是1950年代Beats作家的聚集地，60年代則是嬉皮的天下，如今是早上打著太極拳的東方老人，下午是義大利打扮的仕女們，或小孩、小狗玩飛盤的曠野綠地。

　　廣場上的班傑明富蘭克林(Ben Franklin)雕像，據說底下埋著3個寶物：Levi's牛仔褲、一瓶酒、一首Beats大老Lawrence Ferlinghetti寫的詩，預計到2079年才開封。

　　廣場對面的天主教教堂(Saints Peter And Paul Catholic Church)建於1924年，這裡是當年瑪麗蓮夢

有名的富蘭克林雕像

露(Marilyn Monroe)和棒球名將Joe DiMaggio拍攝結婚照的地方。當年因為Joe DiMaggio離過婚，無法在天主教堂內舉行婚禮，因此他們在City Hall完婚後，選擇到此拍婚紗照。

Saints Peter And Paul Catholic Church

- ✉ 666 Filbert Street
- ☎ (415)4210809

Saints Peter and Paul天主教堂

我的義大利野餐行程

坐在如茵的綠地上享受久違的陽光，心情輕鬆地遊走，如果想再來點特別的，野餐是最好的選擇。就來點義大利的異國風味吧！Liguria Bakery是超過50年歷史的老麵包店，相傳這裡的focaccia，是全北灘上最棒的，Focaccia是道地的義大利烤麵包，長得很像Pizza，但上頭鋪著特有的香料、洋蔥或起司，這裡一定要越早來越好，因為常常在中午以前，Focaccia賣完了店也就關門了。想來點義大利三明治，1896年就開始的熟食店Molinari Delicatessen有著分量超大的道地義大利三明治。L'Osteria del Forno有全北灘最好吃的focaccia sandwich。飯後想來點甜點，就到Gelato Classico去嚐嚐它的義大利冰淇淋。哇！今天一天真的很義大利呢！

Liguria Bakery
✉ 1700 Stockton Street，和 Filbert Street交口
☎ (415)4213786

Molinari Delicatessen
✉ 373 Columbus Ave.　☎ (415)4212337

L' Osteria del Forno
✉ 519 Columbus Ave　☎ (415)9821124　休 週二

Gelato Classico
✉ 576 Union St　　☎ (415)3916667

L'Osteria del Forno

北灘上看建築

站在北灘Columbus和Kearny Street交叉口上，可以一次望見舊金山赫赫有名的兩大地標建築。

環美金字塔 Transamerica Pyramid

舊金山最高的摩天大樓，260公尺高，共48層，1972年完工，建築師為William Pereira，目前為辦公大樓，911恐怖事件後原來的觀景台已不對外開放，被視為舊金山地標之一，但尖刺的三角造型，當初並不得舊金山人的喜愛，有人稱它做建築上的怪物。
✉ 600 Montgomery Street

黑手黨大廈 Sentinel Building

建於1907年，因為曾經是黑手黨教父Abe Ruef的辦公室，而有過「黑手黨大樓」之稱。1970年代，大導演科波拉Francis Ford Coppola買下了它，後來這裡變成了科波拉的電影製片總部，而位於一樓的Café Zoetrope(122頁)，則是科波拉開的餐廳。
✉ 916 Kearny St

🦎藝術之塔

科伊特塔
Coit Tower

- ✉ 1 Telegraph Hill Blvd.
- 📞 (415)2490995
- 🕐 10:00～18:00(11～4月至17:00)
- 🌐 sfrecpark.org/destination/telegraph-hill-pioneer-park/coit-tower
- ➡ 可搭39號公車(每20分鐘從Washington Square開出)
- 🗺 P.114

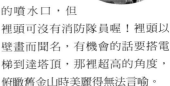

　　位於電報山(Telegraph Hill)的最高點，一座高聳的高塔，居高臨下，排山倒海的視野一望無際，所有舊金山的美景盡收眼前。廣場前是一座哥倫布的雕像，由1957年北灘所捐贈的這座雕像，彷若美景的守護者，與前方的惡魔島遙遙相望，開闊環繞的風景，想不拿起照相機也難。

　　圓筒狀的科伊特塔，是來自1843年莉莉科伊特(Lillie Hitchock Coit)的捐贈，一生瘋狂迷戀消防隊員的她，死後捐出了12萬5千美元。在電報山上，蓋起了這座高塔，1933年建築師Arthur Brown完

成了她的心願，這座消防紀念塔，外型類似救火時的噴水口，但裡頭可沒有消防隊員喔！裡頭以壁畫而聞名，有機會的話要搭電梯到達塔頂，那裡超高的角度，俯瞰舊金山時美麗得無法言喻。

塔內壁畫大導覽

　　這裡等於是個免費的壁畫博物館，1934年時，為了要保障藝術家們在經濟大蕭條時不致失業，就開始了在塔內製作溼壁畫的聯邦藝術計畫(Federal Art Project)。當時由政府出資邀請了25位畫家和19位助手，總共畫了8個半月，終於完成了塔內的寫實壁畫。這些壁畫都是以1930年代當時的生活為靈感，採取壁畫大師里維拉(Diego Rivera)的風格而畫成的，當時的生活景象，畫家們的左派思潮，都在畫中一覽無疑。

走訪費爾伯梯道

逛完科伊特塔先別急著走，順著 *Telegraph Hill Boulevard* 走下去，有一條費爾伯梯道（Filbert Steps），一條蜿蜒的木造梯道，一路往下延伸，沿路花木扶疏，隱藏在林間的美麗房屋，綠意盎然。遠方眺望無盡美麗的海景，彷若人間仙境，梯道的盡頭可以一路走到位在 *Sansome Street* 上的 Levi's 廣場，這裡是世界知名服飾 Levi's 總公司，舉世聞名的 Levi's 牛仔褲，相信你衣櫃裡一定有幾條，就是發明於舊金山，因為淘金熱而來的史特勞斯（Levi Strauss），在 1860 年發明了 Levi's 牛仔褲，沒想到這種淘金熱時期，工人穿著去礦場工作的褲子，居然變成了全世界 150 年的大流行，也成了舊金山人心中永遠的驕傲。

Levi's廣場(Levi's Plaza)

✉ Filbert 和Sansome、Battery Street交叉口

➡ 可搭Muni的42、82X號

北灘、電報山周邊—熱門景點

科伊特塔

1. 《Department Store》，畫家Frede Vidar的作品，畫的是1930年代的百貨公司，找找看上頭菜單的午飯是多少錢？

2. 《California》，1930年代當時的農村景象，當時採收的水果有什麼？

3. 《Library》，描繪當時的圖書館，有人正伸手去拿了一本什麼書？

4. 《City Life》，Victor Arnautoff的作品，描述當時城市生活的百態，找找看誰被搶了？

答案：1. 25 分錢。2. 加州香吉士。3. 馬克斯的《資本論》。4. 一名紳士。

披頭族博物館
Beat Museum

✉ 540 Broadway(在Columbus)
☎ (800)5376822
🕐 10:00～19:00
💲 $8
🌐 www.thebeatmuseum.org
➡ 可搭15、30、41、45號公車
🗺 P.114

2006年才開幕的The Beat Museum，裡頭收藏有各式各樣、價值連城，有關披頭族(Beat)年代的重要資料，像是Beat的大作家傑克凱魯亞克(Jack Kerouac)寫的信、以他為造型做成的人形玩偶、他在酒館裡簽下的支票、或是艾倫金斯伯(Allen Ginsburg)寫下的《咆哮》(Howl)稀有版本等等，當初這些戴著though雷帽、身著黑衣、穿著拖鞋、蓄著鬍子的文藝青年，在1950年代終日流連在北灘的咖啡店和酒吧，他們創作、傾談、創造出反傳統、反社會、頹廢派的Beats文化，最後成為嬉皮文化的前身，也成了北灘上最耀眼的歷史，而這裡就是搜尋他們當日生活軌跡的好地方。

Beat Museum大門口，是一張Jack Kerouac和Neal Cassady的大合照

北灘3大名人

艾倫金斯伯 Allen Ginsberg

原來是紐約的詩人，生於1926年，後來搬到北灘。1955年寫下《咆哮》(Howl)詩集，後來在Six Gallery朗讀給大家聽，造成轟動，因為反傳統，最後詩集因猥褻罪而入獄，後被無罪開釋。

艾倫金斯伯故居
✉ 1010 Montgomery Street

Six Gallery
✉ 3119 Filmore Street

傑克凱魯亞克 Jack Kerouac

文壇帥哥，長相酷似詹姆士狄恩。生於1922年，是美國著名的小說家及詩人，尤其是Beat文化重量級的代表作家。一向喜歡寫筆記的他，幾乎走到哪就寫到哪，1957年，他花了7年去旅行卻只用3個月寫出來的小說《旅途上》(On the Road)，造成了文壇大轟動，並成為當時年輕人仿效的目標，其他著作有 《The Dharma Bums》、《Mexico City Blues》、《Desolation Angels》等。因酗酒卒於47歲。

費倫蓋提 Lawrence Ferlinghetti

是城市之光書店(City Lights Bookstore)的老闆，也是Beat族人的大家長。他因為幫亞倫金斯伯出版《咆哮》詩集而被起訴，最後勝訴，也因而打響了Beat的名號。他出生於1919年的紐約，也是詩人及畫家，其最有名的著作為《A Coney Island Of the Mind》，雖然他的文風並不類似於Beat作家們的筆調，但由他所帶領的城市之光書店，儼然已成為Beat文化的大本營。

美食餐廳

《教父》的靈感地

Caffe Trieste

✉ 601 Vallejo Street

📞 (415)3926739

🕐 週日～四06:30～23:00，週五、六06:30～24:00，週六下午有現場音樂演奏

💲 $10，只收現金

🌐 www.caffetrieste.com

➡ 可搭12、30、41、45號公車；或搭Cable Car的Powell-Mason線

🗺 P.114

咖啡香飄過了半個世紀，伴著舊金山人成長，這裡是美國西岸最老的一家咖啡廳，1956年，義大利移民Giovanni Giotta帶著全家老小，來到北灘，開始了這家咖啡廳，也開展了北灘的咖啡歷史。

一整面牆的黑白老照片，說明了它締造歷史的驕傲，曾被喻為「全城最棒的咖啡豆」，就在現場的隔壁，以道地傳統的烹調，調製出一杯杯上等的Espresso或Cappuccino，咖啡香還伴著音樂，自1971年開始，每週六下午的現場音樂表演已成為這裡的傳統。

高亢的義大利歌劇繚繞於耳，濃醇的咖啡香味渙散了視覺，是的，也許那張桌子正是大導演科波拉寫下大部分《教父》(Godfather)劇本的據點，相傳不僅是50年代Beat的詩人們喜歡到這兒鬼混，就連科波拉也常是座上客，喜歡在古老又詩意的咖啡廳裡，尋找源源不盡的靈感，難怪這裡永遠是作家、藝術家們的最愛。

牆上是義大利家鄉的壁畫

▌來嘗嘗科波拉最懷念的故鄉菜

Café Zoetrope

✉ 916 Kearny Street
☎ (415)2911700
🕐 週一～五11:30～22:00，週六12:00～22:00，
週日12:00～21:00
💲 $20
🌐 www.cafezoet.com
➡ 可搭20、30、41號公車　🗺 P.114

　　大導演科波拉開的餐廳，實現他對家鄉的種種懷念，這裡有著他最懷念的故鄉菜，還有他在Napa酒莊，自行研發的葡萄酒Rubicon，餐廳裡擺著奧斯卡小金人做裝飾，有著科波拉電影的加持，義大利鄉土菜肴加上上好美酒，難怪娛樂界名人紛紛來捧場，來時別忘了左右張望，或許會遇見哪位大明星也說不定呢！

▌擁有Beat文化光環的地標

Vesuvio Café
（維蘇威火山咖啡館）

✉ 255 Columbus Ave.
☎ (415)3623370　🕐 06:00～02:00
💲 $10　🌐 www.vesuvio.com
➡ 可搭12、15、30、41、45號公車　🗺 P.114

　　和城市之光書店僅有一巷之隔，卻因為50年代Beat作家老是流連在此，而成為Beat文化的地標之一。

　　名字是咖啡館，卻是賣酒的地方，風霜的木門都斑駁了，歷史的光環卻永恆存在，猜想哪張椅子坐過大文人傑克凱魯亞克、艾倫金斯伯……，他們醉倒在溫暖的咖啡館，用酒精、爵士樂痲療人生，昇華出邊緣卻撼動的文字。

　　最喜歡上2樓去，沿著樓梯上的黑白照片，好像走進了發黃的歲月，簡陋的桌椅，卻能眺望巷子裡的心事。

　　咖啡館的隔壁，就是以傑克凱魯亞克為名的傑克凱魯亞克巷(Jack Kerouac Alley)，幽深的小巷子，畫著色彩斑斕的壁畫，和緬懷歷史的黑白心情，呈現非常強烈的對比。

披頭族Beatnik混哪裡？

1950年代，過去披頭族廝混在北灘上的據點，都成為今日觀光客朝聖的重點，除了鼎鼎大名的城市之光書店(City Lights Bookstore，125頁)，及這家Vesuvio Café之外，北灘上尚有不少的地點，是往昔Beat作家們的出沒地。

像是Tosca Café就是其中一家，1921年全舊金山第一台的卡布其諾咖啡機(Cappuccino Machines)就是出現在這裡。50年代Beat作家們愛上了這裡的Cappuccino咖啡，來這兒記得點一杯，由白蘭地酒融合著Ghirardelli Hot Chocolate所調製出來，非常特別。

在維蘇威火山咖啡館還沒出現以前，1940年代的Beat文人都混哪裡呢？相傳Spec's Twelve Adler Museum Café是他們最愛的地方。

雖然是在一條小小的巷弄裡頭，卻成為舊金山地下文化的代表，如今是一家夜生活為主的酒吧，爵士樂、肚皮舞、中東音樂……，室內的裝潢陳列著一些有關海洋奇奇怪怪的東西，像是鯨魚的陰莖、貝殼裝飾品、水手的紀念物等等。

Tosca Café
✉ 242 Columbus Ave.
☏ (415)9869651

Spec's Twelve Adler Museum Café
✉ 12 William Saroyan Place
☏ (415)4214112
🕐 16:30～02:00，週末17:00～02:00

▌美國義大利餐廳的始祖

*F*ior d'Italia

✉ 2237 Mason St
🕐 11:30～21:30
http www.fior.com
➡ 可搭20、30、41號公車
☏ (415)9861886
💲 $30～40
MAP P.114

　　全美國最老的一間義大利餐廳，開始於1886年，因為2005年的大火曾經歇業過一陣，後搬到現

址，繼續它歷史上的傳奇。過去的歲月，顧客多來自剛從Broadway妓院裡走出來的客人，如今朝聖它的

餐廳門口放著一個老磅秤

人，是緬懷它道地的義大利口味。像是傳統的義大利菜vongole、Picatta、marsala等等，你可以嘗鮮一下。當然義大利麵是每天都有的。如果你逛過北灘博物館，別忘了找找裡頭的照片，其中一張就是商人們當年在Fior d'Italia聚餐時的影像，物換星移，或許某年某月你也是風霜照片裡的一角呢！

蒜不完的美味
Stinking Rose
（臭玫瑰餐廳）

✉ 325 Columbus Ave.
☎ (415)7817673
🕐 11:30～22:00
💲 $20～30
http www.thestinkingrose.com
➡ 可搭20、30、41號公車
MAP P.114

　　儘管吸血鬼討厭它討厭得不得了，舊金山人可是愛死它了！名字叫臭玫瑰，又臭又香，這到底是怎麼一回事呀？原來，大蒜是這裡的靈魂，獨特的大蒜烹調，加上舊金山最新鮮的海鮮，在來自義大利拿波里的主廚Andrea Froncillo的妙手料理之下，一道道美食勾引了舊金山人的胃。

　　試過這裡的烤兔肉(Roasted Rabbit)、鐵板淡菜(Sizzling Iron Skillet Mussels)，海鮮湯鍋(Cioppino，覺得比漁人碼頭原發明地Alioto's的還好吃呢！)都相當可口(另外它的Prime Rib也相當有口碑)。這裡最有特色的前菜是Bagna Calda，濃濃的蒜香，用麵包沾著橄欖油吃，口味獨特，飯後別忘它的招牌大蒜冰淇淋(Garlic Ice Cream)，或是大蒜馬丁尼(Garlic Martini)，包你蒜不完的美味呀！

　　店裡的裝潢更是一絕，共分為3個區域，一區是浪漫帳篷區，讓你在紅色的布幔裡用餐，點著蠟燭浪漫滿懷。另一區算是酒鬼區吧！天花板上吊滿了酒瓶塞，千千萬萬的彷若繁星萬點，真是酒鬼也瘋狂呢！另一個畫著卡通蒜頭先生壁畫的區域，則適合全家共賞。

　　據說餐廳每個月就會用掉1噸至1.5噸的蒜頭，如今在洛杉磯的比佛利山莊也開設分店，行前最好事先訂位。

購物名店

文學地標

City Lights Bookstore
（城市之光書店）

- ✉ 261 Columbus Ave.
- ☎ (415)3628193
- ⊙ 10:00～深夜
- http www.citylights.com
- ➡ 可搭12、15、30、41、45號公車
- MAP P.114

走進城市之光書店，陳舊的木頭地板還會嘎嘎地響，古樸的書架，卻曾是創新一個世代的見證者，一張偌大的黑白海報掛在牆上，那是傑克凱魯亞克和Neal Cassady的合照，這兩個Beat有名的作家，勾肩搭背地穿著隨意的牛仔褲，結果還一度變成了Gap服裝的廣告，但這裡才是他們思想與靈魂的家。

1953年，詩人及畫家費倫蓋提（Lawrence Ferlinghetti，120頁)創

立了它，取名自卓別林時代的電影，它是全美第一個出版平裝書的書店，也是Beats運動的母親。由於力挺披頭族運動，而出版了艾倫金斯伯的《咆哮》詩集，沒想到此書在那個保守的世代，被當作淫書起訴，書店最後獲判無罪而聲名大噪。

書店共有3層，1樓是文學及書店本身的出版物，2樓則是Beat文學作品的專區，地下室則是非小說的讀物。滿滿的書香，承載著光榮的歷史，過去流連在此的披頭族作家們——艾倫金斯伯、傑克凱魯亞克、Gary Snyder、Neal Cassady……，光環將永遠照耀著這裡。

書店有2樓，也有地下室

位於2樓的Beats作家專區

125

美國頂級巧克力之一
XOX Truffles Inc.
(XOX巧克力店)

✉ 754 Columbus Ave.(Filbert和Greenwich 之間)

☎ (415)4214814

🕐 10:00～19:00，週日10:00～18:00

🌐 www.xoxtruffles.com

➡ 可搭20、30、41號公車

🗺 P.114

平凡的店面，其貌不揚的造型，你可別不識貨地看扁它，它可是打敗全美數千家巧克力店，甚至連世界巧克力名牌都要靠邊站的XOX巧克力，榮膺為全美國最好吃十大巧克力之一的XOX，曾被美食作家David Rosengarten推選為美國頂級巧克力之一(The Ultimate Chocolates)。

1996年，主廚Jean-Marc Gorce在舊金山遇到了Casimira N. Tobilla，最後兩人在1998年創立了這間XOX巧克力店。爾後，這間店的口碑越傳越遠，道地的巧克力迷，從此難忘這裡純正法式手製松露巧克力的滋味。XOX是以傳統純正的法式巧克力著稱，店

裡共有近30種口味，大略分為含酒的(Liqueured)和不含酒(Non-Liqueured)的這兩類，據店員表示，其中以Caramel的口味最受顧客歡迎，而店老闆Casimira則偏愛「White Chocolate」的純濃純白滋味，主廚Jean Marc則對「白蘭地巧克力Cognac Truffle」情有獨鍾，除了20多種傳統的法式巧克力之外，這裡還創造了素食巧克力(Vegan Chocolate)，標榜用豆奶取代奶油來製作巧克力，共有兩種口味Dark Chocolate和la l'Orange，這是針對不能喝牛奶的全素者，最體貼入微的設計。

這裡的巧克力是秤重賣的，價錢不算非常昂貴，又坐擁極品滋味，這是我北灘上的必逛店，也是我心目中舊金山最棒的巧克力，買後最好儘早食用，因為它非常容易融化喔！

中餐廳的外帶餐盒變成了巧克力的包裝

夜生活

全世界第一場上空秀在此

*B*roadway
（百老匯紅燈區）

✉ 在Montgomery和Columbus Ave.之間的 Broadway街區
➡ 可搭12、20號公車
MAP P.114

一邊是Beat世代的文學地標，另一邊則是性趣商店及成人秀俱樂部聚集的百老匯紅燈區，形成了一抹詭異的風景。

裸女的看板，在霓虹的投射下，每當夜幕低垂交織出墮落的快感。1964年6月全世界第一場的上空秀就是在這裡上演，當時的上空女郎卡羅朵娜(Carol Doda)，在Condor Club，狂野地脫下了衣裳，也脫出了舊金山的歷史。如今的酒吧裡還可以看到這位傳奇舞女的照片、她當時使用的化妝室，甚至她當年表演時，從2樓降在鋼琴上起舞的那架鋼琴。

飢餓俱樂部(Hungry I)，曾經因為喜劇演員天才老爹──比爾考斯比(Bill Cosby)的演出而笑聲不斷，如今以脫衣秀吸引人潮。

知識充電站

舊金山的新雙峰（New Twin Peaks）

在Condor Club的白鋼琴上，演出世界第一場上空秀的Carol Doda，咪咪因為動過隆乳手術，而從34升到44的尺寸，她的一對爆乳因而有了雙峰44(Twin 44s)之稱，更有人戲稱她是舊金山的新雙峰(New Twin Peaks)。紅及一時的她，最後還成為搖滾歌星及節目主持人。2009年早已年過半百的她，還在北灘的幾家俱樂部表演，不過是著衣演出！

Condor Club
✉ 560 Broadway　　☎ (415)7818222

127

▌把舊金山戴在頭上

$\mathcal{B}$each Blanket Babylon（高帽子表演秀）

Club Fugazi

✉ 678 Beach Blanket Babylon Boulevard
(Green Street)

📞 (415)4214222

🕐 表演場次：週三、四、五20:00，週六18:00、
21:00，週日14:00、17:00(日場Matinees)，
除週日外，須年滿21歲，會查驗證件

💲 $25～155

http www.beachblanketbabylon.com

➡ 可搭20、30、9X、45號公車

MAP P.114

→Steve Silver
的雕像

有「高帽子表演秀」之稱的它，號稱為舊金山的代表秀，也是全美國演出最久的音樂劇，如果到舊金山來要看當地最有特色的秀，就非它莫屬。

←秀場大門
↓Pizza巨帽登場

創辦人是Steve Silver是個有名的劇作家，他在1974年創立了Beach Blanket Babylon，沒想到竟然大受歡迎，一演就演了三十多年，至今已演出了1萬2千多場，而且欲罷不能，這齣劇紅到最後連它所在地的街名，都叫做「Beach Blanket Babylon Boulevard」，其轟動的程度可見一般。

又稱為「高帽子表演秀」的它，原來是因為表演秀裡頭的人物，都以誇張的帽式、華麗的服裝和詼諧的劇情，讓你噴飯哈哈大笑而聞名。

圖片提供／Beach Blanket Babylon

誇張的大帽子，有的還重達數十公斤，極盡華麗誇張之能事，而詼諧的劇情，是以白雪公主(Snow White)的尋人故事為串連，只要是最近流行的話題人物，統統都變成了劇情裡模仿、諷刺、風趣的題材來源。

圖片提供／Beach Blanket Babylon

嬉皮也來湊一咖

全市最老的酒吧
$\mathcal{S}$aloon(沙龍酒館)

✉ 1232 Grant Ave
☎ (415)989-7666
🕐 12:00～02:00
MAP P.114

藏在小小的巷弄中，不仔細找，再加上它不起眼的外表，一定很容易就錯過了它。

它之所以有名，是因為歷史的加持，有著一百多年的歷史，是舊金山最古老的酒吧，如今憑著動人的藍調音樂，照樣俘虜著你的心。

雖然內裝實在看起來破舊，位子也不多，但是也因為小，反而能讓你近距離欣賞到Live band的現場演唱，感覺更讓人震撼，1861年就開始的它，歷經了6次大地震而不搖，早已是舊金山的一項奇蹟了呢！

旅行小抄

有ID才能入場

玩夜店一定要記得帶護照，舊金山規定不得販賣酒給21歲以下的人，且酒吧最晚只能到凌晨02:00。

129

中國城
China Town

圖片提供／San Francisco Travel Association/Scott Chernis

港式點心達人

玩家交流

　　濃濃的港味，是中國城的特色，由於早期移民多來自廣東，因此，此起彼落的廣東話、道地的港式海鮮酒家、港式飲茶，成了這裡最大的特色。

　　下午4點剛出爐的港式奶油菠蘿包，香噴噴熱騰騰，配上絲襪奶茶，簡直是人間極品，再點個廣東小點炸兩，要不來個龜苓膏，這裡不是香港，真的是舊金山啊！因此，中午在中國城飲茶，也是必做的功課之一。

　　*City View*是當地人推薦非常棒的飲茶餐廳，港式點心多在下午2點前出爐，上午11點來是最佳時間，記得晚上是沒有飲茶的。

City View
✉ 662 Commercial Street
☎ (415)3982838

　　這裡是亞洲之外全世界最大的中國城，也是舊金山人口密度最高、全美人口密度排名第二(第一是曼哈頓)的區域，短短的24條街區，擠進了三萬多名的居住人口，迂迴的巷道，中國式的建築，兩旁吵雜的餐廳，隨風飄揚晾在窗台的衣服，好像走進了一個古老的中國，你在迷離的巷道裡穿梭，雖然也是中國人，卻是一種古老與時間感的陌生。

　　1848年的淘金熱，帶來了無數來淘金的中國移民，被「金山」之名所騙，淘金不成的他們留了下來，卻在排華的浪潮、艱難的生活下，讓這裡變成了黑暗的深淵。

　　穿過中國牌坊(Chinatown Gate)，沿著Grant Ave.往坡上爬，櫛比鱗次的商店，繁華無比的商業區，任誰也想不到，過去這裡是酒鬼的樂園、毒梟的天堂；當你從Commercial Street的中國餐廳裡飽餐一頓走了出來，怎麼也想不到這裡在19世紀，曾經是響噹噹的紅燈區，收費25分錢的妓院，是剛下了船的水手們飛奔的目標。

　　1906年的大地震，整個中國城幾乎全毀，勢利眼的地產商們，企圖趕走中國人，想把這裡變成高檔的住宅區圖利，所幸中國人團結起來捍衛家園，直到後來政府計畫發展城市某些特色區域為觀光景點，雀屏中選的中國城，開始發光發亮。這裡是功夫巨星李小龍的童年故鄉，甚至國父 孫中山也曾駐足於此，全美國最老的寺廟、最老的天主教堂在這裡，舊金山獨創美食的幸運餅在此出名，雕梁畫棟、東方美食、幢幢傳說，哪個觀光客捨得不來逛逛呢！

中國城區地圖

Broadway
Broadway
Columbus Ave.
Stockton St.
Pacific Ave.
Grant Ave.
Kearny St.
Columbus Ave.
Jackson St.
Jackson St.
Ross Alley
金門幸運餅家
中華文化中心
Hilton SF Financial District Hotel
Washington St.
天后宮
Spofford Ln.
Waverly Place
花園角廣場
Clay St.
R & G Lounge
Commercial St.
Clay St.
Stockton St.
中華史學會
Sacramento St.
Powell St.
Sacramento St.
Kearny St.
聖瑪麗古教堂
California St.
California St.
Grant Ave.
Pine St.
Pine St.
Powell St.
Stockton St.
中國牌坊
Bush St.
Sutter St.

天后古廟

露天的酒樓

街上的舞獅隊

一日遊玩精華版

早上

搭乘叮噹車California線,先到達貴族山(Nob Hill)遊覽(見226頁),再坐叮噹車到中國城

午餐 ↓ 🚌 10~15分鐘

中國城飲茶

下午 ↓ 🚶 15~30分鐘

・遊覽中國城相關景點
・步行至北灘遊覽相關景點(112頁)

晚餐 ↓ 🚶 15~30分鐘

・北灘晚餐
・或回中國城吃嶺南小館

★行程悄悄話
所有的叮噹車都有到達中國城,可以和叮噹車做結合的行程規畫(40頁)。
中國城距北灘(North Beach)、金融區(Financial District)非常近,皆可走路到達。
遊覽中國城要走許多坡,一雙好鞋是必要的。

132

台灣之光

中國牌坊
Chinatown Gate

✉ Grant Ave.和Bush Street交叉口
➡ 可搭2、3、4、15、30、45號公車
🅼 P.132

　　這可是咱們台灣之光，建材來自台灣的捐贈，由1970年Clayton Lee所設計的這座牌坊，又稱龍門，位在Grant Ave.的入口，十足中國風的牌坊，有著雙龍搶珠、鯉魚吐水的圖騰。兩旁捍衛的石獅子，一公一母，母獅護衛著幼獅，象徵著新希望，公獅位在左側，捍衛著明珠。傳說明珠若不見了，就會帶來災難。天下為公的牌坊掛在正中央，門口朝向南方，整座牌坊都關照過風水，穿過牌坊，即進入了中國城最熱鬧的商業區都板街Grant Ave.，不過要爬一小段坡喔！

牌坊上寫著「天下為公」4個字

中國移民的完整紀錄

中華史學會
Chinese Historical Society of America Museum

✉ 965 Clay Street
📞 (415)3911188
🕐 週二～五12:00～17:00，週六11:00～16:00
休 週日、一
💲 建議捐贈$5，每月第一個週四免費
🌐 www.chsa.org
➡ 可搭1、9、30、45號公車；或搭Cable Car的 Powell-Mason、Powell-Hyde、California線
🅼 P.132

　　如果對中國的美國移民史有興趣，就要來參觀這個博物館，館內蒐藏有自1600年開始，有關中國移民的文獻、照片等記錄，詳細介紹了中國人在美國的鐵路、礦業、漁業、農業所做的貢獻。館內時常舉辦各種演講、課程或展覽等活動，可上網先查詢。另一個可以欣賞到中國文化與藝術的地方是中華文化中心，這裡可以欣賞到中國的藝術展等。

中華文化中心 Chinese Culture Center

✉ 3rd Floor Hilton Hotel，750 Kearny Street
📞 (415)9861822
🕐 週二～五09:30～18:00，週六10:00～16:00
休 週日、一
💲 建議捐款$5
🌐 www.c-c-c.org
➡ 可搭Muni 1、9號
🅼 P.132

🐾舊金山最古老的教堂

聖瑪麗古教堂
Old St. Mary's Cathedral

📧 660 California Street
📞 (415)2883800
🌐 www.oldsaintmarys.org
➡️ 搭1、15、30、45號公車；或搭Cable Car的
Powell-Mason、Powell-Hyde、California線
🗺️ P.132

旅 行 小 抄

曠世警語

遊覽教堂別忘了尋找一下這兒著名
的曠世警語。原來教堂舊時，林立
在許多的鴉片館和妓女戶之中，在
一片邪惡的勢力下，獨樹一股清
流，也宛如一座孤島，於是，教堂
鐘樓上刻著一段誌文，上頭寫著：
「孩子！留心歲月，掙脫邪惡！」
像是面對惡勢力的符咒，你找到
了嗎？

舊金山第一座的天主教教堂，
建於1854年，也是城中的第一座
教堂。西班牙哥德式的外觀，當
時的建材還來自中國，像是基底
的花崗岩時就是來自於中國。

1891年新的聖瑪麗教堂，在Van Ness Ave.上興建完成，這裡就變成了聖瑪麗古教堂，雖然歷經了1906年的大地震，當時無情的大火吞噬了大部分的建築，只留下鐘塔和幾面牆。1909年整個重建工程終於完成，像是教堂裡的玻璃窗和樓座的內部，都是重新整修後的產物。教堂後面是St. Mary's Square，這裡有一尊國父 孫中山的雕像。

注意看教堂大鐘下
的曠世警語

CHINA TOWN

134

↑廣場上的櫻花開了
→紀念六四天安門的自由女神雕像

🦚 華人的活動中心

花園角廣場

Portsmouth Square

✉ 733 Kearny Street
🕐 黃昏市場18:00～23:00(7月～10月)
➡ 可搭1、9、15、41、45號公車；或搭Cable Car
　的California線
MAP P.132

　這裡是中國城居民的活動中心，紀念六四天安門的自由女神像屹立在中央。飛舞的鴿群，嬉戲的孩童，下棋、打太極拳的老人們，許多中國城的節慶活動，都以這裡為中心。

　當地人稱這兒為花園角廣場，英文名為普茲茅斯廣場(Portsmouth Square)，原因是1846年7月9日，普茲茅斯號的艦長蒙哥馬利(John B. Montgomery)在這裡升起了舊金山的第一面美國國旗，廣場因此而得名。

135

🦋150年歷史的寺廟

天后宮
Tin How Temple

✉ 125 Waverly Place
🕐 09:00～16:00
➡ 可搭1、15、30、45號公車；或搭Cable Car的 Powell-Mason、Powell-Hyde、California線
🗺 P.132

這是美國最古老的中國寺廟，建於1852年，有超過150年的歷史。廟裡供奉的是主神是媽祖，其他還有至聖先師孔子、二郎神等等。媽祖的佛像據說是1848年由中國運來的，媽祖向來是船員和漁夫的保護神，因此，對飄洋過海而來的中國移民來說，實在有著重大的意義。

到達寺廟必須攀爬3層樓的樓梯，寺廟附近的建築物相當有特色，彩繪的陽臺是最大的特色，此區還曾出現在美國偵探小說家漢米特(Dashiell Hammetts) 的著作《Dead Yellow Women》的故事場景中。

色彩鮮豔的古廟

🍲 百年美食

金門幸運餅家
Golden Gate Fortune Cookie Factory

✉ 56 Ross Alley(在Washington Street和 Jackson Street之間)

☎ (415)7813956

🕐 09:00～18:00

➡ 可搭1、9、30、45號公車;或搭Cable Car的 Powell-Mason、Powell-Hyde線

🗺 P.132

預言是英文的，沒有中英對照

　　來到舊金山的中國餐館，飯後一定會來一盤幸運餅(Fortune Cookie)，脆脆的元寶形狀餅乾，咬開後，裡頭是一張寫著預言和幸運號碼的小紙條，幸運餅是1909年金門公園日本庭園園藝家荻原誠發明的，但後來被中國人發揚光大。

　　1962年創立的金門公園幸運餅乾工廠(Golden Gate Fortune Cookie Factory)，就是幸運餅的老字號，在這裡，你可以看見製作幸運餅的過程，甚至免費吃到幾個Sample，一包幸運餅約美金$3元，也有不包預言紙條的餅乾，圓圓的形狀，吃起來又脆又香，工廠所在地Ross Alley同時擁有一些壁畫，相傳這裡是舊金山最老的巷弄之一。

旅行小抄

阿飄徒步旅行團

古老的傳說總有些靈異的故事，歷史悠久的中國城，自然有著不少的典故的過往。膽子大一點的，不妨參加中國城的尋鬼之旅 (SF Chinatown Ghost Tours)，週五、週六晚上19:30出發，在1.5小時的行程中，徒步夜遊中國城，跟著導遊尋訪中國城的歷史故事及一些靈異傳說。

曾經參加過另一個舊金山的猛鬼徒步旅行(San Francisco Ghost Hunt)，跟著拜訪過全市據說最靈異的飯店Queen Anne Hotel，在3小時的旅程中，徒步拜訪鬼屋及聆聽舊金山的鬼故事。

中國城尋鬼之旅
SF Chinatown Ghost Tours
☎ (415)7931183
@ empressyee@aol.com
🌐 www.sfchinatownghosttours.com

舊金山猛鬼徒步旅行
San Francisco Ghost Hunt
☎ (415)9225590
🌐 www.sfghosthunt.com

↖可以當場欣賞到製作幸運餅的過程　↑不起眼的外觀

美食餐廳

▌舊金山聞名的中式海鮮餐廳

R & G Lounge
（嶺南小館）

✉ 631 Kearny Street
☎ (415)9827877
🕐 11:00～21:30
💲 $20
🌐 www.rnglounge.com
➡ 可搭1、9X號公車
🗺 P.132

　創立於1985年，一家老字號的中國餐廳，因為曾經得過米其林最受喜愛的餐廳評選，而備受當地人的喜愛。

　菜肴以道地的廣東菜為主，中午在這裡，可以吃到港式的叉燒麵、廣東粥等等，晚上則變成海鮮酒家，海鮮皆來自鄰近新鮮的海產，像是舊金山聞名的Dungeness螃蟹、新鮮的蝦、魚、

蚌殼等等，再佐以粵式烹調而聞名，主廚強力推薦的招牌菜有XO醬雞(Chicken with XO Sauce)、椒鹽螃蟹(Salt and Pepper Crab)等海鮮料理，品嘗過這裡很多次，覺得口味相當不錯。

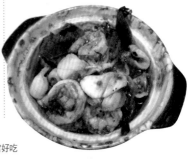

↓→這裡的菜色有一定的水準，尤其是它的煲相當好吃

購 物 名 店

高檔的華人街

*G*rant Ave.(都板街)

- ✉ 從Bush Street到Pacific Ave.之間的Grant Ave.為主要商業區
- ➡ 可搭9X、30、45號公車
- MAP P.132

舊金山最古老的一條街之一，這裡四處林立的商店都帶有中國的風味，像是風箏店、茶店、毛筆文具、旗袍等，是一般老外觀光客喜歡撈寶、探險的商業區。咱們老中恐怕就會覺得不夠稀奇，那麼就去Stockton Street逛逛吧！原來，中國城當地的住戶平均收入並不高，層次較高的華僑，多住在Sunset區或Richmond地區，而在週末的時候，會來到中國城的Stockton Street上採買逛街，這裡有中國超市、藥材行等等，是最能觀察到當地華人生活的一條街了。

另一條台灣移民聚集的商圈，是在介於19街和22街之間的Irving Street。那裡有無數美味的中國餐廳，有「小台北」之稱。

旅行小抄

青春徒步行

想要深入了解中國城，有什麼比參加當地年輕人導覽的徒步旅行團(Chinatown Alleyway Tours)更道地呢！講解古老的歷史融入當地人的生活，每週六早上11:00由花園角廣場出發，徒步2小時。

Chinatown Alleyway Tours
- ☎ (415) 9841478
- http www.chinatownalleywaytours.org
- 💲 $26，須5天前預約

139

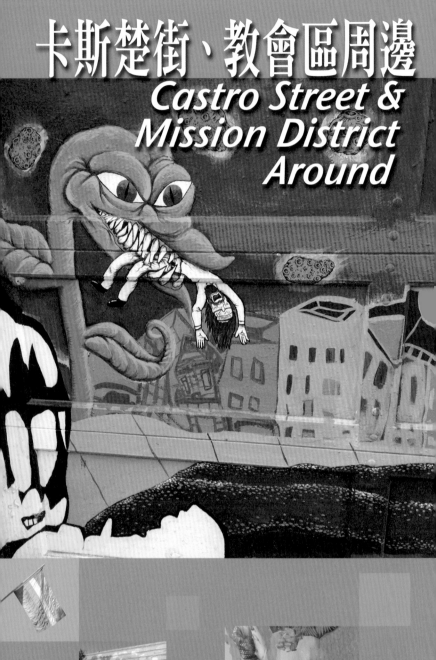

卡斯楚街、教會區周邊

Castro Street & Mission District Around

卡斯楚街、教會區周邊—概況導覽

狂野初體驗

這個城市究竟狂野到什麼程度呢？如果沒有去過Cat Club，從來也不會知道，每當夜幕低垂的時候，黑暗的深淵，居然可以赤裸裸地公開在所有人的眼前。

曾經參加過這裡舉辦的「性虐秀」主題之夜，真是讓人面紅耳赤。滴蠟燭、性虐秀、SM情節的表演，隨著舞池的人潮，統統變成表演的一部分。

要了解舊金山的狂野，就要去同志酒吧(Gay Bar)坐一坐，不要因為你是個女人而覺得「生人勿近」，舊金山的同志通常非常友善。數次造訪同志酒吧的經驗是，除了裡頭的男人帥到不行，沒人會搭理你(因為我是個女的)之外，並沒有不禮貌的對待。

其實，最適合觀光客普遍級的狂野行程，是參加每年6月最後一個週末舉辦的同志驕傲大遊行(San Francisco Lesbian/Gay/Bisexual Transgender Pride Celebration Parade，見282頁)，有超過30萬的同志上街頭，他們通常裝扮得非常有意思，熱鬧非凡。

Cat Club
✉ 1190 Folsom Street ☎ (415)7038965
http www.sfcatclub.com

兩個區域距離並不遠，卻像兩個截然不同的世界。這邊的卡斯楚街，是同性戀者的大本營，在這裡，兩個大男人當街牽手、擁抱、親吻，根本不算什麼，如果你露出了驚訝的表情，在這個彩虹旗飄揚的國度裡，你才像個外星人呢！

自從第二次世界大戰，因歧視被解雇的同志軍人們，在此下船落腳後，這裡就成了他們的另一個故鄉。

1970年代，當時的嬉皮浪潮興起，許多原居住在Castro街區的勞工紛紛移出，導致房價下滑，而這裡美輪美奐的維多利亞房屋，吸引了大批的同志到來，也由於酷兒們天生的好品味，如今街道旁美食餐廳林立，逛街店風格特殊，反而成了大眾化的逛街區塊。

而隔著數條街的教會區(Mission District)，卻是以熱情的拉丁風情來迎接你，數百幅熱情奔放的壁畫，大膽地在街頭巷尾潑墨，大街小巷，窗台上、大門上、車庫門口、甚至整棟大樓、整條巷子、整個停車場，都是色彩斑斕的壁畫，墨西哥美食的香味飄散在空中，濃濃的西班牙捲舌音不絕於耳，難怪這裡有「小拉丁國」之稱。這裡是拉丁族裔的聚集之地，再加上這兒有全城最老的建築、女同性戀者最愛逛的Valencia Street，將帶給你一番全新的感受。

卡斯楚街、教會區周邊地圖

N

舊金山同志社區中心
Café Flore
Harvey Milk廣場
Muni Castro St. Station
Twin Peaks Tavern
卡斯楚戲院
Harvey's

15th St.
16th St.
都勒教會
17th St.
克來爾巷
仕女大樓
Craftsman and Wolves
都勒公園
18th St.
19th St.
Tacolicious
20th St.
21st St.
Foreign Cinema
22nd St.
Philz Coffee
Taquerias El Farolito
BART 24th St. Station
巴米巷
El Nuevo Frutilandia

Pancho Villa Taqueria
La Cumbre
Community Thrift Store

Clarion Alley

壁畫藝術與遊客中心

Castro St.
Noe St.
Sanchez St.
Church St.
Dolores St.
Valencia St.
Guerrero St.
Mission St.
South Van Ness Ave.
Folsom St.
Treat Ave.
Harrison St.
Alabama St.
Balmy Ave.

雙峰

雙峰

Burnett Ave.
Twin Peaks Boulevard
Gardenside Dr.
Crestline Dr.
Burnett Ave.
雙峰

花神咖啡館

142

一日遊玩精華版

早上
到達教會區欣賞壁畫或參加壁畫導覽團

午餐 ↓ 🚶20分鐘
教會區享用道地的墨西哥餐

下午

🚶30分鐘	🚶8分鐘+🚌15分鐘	🚌40分鐘
逛全城最老的建築都勒教會	走8分鐘搭Metro L可轉往Castro Street遊覽	再從Castro Street搭公車37號到雙峰遊覽
🚶30分鐘	🚌15分鐘+🚶8分鐘	🚌40分鐘

下午茶 ↓
坐坐Castro Street區的花神咖啡館

晚餐 ↓ 🚶15分鐘
同志血淚地標店 Harvey's

夜生活 ↓ 🚶15分鐘
卡斯楚戲院看戲或到Gay Bar喝酒

★**行程悄悄話** Castro Street和教會區,其實走路距離不近,最好搭乘公車連結,可以上網(www.501.org)查詢。教會區最熱鬧的地方是Mission Street和24th Street的交叉口,坐Bart可以在24th車站下車,走一小段。教會區治安較不佳,入夜後Castro Street比較安全。

卡斯楚街   美食餐廳見 **MAP** P.147～P.148

🚶 紀念美國第一位出櫃的政府官員

Harvey Milk廣場
Harvey Milk Plaza

📧 Castro和Market Street交叉口附近
➡ 可搭22、24、33、35、37、K、L、M、F號公車
MAP P.142

廣場位於卡斯楚街的入口

旅行小抄

餵鴿最高罰款3萬元

來到Harvey Milk廣場會看到這個有趣的看板，看板上明令禁止在廣場上餵食鴿子，你知道如果餵了鴿子，最高會罰多少錢嗎？天啊！是美金$1,000元啊！等於台幣三萬多元，真是超級重罰了。

以卡斯楚街上的大英雄Harvey Milk而命名，立在17街公車車站的旁邊，廣場上飄著巨大的彩虹旗幟，提示著你將進入彩虹的國度，也就是同志的大本營。

被喻為卡斯楚街市長的Harvey Milk，他的生平已被拍成了電影《自由大道》（Milk）。這部電影也讓演員西恩潘拿到了2009年奧斯卡金像獎的最佳男演員獎，而動人的故事也讓電影獲奧斯卡的最佳影片提名。

電影真人真事的主角Harvey Milk，生於1930年，他在1972年從紐約搬到舊金山，是美國第一位公開出櫃的政府官員，當選監察委員又公認同志身分的他。在1978年11月27日，就在市政廳，和舊金山市長George Moscone雙雙遭到監察委員Dan White射殺，這個轟動全世界的大新聞，結果造成當時同志圈的示威及暴亂。

享年48歲的Harvey Milk，付出生命而成了同志運動的代表者。此外，575 Castro Street為Harvey Milk過去所開照相機店的所在地。

廣場斜對面是Castro Theatre

🦜 十多萬同性戀人口的家

舊金山同志社區中心

San Francisco Lesbian Gay Bisexual Transgender Community Center

✉ 1800 Market Street
📞 (415)8655555
🌐 www.sfcenter.org
➡ 可搭6、7、71、J、K、L、M、F號公車
🗺 P.142

　　這裡是男同志、女同志、雙性戀者及變性人的家。在這棟淡藍色的維多利亞建築裡，這個非營利性的組織，服務著LGBT(Lesbian、Gay、Bisexual、Transgender)的人群，每週服務2,000人以上，無數的會議、活動、晚會、展覽在這裡主持，甚至也有給孩童和青少年的活動，這對全城十多萬的同性戀人口來說，實在是一大福音。

知 識 充 電 站

彩虹旗的故事

代表同志驕傲的彩虹旗，仔細看一共有6種顏色，原來第一面的彩虹旗是有8種顏色的，是由舊金山藝術家Gilbert Baker所創作的。後來在1979年，簡化成紅、橙、黃、綠、藍、紫羅蘭這6色，其中代表的意義為：紅=性愛，橙=力量，黃=希望，綠=自然，藍=自由，紫=藝術。

而由彩虹旗所衍生出來的飾品、帽子、衣服等等，都變成了卡斯楚街上最受歡迎的紀念物，而卡斯楚街上彩虹旗旗海飄揚，儼然已成酷兒們(Queer，同志別稱) 的國旗了。

彩虹旗的演變史

↑彩虹旗最早為8種顏色

↑1978～1979年變成少了粉紅色的7種顏色

↑1979年至今為此6種顏色

CASTRO STREET & MISSION DISTRICT AROUND

每晚上映經典前衛電影

卡斯楚戲院
Castro Theatre

✉ 429 Castro Street
☎ (415)6216120　　💲 $10(只收現金)
🌐 www.castrotheatre.com
➡ 可搭22、24、33、35、37、K、L、M、F號公車
🗺 P.142

　　建於1922年，在30多年前，這裡就已經榮獲為舊金山百大歷史地標之一。西班牙殖民地時代的建築特色，內裝是西班牙、義大利與亞洲風格的融合，華麗的Wurlitzer管風琴，屋頂上的骨董吊燈金碧輝煌，但在舊金山大地震後，底下的座位總是最後被坐滿的。

　　戲院雖老，卻仍然每天放映影片，與一般商業戲院有所不同的是，這裡多放映經典老片、前衛性的獨立製片、實驗電影和國際影片。它甚至還出現過在電影《自由大道》的電影背景當中。

　　每晚至少放映1部經典老片，這些片子老到甚至你在錄影帶出租店都找不到，每年6月這裡舉辦的舊金山國際同性戀影展(San Francisco International Lesbian & Gay Film Festival)，已成為觀賞的一大重點。

舊金山的第二高峰

雙峰
Twin Peaks

✉ Portola Drive和Twin Peaks Boulevard交叉口爬上頂峰
➡ 可搭K、L、M在Castro Street站下車，接Muni 37號到Glenview Dr. 和Portola Dr.下車，再走到Portola Drive和Twin Peaks Boulevard交叉口，爬5分鐘到頂峰
🗺 P.142

　　兩座山丘高922英尺，遠遠看就像一對女人的乳房，因而得名為雙峰(Twin Peaks)，她們是舊金山的第二高峰，僅次於Mount Davidson。

　　這裡會成為觀光景點，是因為其登高一覽、一望無垠的景觀。方格式的美麗棋盤，錯落著舊金山的地標，從金融區、市政中心，一路望到東灣、到海灣大橋，大海連著藍天，天氣好不起霧的時候，視野浩瀚，令人心曠神怡。

　　在卡斯楚街搭37號公車可以到這裡來，不過要選好天氣來，否則這裡風超大、超冷，小心凍成冰棒喔！

最老建築

都勒教會
Mission Dolores

✉ 3321 16th Street　　📞 (415)6218203
🕐 09:00～16:00，5月～10月延長至16:30
💲 建議捐款$5　　🔗 www.missiondolores.org
➡ 可搭9、12、14、27、33、48、J號公車；或搭
　 Bart在16th Street站下
MAP P.142

全舊金山最老的建築物，建於1791年，原來是方濟教會在加州建立的21個教區之一，當時由賽拉神父(Father Junipero Serra)所主導。

外表是16世紀西班牙式的建築，這個長114英尺、寬22英尺的古建築，是由印第安人勞工一磚一瓦，慢慢砌成的，當時據說用掉了3萬6千塊泥磚，牆壁厚達4英尺(約1.2公尺)，堅固到1906年的舊金山大地震，也奈何不了它。

內部有個小小的博物館，陳列著賽拉神父贈送給教堂的聖物，及當時的文獻及文物。祭壇莊嚴美麗，這裡很多的雕像及門面，都是在百年前，由騾子從墨西哥運到這兒來的。

2004年，考古學家在這裡有了新發現，他們沿著天花板的橫梁攀爬，結果在祭壇後面發現了一個暗門，裡頭有區域達20 X 22英尺的壁畫，猜測這應該是1971年印第安人所畫的，這算是相當大的考古發現。

教堂後面是花園及墓園，花園裡種植著自1791年以來就有的花草樹木。甚至還有一個玫瑰花園，墓園內埋葬了19世紀中來自歐洲的移民，及5千名以上無名的印第安人，這裡知名的安葬者包括有：加州在墨西哥統治時的第一任州長Don Luis Antonio，舊金山的首位西班牙市長Don Francisco de Haro等等，此墓園曾出現在希區考克(Alfred Hitchcock)的電影《迷魂記》(Vertigo)當中。

左邊的是都勒教會

旅行小抄

曬日光浴的好地方

都勒教會不遠處有個都勒公園(Mission Dolores Park，在20th Street和Dolores之間)，這裡在1905年以前是猶太人的公墓，後來改建成公園。這裡擁有著眺望市區美麗的景致，假日來這裡，草坪上熱鬧無比，到處是日光浴的人潮，難怪有「卡斯楚海灘」的別稱。

♣3大社區壁畫中心之一
壁畫藝術與遊客中心
Precita Eyes Mural Arts and Visitors Center

- ✉ 2981 24th Street
- ☎ (415)2852287
- ⊙ 10:00～17:00，週六只到16:00，週日12:00～16:00
- http www.precitaeyes.org
- ➡ 可搭48號公車　　　MAP P.142

創立於1977年，是美國唯一3個社區壁畫中心之一，由壁畫家發起的這個組織，舉辦了許多由藝術家帶領的壁畫導遊，這裡有45分鐘的幻燈片導遊，還可以徒步或騎單車，在將近1～3個小時的導覽中，參觀到教會區80幅以上的壁畫。

你可以在這裡拿到壁畫的導覽地圖，買到相關的紀念品，如T恤、明信片……有關教會區壁畫的禮品，當然最有價值的，還是參加它的壁畫導覽團，做深度的了解，目前的導覽團有多種行程，有興趣者可上網去詳查，多在週六及週日出發。

美 食 餐 廳

卡斯楚街

▌同志運動的血淚地標店
Harvey's(哈維爾餐廳)

- ✉ 500 Castro Street　☎ (415)4314278
- ⊙ 週一～五11:00～23:00，週末09:00～02:00
- 💲 $20　　http www.harveyssf.com
- ➡ 可搭22、24、33、35、37、K、L、M、F號公車
- MAP P.142

這裡並不是以美食為招牌，它是同志運動的血淚地標店。

原來叫做象欄餐廳(Elephant Walk Bar／Restaurant)，1979年，當槍殺出櫃監察委員Harvey Milk和舊金山市長George Moscone的兇手Dan White，獲得法院從

輕判決時，當時的Castro Street陷入了一陣暴亂，不服判決結果的抗議者，當場燒毀了警車，而警察也不甘示弱，當街毆打路人，更衝進象欄餐廳毆打顧客，最後，象欄餐廳向市政府投訴，獲得了賠償，這裡也因為這個事件而聲名大噪。

為了紀念Harvey Milk這位同志運動的先烈，餐廳改名為「Harvey's」，牆上陳列了許多同志運動的歷史照片，餐點以美式三明治、漢堡和煎蛋捲為主，觀光客多為追隨歷史腳步而來。

《Guardian》推選「最佳咖啡館」

*C*afé Flore（花神咖啡館）

- ✉ 2298 Market Street
- 📞 (415)6218579
- 🕐 週日～四07:00～01:00，週五、六延長至02:00
- 💲 $10～20　　http www.cafeflore.com
- ➡ 可搭24、35、37號公車
- MAP P.142

從1973年開始，這裡就是卡斯楚街的靈魂和心臟，一個小小的咖啡館，卻是無數同志愛的故事的見證，曾經在這裡聆聽一位同志朋友，他在花神咖啡館裡邂逅而感人的愛情故事。

許多的緣分陪著咖啡館，陪著歲月走過，許多的故事隨風飄逝，而不變的，永遠是咖啡館裡那陽光燦爛的戶外庭院，用玻璃圍成的庭園，可以讓你一邊在戶外用餐、喝咖啡，一邊欣賞街景和人群，同志們都喜歡到這兒來，就算不是同志，友善的同志也絕不讓你有不自在的感覺。

這裡曾經榮獲《Guardian》雜誌推選「最佳咖啡館」之一，餐廳早上7點就開始營業，早上8點到下午4點有早午餐(Brunch)供應，晚上4點到10點是晚餐，幾乎全天都供應餐點。

世界第一家公開的同性戀酒吧

*T*win Peaks Tavern
（雙峰酒吧）

- ✉ 401 Castro Street　　📞 (415)8649470
- 🕐 12:00～02:00　　💲 $10～20
- http www.twinpeakstavern.com
- ➡ 可搭22、24、33、35、37、K、L、M、F號公車
- MAP P.142

什麼是世界第一？這間屹立在Castro Street路口，長相一點也不起眼的「雙峰酒吧」(Twin Peaks)，就是世界第一。

全世界第一家公開的同性戀酒吧就在這裡，餐廳外牆是一大片的玻璃，裡面的人可以一覽無遺地看到外頭，外面的人也可以一覽無遺地看盡裡面的世界，過去躲在檯面下的同性戀人，在這片大玻璃的創舉下，表明了他們出櫃的勇氣。

原來是由一對女同志戀人經營，她們打掉外牆改成整面的落地窗，之後，這裡成為上了年紀的男同志的最愛，也因為這裡的常客都是叔叔伯伯輩，所以在圈內有「玻璃棺材」(Glass Coffin)的謔稱，但是世界第一的光環普照，這裡永遠都有不停注目的好奇目光。

與費里尼共進晚餐

Foreign Cinema
（異國電影院）

✉ 2534 Mission St　📞 (415)6487600

🕐 週日～三17:30～22:00，週四～六17:30～
　23:00；早午餐(Brunch)週六～日11:00～
　14:30

➡ 搭14、14L、49、67；或搭Bart至24街站

🗺 P.142

這裡以早午餐Brunch而聞名

餐點都是講究健康新鮮取向的加州菜

如果沒有預訂，幾乎都是排隊的命運，擁有「舊金山最好吃早午餐Brunch」的封號，老闆兼主廚的Gayle夫妻檔Pirie和John Clark，得過數次美國美食大獎「James Beard Foundation」最佳主廚和最佳餐廳的殊榮，還出版過美食書籍，更是舊金山美食排行榜的常勝軍呢！

算是舊金山Mission區熱門又時髦的餐廳之一，取名「異國電影院(Foreign Cinema)」，除了講究新鮮健康取向的加州烹調手法(California Cuisine)，讓老饕趨之若鶩外，最大的噱頭還是那獨特的文藝氣息，入夜後，水泥牆上放映著35釐米獨立製片的電影，一邊吃飯一邊遊走於費里尼的世界，一口美食配上滿眼希區考克的驚恐，彷彿邀請了楚浮、柏格曼和你共進晚餐，排放電影的總舵手Bryan Ranere是學電影出身的，他堅持以35釐米黑膠片放映，與現代的數位電影背道而馳，為我們留住了電影中的經典，帶有濃厚的文青氣質，在美食間穿梭，遊戲了人間。

省錢A咖

*T*aquerias El Farolito
（法羅林透墨西哥餐廳）

✉ 2779 Mission Street
☎ (415)8247877
🕐 週一～四、週日10:00～03:00，週五、六延長到04:00
💲 $10
http www.elfarolitoinc.com
➡ 可搭48、67號公車；或搭Bart至24th Street站
MAP P.142

　　來到教會區，最值得一試的就是墨西哥菜，素有小拉丁區之稱的教會區，是拉丁族裔的聚集地，當然，這裡的墨西哥菜最道地，也具有一定的水準。

　　這間餐廳，就是以平價又好吃的墨西哥菜著稱，網站上有將近1,200個人吃過後評論，結果總平均為最高的5顆星，有人說，它有全城最好吃的Burrito、最好吃的Quesadilla，對於台北少有墨西哥餐廳，到異地嘗一嘗，真的是個很棒的體驗。

　　餐廳門口人潮如織，排隊20分鐘以上，是常有的事，教會區另有許多有口碑的墨西哥餐廳，像是La Cumbre據說也有全城最好吃Burrito，Pancho Villa Taqueria的墨西哥菜也是小有名氣。

　　Tacolicious則是我在Mission街區最愛的墨西哥餐廳，新潮明亮的店景，店主人Joe Hargrave曾是舊金山知名餐廳Lulu、Rose Pistola、Azie和Frisson的創始人，之後開了這家Tacolicious，美味可口的名聲，連總統歐巴馬都曾慕名而來，成為座上客之一呢！

La Cumbre

✉ 515 Valenica Street@17th Street
☎ (415)8638205

Pancho Villa Taqueria

✉ 3071 16th Street，在Mission和Valencia之間
☎ (415)8648840

Tacolicious

✉ 741 Valencia St
☎ (415)6496077
http tacolicious.com

Tacolicious牆上放著歐巴馬總統在此用餐的照片

Tacolicious餐廳可口的Tacos

卡斯楚街、教會區周邊—美食餐廳

6種最常見的墨西哥菜

• 墨西哥捲餅 Burrito
一種傳統的墨西哥麵粉餅，卻大量在美國風行，或烤或蒸的麵粉餅(flour tortilla)，裡頭包著墨西哥米、豆子、肉或魚、萵苣、酪梨、起司、番茄辣醬及酸奶，美國吃的Burrito已經經過改良，一般來說，美國的Burrito比墨西哥本地來的大，而且內餡的種類多了很多。

• 玉米折餅 Tacos
一整片玉米餅或全麥餅(Wheat Tortilla)，中間盛上內料，可能是雞肉、牛肉，海鮮、蔬菜、起司和豆類等等，餅再對折即是Taco了。

• 辣味玉米捲餅 Enchiladas
典型的墨西哥食物，是玉米捲餅(Corn Tortilla)，裡頭或外頭淋上辣醬(Chili Pepper Sauce)，最早期的它，裡頭是不包東西的，只是沾著辣醬來吃，現在的玉米餅裡頭包著各式各樣的口味，有肉類、起司、豆類、馬鈴薯、蔬菜、海鮮等等。

• 玉米粉蒸肉 Tamales
一種非常傳統的拉丁美洲食物，通常外面會包一層葉子，吃的時候剝掉葉子，裡頭包著起司、肉類、蔬菜等等，有點像咱們老中粽子的變種。

• 起司玉米餅 Quesadilla
傳統的Quesadilla是玉米餅或全麥餅裡包著融化的起司，但各餐廳會有配料加減上的一些小改變。

• 炸玉米脆餅 Nachos
玉米脆餅上淋上融化的、香香濃濃的起司，是一道常見的墨西哥點心。

←墨西哥捲餅 Burrito
↓玉米折餅 Tacos

Craftsman and Wolves（工匠狼點心店）

✉ 746 Valencia Street　📞 (415)9137713
🕐 週一～四07:00～18:00，週五07:00～19:00，
　週六08:00～19:00，週日08:00～18:00
http www.craftsman-wolves.com/caw-valencia
➡ 搭26、67；或搭Bart至24街站
MAP P.142

現代潮流的裝潢、櫥櫃裡賞心悅目的甜品，上次來的時候，號稱全城最好吃的鹹蛋黃瑪芬早就賣完了，看來瘋甜品的不只是我，舊金山人迷上主廚William Werner手藝的人一定比比皆是。

William在沒做廚師以前，據說是個救生員，曾擔任米其林二星餐廳Quince的甜品主廚，後來出來自立門戶，一開始開了Tell Tale Preserve Company，以自創鹹蛋黃瑪芬(The Rebel Within)驚豔廚界，後來因為與合夥人理念不合而關門，2012年落腳Mission區，以這間Craftsman + Wolves再戰江湖。

第二次到這裡，人氣瑪芬The Rebel Within還是賣光了，只好想像著這個在瑪芬裡加了Asiago、帕瑪森起士、香腸、青蔥和香料，當瑪芬切開時金黃色的蛋液從中爆漿流出的可口樣子，這個瑪芬加半熟蛋的創意甜點，已成為鎮店之寶，平日限售75個，假日限售140個，食用時店家會幫你加熱，並附上一小罐的玫瑰香辣海鹽呢！

櫥櫃裡的其他精緻糕點，一樣會讓你食指大動，雖然價格不菲，但搶著來享用的人還是絡繹不絕，絕對是舊金山的冠軍甜點店之選，吃不到它的鹹瑪芬，我絕不死心呢！

↑各式美味的甜點，讓人食指大動
←這裡的人氣瑪芬每日限量，賣完為止

舊金山Top 3好咖啡
*P*hilz Coffee（費爾斯咖啡）

✉ 3101 24th Street
☎ (415)8759370
🄫 週一～五06:00～20:30，週六、日06:30～20:30
🌐 www.philzcoffee.com
🗺 P.142

　　曾獲美國時代雜誌(Time magazine)的介紹，並獲得多家雜誌推選為舊金山Best Coffee及美國10大咖啡店的殊榮。

　　店老闆Phil Jaber根本就是「咖啡的魔術師」，他研究咖啡25年，擅長將各種咖啡豆混合，創造出獨一無二的新滋味。

　　這裡的鎮店之寶是「Tesora」，「Tesora」在義大利文的意思是珍寶之意，這是店老闆Phil Jaber先生花了7年時間研究的精華，這款咖啡據說採用了5個國家上等的咖啡豆，再加上獨家的烘培方法所調製而成。

　　由於口味多元又獨一無二，如今已經變成了舊金山年輕人的咖啡潮店，分店如雨後春筍一間一間的開，但這間店卻是Philz coffee最原始的第一間店，具有歷史的意義。店裡的漫天壁畫，呼應著Mission區叛逆隨意的特性，黑板上的咖啡種類，多到令人眼花撩亂，有人喜歡Tesora、Mint Mojito、Jacobs等，但我卻獨鍾情於它的冰摩卡，它和藍瓶咖啡(Blue Bottle Coffee)的拿鐵，都是我在舊金山的咖啡最愛，請上網詳見我的影音介紹🌐www.youtube.com/watch?v=mL8YNlYAfYw

購物名店

撈寶的好地方
*C*ommunity Thrift Store（社區簡約店）

✉ 623 Valencia Street(在17th St.和Clarion Aly之間)
☎ (415)8614910　　🄫 10:00～18:30
🌐 www.communitythriftsf.org
➡ 可搭14、22、26、33、49號公車;或搭Bart至16th站下
🗺 P.142

　　比二手衣店更次級、更便宜，以別人捐贈的舊貨來作販賣，販賣所得捐作公益的Thrift Store，或許高檔的你根本看不上眼，但明眼的蒐藏家們，可是撈寶的好地方。

　　著名的壁畫巷Clarion Alley(156頁)就在這間店的旁邊，一定要順道逛逛，千萬不要錯過了。

153

教會區壁畫排行榜

舊金山最值得欣賞壁畫的地方有兩處，一是科伊特塔(Coit Tower，118頁)，另一個就是教會區(Mission District)了，雖然其他區域尚有許多佳作，但因為地理位置較遍遠、或較零星，因此，觀光客還是以此兩處為賞畫的首選。

仕女大樓壁畫

1960年代，大量的拉丁族裔湧入此區，許多的墨西哥及中南美洲移民來到這裡，也帶來了拉丁民族熱情奔放的壁畫風格，如今，走在Mission和24th Street交叉口，你會發現隨處可見壁畫的蹤跡，小從一扇窗戶、一個變電箱，大到一個停車場，整棟建築，甚至在這裡的麥當勞，都隨俗的以熱情奔放的壁畫現身，也許這是世界上最藝術的麥當勞也說不定呢！

此區有上百幅的壁畫，如果英文不錯，當然以參加Precita Eyes Mural Arts and Visitors Center所舉辦的壁畫徒步導覽團(147頁)為優先，如果想自行趴趴走也行，跟著我的壁畫排行榜，一網打盡教會區的壁畫精華。

巴米巷
Balmy Alley

第一名

- ✉ 50 Balmy Street(夾在24th 與25th Street 之間，與Treat Ave.和Harrison Street平行)
- 🌐 www.balmyalley.com
- ➡ 可搭Bart在24th／Mission車站下車，往東朝Capp Street走約5或6個街口
- 🗺 P.142

叫我第一名，是因為整個太震撼了。

整條巷子都是壁畫，從巷頭到巷尾，從窗戶、大門、車庫、整面

的牆，就好像一個露天的壁畫博物館，更可貴的是，它絕不是一成不變，數年前走訪過它，這次來，牆上的主題，繪畫的內容，又不太一樣了。

1971年，由社區的小朋友和藝術家們共同完成這裡的壁畫，尤以兩位藝術家Patricia Rodriquez和Graciela Carillo 的貢獻最大，之後又有其他藝術家陸續的加入，壁畫主題以當地的社區精神、推廣中南美文化特色，及某些社會議題等等。這裡最有名的代表作，有「哭泣的眼睛」等等。

這裡距離Precita Eyes Mural Arts and Visitors Center其實非常近，走路可到，巴米巷巷尾臨25街，那裡的治安較不佳，選擇白天較熱鬧的時間來。

克來爾巷 Clarion Alley

第二名

- 🖂 位於Mission Street、Valencia Street、17th Street、18th Street之間
- http www.facebook.com/pages/San-Francisco-CA/Clarion-Alley-Mural-Project/127102311571
- ➡ 可搭14、22、26、33、49號公車；或搭Bart 在16th 站下
- MAP P.142

是新生代的一條壁畫巷，由Clarion Alley Mural Project(CAMP)所主導，由新一代的壁畫家，表現出教會區的現代藝術，比照1970年代就開始的巴米巷，這裡同樣整條巷子都是大膽鮮豔的壁畫，但是壁畫的內容更具現代感。

1992年，居住在Clarion Alley巷內的藝術家們(他們本身也是CAMP的基本成員)，開始在巷內塗鴉，之後陸續有其他的藝術家加入，Clarion Alley這條壁畫巷，因此慢慢地成形。

1997年，藝術家Chuy Campusano在死前，在巷裡畫下了黑白背景裡憤怒的凝視，另外像是Cynthia Ross一系列「長腳鳥與女孩」，Andrew Schoultz的卡通繪畫等等，都是欣賞的重點，基本上，這裡的壁畫內容較偏現代藝術，你很容易和巴米巷對照出來。

仕女大樓
第三名

Women's Building

- ✉ 3543 18th Street
- ☎ (415)4311180
- 🕐 週一～四09:00～17:00，週五10:00～18:00
- http www.womensbuilding.org
- ➡ 可搭14、22、26、33、49、J號公車；或搭 Bart至16th 站下
- MAP P.142

　　整棟大樓都畫滿了壁畫，仔細看一看，從堅毅的馬雅女人、中國的觀音菩薩到中南美的女政治家、美國著名的女畫家 Georgia O'Keefe 等等，由7位女畫家合力完成的大樓壁畫，稱為MaestraPeace，在1994年由Juana Alicia、Miranda Bergman、Edythe Boone、Susan Kelk Cervantes、Meera Desai、Yvonne Littleton and Irene Perez及一些助手協力完成。

　　壁畫以女性在世界上完美的貢獻為主題，許多世界知名的女偉人及女性的圖騰，都出現在畫中，你可以仔細地欣賞。

　　這棟仕女大樓，則開始於1979年，為舊金山婦女中心(San Francisco Women's Center，SFWC)所買下，如今裡頭有超過170個社會及公益團體，大多以服務女性為主旨，且時常舉辦各式的講座、課程及活動。

　　此大樓離Clarion Alley非常近，走路即可到達，可合併遊覽。

舊金山壁畫至尊

舊金山的壁畫是透過拉丁移民而發揚光大,其實,最早在1930年代的時候,城裡就出現了壁畫,而墨西哥壁畫家里維拉Diego Rivera,則是最大的功臣之一,留學歐洲的他,受到歐洲教堂壁畫的啟發,由於本身的馬克斯左派思想,當他在1931年來到舊金山後,和其他兩位共黨畫家,為舊金山創造出了許多震撼性的大壁畫,例如舊金山市立學院(City College of San Francisco)的「泛美壁畫」(Pan-American)等等,由於他的壁畫多加入了許多社會議題、政治色彩、與城市觀察,這對舊金山的壁畫發展,具有相當深遠的影響。以下是里維拉不可錯過的舊金山經典名作。

Rivera和他的太太芙烈達

• Allegory of California

是里維拉在1930年的創作。可惜這個太平洋股票交易所,平常不對外開放,但每個月的第一個星期三有免費的導覽團,看你能否湊得上時間一親芳澤。

✉ 位於Pacific Coast Stock Exchange,301 Pine Street

☎ (415)2850495(導覽團)

➡ 可搭12、15、42號公車;或搭Cable Car的California Line

• 泛美壁畫(Pan- American Mural)

這個大型的壁畫有6.6公尺高,21公尺寬,在巨大的畫作裡,呈現出美國歷史的發展和許多重要的歷史人物,由10個版面組合而成。

大型的壁畫裡,出現了美國名建築師萊特(Wright)、希特勒等名人。

✉ 位於舊金山市立學院(City College of San Francisco),50 Phelan Ave. (@ Ocean Ave.)

☎ (415)2303000

➡ 可搭15、29、36、43、49、J、K號公車

泛美壁畫

• The Making of Fresco

這幅「The Making of Fresco」是里維拉在1930年的創作,主題是在呈現壁畫製作的過程。

✉ 位於舊金山藝術學院(San Francisco Art Institute)內,800 Chestnut Street
(在Leavenworth和Jones Street之間)

☎ (415)7494545　　➡ 可搭30號公車;或搭Cable Car的Powell-Hyde、Powell-Mason線

嬉皮街周邊
Haight Street
& Around

HAIGHT 1500 ←

600 → ASHBURY

CHECKS CASHED

嬉皮變通俗了！

和數年前造訪嬉皮街相比，這次重走一遍舊金山，這裡是我認為改變最大的一區了。

商店幾乎比數年前多了一倍以上，比起過去邊緣化的感覺，如今的嬉皮街，口味變得更通俗、大眾化了。

過去街道上會看到的乞丐，至今仍然還在，但週末熱鬧的逛街人潮、遛狗的人、五花八門的商店，讓如今的嬉皮街，看起來更普級、更有意思。

在這裡，二手衣店裡擠滿了人潮，19世紀的骨董衣店旁夾著新穎的潮店，如果和聯合廣場優雅、整齊的名牌貨相比，這裡凌亂、個性、卻又另類的風格，或許能讓你感到無比的新鮮呢！

嬉皮街周邊──概況導覽

1967年，Haight Street地區的嬉皮們(Hippies)宣布，決定將這個夏天獻給愛、和平和迷幻藥LSD，這個聲明，吸引了50萬的年輕人湧入舊金山，將當時反戰、反叛的文化思潮推入了前所未有的最高峰。

到處都是骨董衣店

當年的嬉皮風潮，掀起了世界的狂風巨浪，60年代的迷幻搖滾樂席捲了全球的音樂舞臺，嶄新而獨特的新藝術風格(New Graphic)，以流動性的文字、鮮豔的色彩，成為當時藝術界主流，而嬉皮特有的服裝風格，更成為時裝界不斷翻炒的主題之一。

而這一切的一切，就是起始於舊金山Haight Street和Ashbury Street的交叉街頭，這裡是嬉皮運動的起源地，也是「夏日之愛」(Summer of Love)運動的母親。

如今的嬉皮街(Haight Street)，儼然已成了全世界觀光客追逐嬉皮的最後聖地，這裡有琳琅滿目的逛街店，讓人逛到眼花撩亂，年輕小夥子們最愛這兒的刺青店，藝術家們流連在到處是精采塗鴉壁畫的街頭，追星族忙著朝聖嬉皮元老們的家，仕女們則穿梭在二手衣店裡四處撈寶。

在這裡，嬉皮精神永流傳！

嬉皮街上最挑逗的店招

嬉皮街周邊地圖

N

傑佛遜飛機的家

Fulton St.
Grove St.
Hayes St.
Fell St.

Stanyan St.

Pidemont Boutique

Oak St.
Wasteland
Page St.

Haight St.
Cha Cha Cha
Waller St.

Buffalo Exchange

紅色維多利亞旅館

Haight Ashbury Tattoo and Piercing

Masonic Ave.
Central Ave.
Lyon St.
Baker St.
Broderick St.
Divisadero St.
Scott St.
Pierce St.
Steiner St.

Fulton St.
亞拉摩廣場
Grove St.
Hayes St.
Fell St.
Oak St.　裴普林的家
Page St.　Ritual Coffee Roasters
Haight St.

無政府主義書店
傑克倫敦的家
死之華的家
美景公園

Buena Vista Ave.

Shrader St.
Cole St.
Clayton St.

一日遊玩精華版

早上

參加嬉皮街徒步旅行團(166頁)

午餐　↓ 🚶20分鐘

Cha Cha Cha

下午　↓

🚶20分鐘　🚶25分鐘　🚶40分鐘

| 逛嬉皮街或走訪相關景點 | Alamo Square 拍照 | 或轉往金門公園遊覽 |

★行程悄悄話

　嬉皮街分為上嬉皮區(Upper Haight)和下嬉皮區(Lower Haight)，可以簡單地以Divisadero Street與Haight Street交叉口作區分，往東是Lower Haight，往西是Upper Haight。

觀光客多以Upper Haight為重點(尤以Masonic Ave到Stanyan Street之間的Haight Street最熱鬧)，兩區治安入夜後都不佳，入夜後不要逗留。

Haight Street和Stanyan Street交叉口的尾端，可以直接進入金門公園，可以連結遊覽(見184頁)。

四處可見壁畫塗鴉

美麗的維多利亞房屋

🐾 嬉皮街唯一的綠地

美景公園
Buena Vista Park

✉ 在Haight Street上，在Lyon Street和Buena Vista Ave.之間
➡ 可搭Muni 6、7、24、33、71號
MAP P.162

必須爬坡才能到達公園

嬉皮街上難得的一塊綠地，尤其是山頂登高一覽的美景更顯奇美。1940年代這裡曾是個墓園，後來改建成公園，散步公園有時還會發現地上的針頭與保險套。嬉皮街的嬉皮精神，讓這兒入夜後治安不佳，想飽覽美景，最好選擇白天熱鬧的時間來。

知識充電站

4大名宅

這裡曾是嬉皮的聖地，當然就出過不少嬉皮明星的蹤跡。受嬉皮影響最深的是60年代的迷幻搖滾音樂，當時的迷幻樂團，最有名的有：傑佛遜飛機(Jefferson Airplane)、死之華(Grateful Dead)及女歌手裘普林(Janis Joplin)等等，再加上著名大作家傑克倫敦的名居，曾經揚名世界的他們，曾讓舊金山發光發亮。

傑克倫敦的家和傑佛遜飛機的家，都對著綠色的公園，可以想見打開窗時，都是一片綠意景觀很美的房子。裘普林的家是紫色的，細緻的雕花很女性。死之華的家在幽僻的巷弄中，這兩處離嬉皮街不遠，走路就可到，前兩處傑克倫敦和傑佛遜飛機的家，則比較遠些。

嬉皮街上留有他們住過的痕跡，就成了觀光客追星的潮點了。

死之華的家
710 Ashbury Street

裘普林的家
112 Lyon Street

傑佛遜飛機的家
2400 Fulton Street

傑克倫敦的家
737 Buena Vista West

↑「六姊妹」是舊金山的象徵之一

🦶 6棟夢幻維多利亞屋

亞拉摩廣場
Alamo Square

📧 位於Steiner、Hayes、Fulton、Scott Street 之間

➡ 可搭5、21、22、24號公車(在嬉皮街Haight和 Clayton Street交口搭71號公車,在Haight和 Pierce Street下,走路9分鐘可到達)

🗺 P.162

廣場最有名的是「六姊妹」(Six sisters)風景,位在Steiner Street上710～720號6棟維多利亞房屋(靠近Hayes交叉口),因為夢幻的色彩,

已經變成舊金山的註冊商標。

6棟一整排,像孿生姊妹的維多利亞屋,又有「Painted Lady」之稱。據說以小說《紫色姊妹花》(The Color Purple)得到過普立茲獎(Pulitzer Prize)的美國名作家Alice Walker,曾經在1990年代住在其中一棟。

旅行小抄

壁畫塗鴉

嬉皮街上有許多零星的塗鴉，以無政府主義書店(Anarchist Collective Bookstore)旁的壁畫最有名。1976年開始，這間書店就以自由、批判的風氣，符合嬉皮的精神。店旁一整面牆的大壁畫，在2006年於藝術家Susan Greene的改畫下，有了新的人物

與面貌，壁畫中寫著：「History Remembers 2 kinds of People：those who Murder and those who Fight Back，歷史記得兩種人：一種是謀殺者，一種是反擊者。」畫裡都是美國歷史上的無政府主義者，包括19世紀的女性主義者Emma Goldman、Voltairine de Cleyre、Alexander Berkman、Sacco and Vanzetti、Albert and Lucy Parsons、Brad Will等等，看你找得到誰？

無政府主義書店(Bound Together Anarchist Collective Bookstore)
✉ 1369 Haight Street　📞 (415)4318355
🌐 boundtogetherbooks.wordpress.com
➡ 可搭Muni 33、37、43、71號
🗺 P.162

嬉皮風格的代表

紅色維多利亞旅館
Red Victorian Bed, Breakfast & Art

✉ 1665 Haight Street
📞 (415)8641978
🌐 www.redvic.com
➡ 可搭6、7、24、33、71號公車
🗺 P.162

外表是一棟紅色的維多利亞房屋，建於1904年的優雅建築，卻是緬懷1960年嬉皮運動的聖地，這個嬉皮街上的旅館，房間的擺設都是根據60年代嬉皮的風格所設計的。

每個房間根據名稱有不同的風情與設計，沒有把它放在旅館單元當作一般的旅館來介紹，是因為這裡已經成為嬉皮風格的代表，也是嬉皮街上許多維多利亞房屋之中，最出名的一間。

紅色的建築外觀

1樓的和平咖啡

如何欣賞維多利亞房屋

嬉皮街上可以欣賞到許多美麗的維多利亞房屋(Victoria House)，這些歷經1906年舊金山大地震，遺留下來18世紀、19世紀的老房子，因為特殊的建築風格，而成為舊金山的特色之一。

想了解嬉皮街的維多利亞屋，可參加嬉皮街的徒步旅行團(Haight Ashbury Flower Power Walking Tour)，在兩小時的徒步行程中，了解嬉皮街的歷史及這裡維多利亞式的建築。另有維多利亞屋徒步旅行團(Victorian Home Walk)，走訪Pacific Heights和Cow Hollow間的200棟房子，須電話預約。

嬉皮街的徒步旅行團(Haight Ashbury Flower Power Walking Tour)

✉ 在Stanyan和Waller Street交叉口集合　　📞 (415)5538542
🕐 週二、六10:30，週五14:00　　💲 $20
🔗 victorianhomewalk.com

維多利亞屋徒步旅行團(Victorian Home Walk)

📞 (415)2529485　　💲 $25　　🔗 www.victorianwalk.com

都是使用木頭建築，最常用的是紅木、松木、杉木等等

突出的窗戶，讓室內變得更明亮，三角形的假窗，再加上外表常有精緻的雕花，看起來很古典

外表常常漆上各種不同美麗的顏色。每棟都不一樣，非常有特色

多建於18、19世紀。房子一般寬度小於30英尺，深度多為100英尺左右

4種最常見的維多利亞屋形式

形式	歌德復興式 Gothic Revival Houses	義大利式 Italianate Style	棒棒屋 Stick	安女王式 Queen Anne Victorians
圖片				
建造期間	1850~1880	1860~1885	1860~1890	1875~1905
特色	窗戶上方是三角形，和有紋飾的屋簷板。	平頂和挑高的屋簷，突出半六角形的窗戶。	假的三角形屋頂，窗戶是凸窗、窄長方形。	圓形的塔頂，有魚鱗的裝飾。
代表作	1111 Oak Street	The Red Victorian Hotel(見165頁)。	1057 Steiner Street，舊金山最多的一型。	Haas-Lilienthal House(見220頁)。

深度特寫

野性的呼喚，遇見100%的傑克‧倫敦

傑克‧倫敦國家紀念公園
Jack London State Historic Park

✉ 2400 London Ranch Rd, Glen Ellen, CA 95442

☎ (707)938-5216

http www.jacklondonpark.com

傑克‧倫敦的墓園

美國的一代文豪傑克‧倫敦(Jack London)，曾經待過嬉皮街上一段時間(見163頁)，如果喜歡傑克‧倫敦(Jack London)的朋友，還可以這樣玩，保證你會有更深入的感受。創作過150多篇短篇小說，19篇長篇小說的他，以世界名著《野性的呼喚》、《白牙》、《海狼》等，躍登為一代文豪。而他傳奇的一生，就是在這兒畫下句點的。

在舊金山北邊的索挪瑪山谷(Sonoma Valley)附近，有一座他的紀念公園，在這裡，你可以看見他死前的故居，他夢想最後卻燒掉的莊園「狼屋」，甚至他埋葬的墳墓。當車子進入傑克‧倫敦國家紀念公園(Jack London State Historic Park)之後，只要爬一小段山坡，就能看見一處開闊的農莊，這裡便是傑克‧倫敦晚年及辭世的地方。

一個可愛的木屋稱作「Cottage」，原本是他晚年和太太居住的房屋，現在則變成了一個小小的博物館。走進小木屋(Cottage)，可以實際參觀到整間屋子，一進門會看見給賓客住的客房，接著是掛滿鹿頭的長廊，還有他妻子的臥房，以及傑克‧倫敦逝世的房間。

傑克‧倫敦於1916年11月22日死於這間屋子，卻心繫於另一間屋子，原來，他先前的夢想，是要在另一處山頭，蓋一座能流傳千年的大宅，這座大宅要有4層樓那麼高，光賓客的客房就要有27間之多，他稱這座夢想的大宅子為Wolf House(狼屋)。

這座狼屋最後真的建了起來，卻在傑克‧倫敦搬進去住的前一個月，因大火而燒為灰燼。夢想的狼屋被毀，傷心的傑克‧倫敦只好搬回這座小木屋(Cottage)來住，但心頭仍希望著，要趕快再賺錢存錢，希望有朝一日再重建狼屋，只是衰弱的身體，再也等不到那一天。

最後死於小木屋的傑克‧倫敦，想必死前，心中仍是充滿著遺憾啊！傳說中的他，是因尿毒症或麻醉藥過量而死，死時年僅40歲。

如今已成廢墟一片的狼屋(攝影/葉能凱)

美食餐廳

▎加勒比海熱帶風情

Cha Cha Cha
（恰恰恰）

✉ 1801 Haight Street
☎ (415)3867670
🕐 午餐11:30～16:00，晚餐17:00～23:00，週五、六延長至23:30
💲 $20
🌐 www.cha3.com
➡ 可搭6、7、33、43、71號公車
🗺 P.162

　　位在嬉皮街與金門公園的街口處，是嬉皮街上較有特色的一間餐廳。

　　口味又酸又辣，絕對是你平常吃不到的，標榜加勒比海、古巴式的菜肴，Tapa是它的重頭戲，無論是烤Calamari，還是辣椒蝦Chili-Spiked Shrimp都有名氣，尤其是它的Cajun Shrimp最多人推薦。口味雖然有點不習慣，但是一走進餐廳，就覺得氣氛值得了。

　　古巴式的裝潢氣氛，在窗邊一席綠意中，抬頭仰望華麗的西班牙式的祭壇，裝飾藝術的熱鬧，讓你有如置身在加勒比海熱帶的感覺。

味道酸酸的海鮮冷盤

舊金山四大咖啡小天王

*R*itual Coffee Roasters
（Ritual咖啡店）

✉ 1300 Haight St
☎ (415)8650929
🕐 週一～五06:30～19:00，週末07:00～19:00
🌐 ritualroasters.com
🗺 P.162

位在美景公園的斜對面，眼前是一片綠色，在純潔白色小屋的Ritual咖啡店裡從透明玻璃往外望，肆無忌憚地陽光揮灑，比起它在Mission區的老店，這間年輕的Ritual新店，更顯得活力盎然。

位居舊金山四大咖啡天王之一（32頁），雖然一向各有各咖啡迷的山頭，曾經試過Mission街區的Ritual Coffee老店，卻讓我感到略微失望，這家新開的第五間分店卻替Ritual Coffee在我心中扳回了一城。

「嗯，真的不錯喝耶！好順的咖啡口感。」眼裡望著由Lizzie Wallack設計的新空間，挑高的屋頂、窗明几淨的透亮、紅色包裝的咖啡豆襯著白背景，更顯得摩登和突出，忍不住買了好幾包咖啡豆回去做伴手禮，早晨到這裡來杯好咖啡，已經成為逛嬉皮街區最幸福的一件事了。

購物名店

領略道地的叛逆

*H*aight Ashbury Tattoo and Piercing
（嬉皮街刺青藝術）

✉ 1525 Haight Street
☎ (415)4312218　🕐 12:00～19:00
🌐 haightashburytattooandpiercing.com
➡ 可搭6、7、71號公車
🗺 P.162

不管你喜不喜歡刺青藝術，這裡倒是可以讓你領略一下嬉皮街上的叛逆風情。當你站在它的圖書區，裡頭收藏有來自全世界齊全的刺青雜誌或是書籍，尤其是翻書的同時，還會聽到後面刺青機器吱吱操作的聲音，再加上客

人的哀痛聲，真是超級臨場感。

店裡有時還會請來世界知名的刺青藝術家，在某些特定的日子裡，讓你領略到大師風範。

二手衣店淘寶樂

嬉皮街上有不少流行的潮店，尤其是裡頭的潮T，一件比一件搞怪，讓人噴飯莞爾；如果來到Piedmont boutique的門前，招牌上一雙大腿橫陳，絕對會吸引你的目光，這裡頭全是性感、Party裡的亮麗行頭，許多搖滾明星都喜歡在這裡買東西，甚至是訂做服裝呢！

除了販賣新貨的潮店之外，嬉皮街上最特別的，就是它有無數的骨董衣店和二手衣店了，秉持著過去的嬉皮，喜歡骨董衣，迷戀骨董衣的時尚精神，嬉皮街上的二手衣店相當迷人，這裡是撈寶和尋找骨董衣的桃花源，不妨來逛逛碰碰運氣。

這裡有名的二手衣店，有一家叫「荒地」（Wasteland），是本地搖滾明星最愛光顧的二手衣店了，裡頭除了少量的新衣之外，其餘的，都是有形有款的二手衣。另一家有名的二手衣店是「Buffalo Exchange」，創立於1974年，算是美國蠻早的一家二手衣店，目前在全美擁有多家分店。

二手衣店賣衣祕訣大公開

玩家交流

別以為二手衣店只是賣舊衣,它們也收購別人的舊衣服,曾經來過這兒的二手衣店賣過衣服,沒想到審查還相當嚴格,沒有特別的款式,它們可是不收的呢!

如果真的賣成的話,它們一般的交易守則是,賣方可得買方給價的35%現金,或是給價的50% store credit,意思是如果店家願意出10元跟你買,你可以拿回現金3.5元,或是選擇拿5元的商店信用,用這5塊錢在店裡換商品。

以下是我的賣衣心得:

1. 不是100%的舊衣服都賣得出去,店家有選擇的權利。

2. 注意季節性;別在夏天賣大衣、冬天賣泳衣,根據季節賣舊衣,店家較能接受。尤其是換季前夕,對下一季衣物的需求量較大。

3. 整理到最好的狀況;衣物要先清洗、整燙,用衣架掛起,塑膠套包好,整理到最好的狀況,賣相越好。

4. 觀察店喜好;觀察一下每家店的貨品特色,例如有的較年輕,有的較嬉皮風,有的大膽時髦,掌握店家的口味,知己知彼百賣百勝。

Piedmont Boutique
✉ 1452 Haight Street
☎ (415)8648075
http www.piedmontboutique.com
MAP P.162

Wasteland
✉ 1660 Haight Street
☎ (415)8633150
http www.shopwasteland.com
MAP P.162

Buffalo Exchange
✉ 1555 Haight Street
☎ (415)4317733
http www.buffaloexchange.com
MAP P.162

市政中心、日本城周邊
Civic Center, Japan Town & Around

照片提供／Got Light and Blueprint Studios, courtesy San Francisco City Hall／Beto Lopez(舊金山旅遊局)

晚上請注意安全

入夜之後，流浪漢開始悄悄地聚集，由於這裡靠近舊金山治安較不好的區域Tenderloin，因此要比較小心。

曾在這兒入夜後被遊民包圍的真實經驗。那一次，因為錯過了Bart的最後一班車，一個人落單走在Market和8街的交叉口附近，結果一大堆的流浪漢可嚇壞了我，最後還是由警察護送到旅館才落幕，不過，黑暗和光明往往只是正反兩面，儘管入夜治安不佳，但這一區卻又擁有著舊金山最棒的演奏廳、歌劇院及藝術表演場地，因此，入夜來看秀是值得的，但要先安排好回程的交通及路線。

市政廳金碧輝煌的藝術圓頂，閃爍在藍天下褶褶生輝，到處都是巴黎文藝風格的建築，豪華的花崗岩，古典的雕塑、如茵的綠地，別以為你是來到了巴黎，還是雅典的神廟，這裡，反而是政客們的辦公室，政治角力的鬥場。可能是舊金山最有歐洲味道的一區了，原因是來自於四周新古典藝術(Beaux Arts)的建築。1906年舊金山大地震，震毀了大部分的區塊，重建後的它反而變成了雅緻而古典的建築群像，也代表著當年新古典藝術風格大受歡迎的程度。

亞洲藝術博物館

這裡是舊金山政治權力的中心，市政中心(City Hall)是市長辦公的地方，United Nations Plaza裡的農夫市場人聲頂沸，一旁的亞洲藝術博物館，更添幾許人文的氣質，一路散步，會讓你有漫步在歐洲的錯覺。

距離市政中心約20分鐘車程的日本城(Japantown)，則是日本移民的生活重心，兩區可以連起來一起遊覽，或從聯合廣場搭公車38路，直達日本城遊覽也行。

日本城

市政中心、日本城周邊地圖

Taylor St.
Jones St.
Ellis St.
Leavenworth St.
Eddy St.
Hyde St.
Larkin St.
Polk St.
Van Ness Ave.
Franklin St.
Gough St.

日本城
Ellis St.
Ellis St.
Eddy St.

Hostelling International SF City Center

Eddy St.
Turk St.
Eddy St.
Turk St.
Turk St.
Golden Gate Ave.
Golden Gate Ave.
Golden Gate Ave.

Larkin St.
Hyde St.

McAllister St.
聯合國廣場
Market St.
Stevenson St.

退伍軍人館
大戰紀念歌劇院
路易斯戴維斯交響樂廳

McAllister St.
McAllister St.
Fulton St.
Grove St.

亞洲藝術博物館
舊金山總圖書館
市政廳
Café Asia
Orpheum Theatre
Bart & Muni Civic Center車站

7th St.
8th St.
Mission St.
Grove St.
Hayes St.

Hayes Street
SFJAZZ Center

Hayes St.
Fell St.
Fell St.
Market St.
9th St.
10th St.
Howard St.

Gough St.
Franklin St.
Laguna St.

N

Oak St.
S Van Ness Ave.
Mission St.
Howard St.
Folsom St.

一日遊玩精華版

早上

逛農夫市場(週三、日)、參觀舊金山總圖書館

午餐 🚶 20分鐘

Café Asia

下午

🚶 10分鐘　　　🚌 20分鐘／🚶 30分鐘　　　🚌 15~30分鐘

| 參觀亞洲藝術博物館或遊覽其他景點 | Hayes Street逛街 | 或轉往日本城、聯合廣場、金融區、SOMA區、Castro Street遊覽 |

🚶 20分鐘　　　🚌 20分鐘／🚶 30分鐘　　　🚌 15~30分鐘

夜生活

• Orpheum Theatre觀賞百老匯歌劇
• 或欣賞舊金山歌劇團、舊金山芭蕾舞團、舊金山交響樂的演出

★行程悄悄話

Market Street是舊金山最重要的大街，這裡就位在Market和8街交口的附近，因此，沿著Market Street坐骨董街車F號，往上可以到達聯合廣場、SOMA區、金融區，甚至到漁人碼頭，往下則可以到達Castro Street，你可以多加利用。

熱門景點

🔍 見證無數劃時代的歷史時刻

市政廳

Civic Hall

✉ 1 Dr. Carlton B. Goodlett Place
📞 311或(415)5544933
🕐 週一～五08:00～20:00
🌐 www.sfgov.org
➡ 可搭6、7、21、47、49、F、J、K、M、N號公車；或搭Bart至Civic Center站
🗺 P.174

金光閃閃的圓頂，有如羅馬的大教堂，身高307英尺6英吋，甚至比華盛頓的國會大廈還高。古典又優雅的建築風格，是出自建築師Arthur Brown Jr.之手，他同時也是Coit Tower和the War Memorial Opera House的設計師。

原建築毀於大地震，重建於1915年，雕梁畫棟、氣派古典，是典型法國文藝復興風格的代表，呼應著周遭建築的歐式風格，宛如走在巴黎的浪漫街頭。

稱為市政中心(Civic Center)的它，前面是一片綠地，綠草如茵，還有兒童遊玩的遊戲設施，這裡也是民眾抗議的聚集地。

來拍照的那天，市政中心豎起

市政廳前的抗議人形立牌

了數百個人形立牌，遠看就像千千萬萬的孩子們聚集，仔細一看，原來是為舊金山的貧窮孩童請命，站在數百個人形立牌前拍市政廳，看起來非常壯觀，就連抗議都別具巧思。

1954年，瑪麗蓮夢露和Joe DiMaggio在這裡舉行婚禮。1960年，這裡聚集著言論自由運動的抗議者，1978年，Dan White在這裡槍殺了舊金山市長與同志監察委員Harvey Milk而震驚了全世界。2004年，數千對的同志戀人牽手來到這裡，呼應舊金山市長Gavin Newsom決定頒發的同性戀結婚證書……。市政廳撰寫著舊金山的歷史，也肩負著民意基礎與劃時代的意義。

在舊金山大地震中遭到毀壞的市政廳

旅行小抄

City Hall Public Tour

每週一～五的10:00、12:00和14:00，有專人講解的市政廳導覽團，行程約45分鐘～1小時，要先電話預約，或是在位於Goodlett Place Lobby樓梯旁的Docent Tour Kiosk登記也可。

City Hall Public Tour
📞 (415)5546139

超過一百多萬冊的藏書

舊金山總圖書館
San Francisco Public Library

✉ 100 Larkin Street
☎ (415)5574400
🕐 週二～四09:00～20:00，週五延長至12:00～18:00，週一、六10:00～18:00，週日12:00～17:00
💲 免費
🌐 sfpl.lib.ca.us
➡ 可搭5、6、7、21、31、71、J、K、L、M、N、F號公車；或搭Bart至Civic Center站
🗺 P.174

舊金山史料中心
休 週一休展

愛書人一定會愛死這個圖書館，不僅僅是因為它是免費的，也不僅僅是它那窗明几淨、開架式閱讀的自由自在，而是它那Beaux arts的建築美學。

還記得1998年的一部電影《X情人》(City of Angels)嗎？這部改編自溫德斯電影《慾望之翼》的愛情小品，由梅格萊恩和尼可拉斯凱吉主演，就曾經以它為背景。

圖書館的入口，有一些關於舊金山早期歷史的文物櫥窗展覽，

走進圖書館，圓弧形的透明屋頂，導入溫暖的陽光，美輪美奐的氣息，讓你屏息。

1996年開幕，樓高6層，還有一個地下室，占地超過37萬6千平方英尺，氣勢磅礡，這裡超過一百多萬冊的藏書，再加上300個電腦站，一千一百多個私人電腦座，無不叫書蟲口水直流。

6樓的天空之光藝廊(Skyline Gallery)和舊金山史料中心(SF History Center)，會不定時舉辦各種展覽。5樓有紐約藝術家Alice Aycock的巨型雕塑，3樓的同志文化中心(Gay & Lesbian Center)的屋頂壁畫，是來自Mark Evans和Charley Brown的藝術創作，2樓的壁紙是用舊的目錄卡製成的，這是藝術家Ann Chamberlain邀請了兩百多位舊金山人所寫下的評論，1樓入口旁有舊書中心，只要美金$1元，就可以買到好書，環保又實惠，地下1樓則是附設咖啡座，提供簡餐及飲料。

開放式的書架，想看什麼就看什麼

🎋 西半球最大的亞洲博物館

亞洲藝術博物館

Asia Art Museum

- ✉ 200 Larkin Street
- ☎ (415)5813500
- ⏰ 週二～日10:00～17:00，2月～9月週四延長至21:00
- 🚫 週一
- 💲 $15，每月第一個週日免費
- http www.asianart.org
- ➡ 可搭5、6、7、16、19、21、47、49、66、71、F號公車；或搭Bart至Civic Center站
- MAP P.174

雖然規模不能跟我們的故宮比，但也是西半球最大的亞洲博物館了，典藏1萬7千多件的亞洲藝術作品，從中國、日本、印度、尼泊爾，甚至到中東的巴基斯坦等，從繪畫、瓷器、雕塑到家具……，包羅萬象的蒐藏，好像是亞洲藝術的精華遊，如果很好奇老外是如何來呈現我們中國藝術的，就不妨走進來看看。

建於1966年的它，原位於金門公園，在2003年搬到現在的地點。展覽樓層共分3層，重點的展覽作品都放在2樓及3樓，觀賞路線先從3樓開始，這裡的中國菩薩藝術(Chinese Buddhist Art)最具特色，尤其一尊AD 336年的菩薩雕像，相傳是世界上最早的菩薩雕像之一，2樓有中國的繪畫，及日本、韓國的藝術展，1樓是特展區，隨時變化主題。

這裡的博物館咖啡Café Asia(182頁)，狹長型的露天咖啡座，剛好擁有欣賞市政廳的美麗視野，值得來坐一坐。

177

人聲沸騰的農夫市場

🎷 週三週日有氣質地逛菜市場

聯合國廣場
United Nations Plaza

📧 Fulton、Hyde和Market Street包圍的三角地帶

➡️ 可搭5、6、7、16、19、21、47、49、66、71、F號公車；或搭Bart至Civic Center站

🗺️ P.174

　　為了紀念1945年簽訂聯合國憲章而建的廣場，每週三及週日08:00～17:00有農夫市場，很值得來逛逛。加州新鮮的蔬果擺滿了攤子，街頭藝人的歌聲，讓你覺得怎麼買菜都這麼有氣質，在古典的雕像下逛菜市場，感覺真的不一樣。

🎵 精采的古典歌劇

大戰紀念歌劇院
War Memorial Opera House

- ✉ 301 Van Ness Ave.
- ☎ (415)6216600
- http www.sfwmpac.org
- ➡ 可搭5、21、47、49、F號公車；或搭Bart至 Civic Center站
- MAP P.174

San Francisco Opera Box Office
- ☎ (415)8643330
- http sfopera.com

San Francisco Ballet Box Office
- ☎ (415)8652000
- http www.sfballet.org

建於1932年，和市政廳一樣，同樣是出自建築師Arthur Brown的設計，原來是為紀念第一次世界大戰的參戰士兵而建的，現在則是舊金山歌劇團(San Francisco Opera)和舊金山芭蕾舞團(San Francisco Ballet)的演出場地。

每年的5～6月、9～12月是舊金山歌劇團的表演季，可以在這裡看到精采的古典歌劇演出。12月聖誕節，由舊金山芭蕾舞團演出的「胡桃鉗」(Nutcracker)，是最傳統應景的表演戲碼，大多在12月的第三週演出，而它的售票處和演出地點就在這裡。

🎵 紀念第一次世界大戰參戰士兵

退伍軍人館
War Memorial Veterans Building

- ✉ 401 Van Ness Ave.
- ☎ (415)6216600
- http www.sfwmpac.org
- ➡ 可搭5、21、47、49、F號公車；或搭Bart至 Civic Center站
- MAP P.174

San Francisco Arts Commission Gallery
- ☎ (415)2522100
- ⏰ 週二～六11:00～18:00

和大戰紀念歌劇院同樣建於1932年，也同為紀念第一次世界大戰參戰士兵而建。

1～3樓是擁有916個座位的赫比斯特劇院(Herbst Theatre)，1樓尚有舊金山藝術藝廊(San Francisco Arts Commission Gallery)，2樓是Green Room，原在4樓的表演藝術博物館The Museum of Performance + Design，已移址至SOMA區。

路易斯戴維斯交響樂廳
Louise M Davies Symphony Hall

✉ 201 Van Ness Ave.
☎ (415)5528000
🌐 www.sfwmpac.org
➡ 可搭5、21、47、49、F號公車；或搭Bart至
　Civic Center站
🗺 P.174

San Francisco Symphony Box Office
✉ Grove Street(Van Ness Avenue 和 Franklin
　Street之間)
☎ (415)8646000
🌐 www.sfsymphony.org

　　建於1980年，這裡是舊金山交響樂團的家，每年9月～隔年5月是它的演出季，若有機會，不妨在這個氣勢磅礴的音樂廳裡欣賞交響樂的演出。

　　這是來自建築師Skidmore、Owings和Merrill的設計，圓形玻璃帷幕的建築，看起來非常現代，擁有2,750個座位的演奏廳，東南側的包廂，透過玻璃帷幕，還可以看見外面的風景。建築物門口，位在Van Ness Avenue和Grove Street的雕塑，是來自Henry Moore的藝術作品。

🐦 來場日本歷史徒步之旅

日本城

Japantown

✉ Geary Blvd、Laguna、Sutter、Fillmore Street圍起來的區域

📞 (415)9226776

🌐 www.sfjapantown.org

➡ 可搭2、3、4、22、38號公車（從市政中心搭公車5或31號再走8～12分鐘可到達日本城）

🗺 P.174

和平塔 The Peace Pagoda

✉ 位於Laguna Street和Fillmore Street之間的 Geary Blvd.上

對於去過日本的人來說，這裡只能算是小巫見大巫了。這個小小的區塊，有著註冊商標和平塔(The Peace Pagoda)，還有著Konko Kyo神社、歌舞技電影院(AMC Kabuki 8 Theatres)、韋伯斯特橋(Webster Bridge)、無數的拉麵店及日式的商場等等。

相傳第一批來到舊金山的日本人被稱為Soko，他們在1860年代來到舊金山，當時是居住在中國城一帶。1906年大地震後，他們開始移居到在日本城周圍的西餘區(Western Addition)附近，目前約有一萬兩千多名日本移民居住在舊金山。

每年4～5月舉辦的舊金山國際影展(San Francisco International Film Festival)，就是在這裡的歌舞技電影院舉行的(詳見282頁)，屆時

高5層樓，達100英尺，樓層是奇數，在日本為吉祥之意

由日本政府捐贈

和平塔是日本建築大師Yoshiro Taniguchi的作品

你可以看到來自世界各地的精華好片。而每年4月舉行的「日本櫻花季」(Cherry Blossom Festival)(見282頁)，將是日本城的最高潮，屆時會有遊行、鼓手、花道、茶道等表演活動等等。

真像到了日本呀

戶外滿眼的綠意

Café Asia
（亞洲博物館咖啡）

- ✉ 200 Larkin Street
- ☎ (415)5813630
- ⏰ 週四10:00～19:30、其他時間10:00～16:30
- 休 週一
- $ $10～20
- ➡ 可搭5、6、7、21、31、71、J、K、L、M、N、F號公車；或搭Bart至 Civic Center站
- MAP P.174

　　這裡最讓人喜愛的是它那2樓戶外的露天座椅，在一片大樹與草地的環繞下，滿眼的綠意，抬起頭就可以眺望遠方市政廳氣派雄偉的身影，所以陽光艷艷的好天，一定要坐到戶外來，美景加菜，滋味不凡。

　　菜色融合著東方食物的特色，除了簡單的沙拉、三明治之外，也可以吃到一些中式的炒麵、炒飯，甚至像我這次點的豆腐山，雖然滋味不中不西，感覺很奇怪，但是看在它多給的好處，就覺得更開心了。

　　原來，這個餐廳是亞洲藝術博物館附屬的餐廳，如果要吃這家餐廳，只要到櫃檯拿取貼紙（Sticker）即可，不用買票進博物館，雖然不知道可不可以逛到博物館的2、3樓，但是用餐之餘順便逛了一下博物館的1樓倒是真的，這個算是意外的收穫呢！

↙豆腐山融合了東西方的特色

購物名店

▌舊金山的潮街

Hayes Street(海斯街)

- ✉ 以Gough和Laguna Street間的Hayes Street最熱鬧
- http www.hayesvalleyshop.com
- ➡ 可搭6、7、21、71號公車　　　MAP P.174

逛完市政中心,如果還有時間,不妨走一小段路,到達海斯街(Hayes Street)去逛街。這一條舊金山的潮街,原則上可以分成東、西兩部分,西邊靠近Alamo Square,東邊的海斯街則靠近市政中心附近。

這條街上的時髦商店,總是能讓人找到一些鮮貨和潮物,除了流行的衣物外,還有新穎的家飾用品、手工藝品、鞋款,甚至是餐廳、咖啡廳等等。

街上幾乎沒有什麼大牌子,但風格獨特的小店,自我風格強烈,非常有個性,可以讓你找到與眾不同的年輕潮貨。

夜生活

▌舊金山3大音樂劇場之一

*O*rpheum Theatre
(歐芬劇場)

- ✉ 1192 Market Street　　☎ (415)5512000
- http www.shnsf.com
- ➡ 可搭9、26、J、K、L、M、N、F號公車;或搭Bart至Civic Center站
- MAP P.174

和Curran Theatre(69頁)、Golden Gate Theatre同為舊金山3大音樂劇的表演劇場,上演許多百老匯的歌劇。其拱型天花板是12世紀法國天主教堂的建築精華,1988年曾花費美金2千萬大整修。

▌爵士樂的表演殿堂

*S*FJAZZ Center
(舊金山爵士表演中心)

- ✉ 201 Franklin Street　　☎ (866)9205299
- http sfjazz.org
- ➡ 可搭5、6、16X、21、47、49、71、71L、90路公車可到;或坐Bart在Civic Center站下
- MAP P.174

2013年1月揭幕的它,是全美首座為爵士樂表演專設的表演廳,也是美國一流的爵士樂隊SFJAZZ Collective的常駐地,設有七百多個座位的音樂廳,音響效果非常棒。

金門公園
Golden Gate Park

想一想，橫跨52條街的公園，究竟有多大？

來到這座蟲鳴鳥叫、綠意盎然的大公園，驚奇的不是它占地420公頃，榮膺世界上最大的城市公園的光環，而是它人定勝天的光榮歷史。

原來，你眼裡所看見的一切，都不是自然生成的，原始的它，是一片寸草不生的荒地，在1865年的時候，這片不毛之地，任誰都不敢相信，爾後它會在偉大的植物學家和景觀設計家的手裡，蛻變成一座最美麗的公園。

宛如舊金山的肺臟，假日這裡滿滿是前來慢跑、騎車、健身的人群，綿延不盡的草地、特色博物館、各種不同的植物園及花園，這裡真的是偷得浮生半日閒的好地方！

鬱金香花園

旅行小抄

這樣逛最省力

全長5公里，寬780公尺，總面積為1,040英畝的金門公園，實在大得可以，如果沒有車子，想要靠走的從東到西，一網打盡所有的景點，幾乎是不可能的任務。

建議只能趴趴走的背包客，可以坐公車44路直達加州科學館、繼而逛迪揚美術館、音樂廣場、日本茶園、植物園、莎士比亞花園、溫室花房等，接著再往西走10分鐘，可到達史拖湖，史拖湖附近有腳踏車出租，如果體力不錯，可以騎車到西邊景點遊覽，或換乘公園內的遊園巴士(Golden Gate Park Shuttle)，直接到西區各點。

除44路公車外，尚有N、5、21、71號的公車，到達金門公園，可以上網到www.501.org，打入你的上車及下車地點，即可快速找到公車的搭乘路線。

金門公園遊園巴士
Golden Gate Park Shuttle

🚌 從東邊的McLaren Lodge到西邊的Beach Chalet，共有15個站(見186頁地圖)，園內知名的景點都有停靠站。

🕐 每15～20分鐘一班
(09:00～18:00)

💲 免費，只行駛於週末及假日

http www.golden-gate-park.com/golden-gate-park-shuttle.html

旅行小抄

省很大

時間	地點
週一、三、五 09:00～10:00免費	日本茶園
每月的第一個週二 免費	溫室花房 迪楊博物館

迪楊博物館門票，同天入加州榮民堂(Legion of Honor)免費，加州科學館憑Muni車票入場減$3元

公園徒步導覽團
(Docent-led walking tours)
📞 (415)6611366
🌐 www.sfbotanicalgarden.org/visit/docent-led-tours.html

一日遊玩精華版

早上
- 逛溫室花房
- 逛加州科學館

午餐　　🚶 20分鐘
- 加州科學館內用餐
- 或坐在音樂廣場野餐

下午
🚶 15分鐘　　🚶 20分鐘　　🚌 20～30分鐘

| 逛迪楊美術館及其他東側相關景點 | 史托湖划船或租單車遊公園 | 或搭遊園公車到達西側景點遊覽 |

🚶 15分鐘　　🚶 20分鐘　　🚌 20～30分鐘

下午茶
日本茶園喝茶

晚餐　　🚌 25～40分鐘
- 懸崖屋餐廳
- 或Beach Chalet Restaurant(餐廳最好都在日落前到達，這樣可以欣賞到美麗的太平洋落日)

★行程悄悄話　　公園實在大得可以，精華景點位在東邊，公車44號剛好到達精華地區。中間景點可搭公車28、29到達史托湖附近。西邊景點靠海，18號公車延海岸線行駛，可以幫你連接公園西側到懸崖屋附近。絕對不要妄想從東走到西，那是超乎你想像的大。

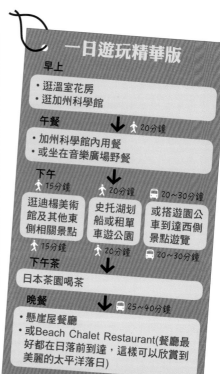

熱門景點

最夯的美國油畫博物館

迪楊博物館

De Young Museum

- ✉ 50 Hagiwara Tea Garden Dr.
- ☎ (415)7503600
- ⏰ 週二～日09:30～17:15，週五至20:45(1月中～11月)
- 💲 $15，每月第一個週二免費，憑門票同日進Legion of Honor免費
- ➡ 可搭5、44、N號公車
- MAP P.187

Observation Room擁有可以俯瞰的公園美景

起源於1895年的迪楊博物館，原是來自於《舊金山紀事報》出版商迪楊(M. H. de Young)的私人收藏，1919年博物館奠基於金門公園內，結果因為1989年地震的損傷，博物館重新改裝，於2005年10月重新開幕。

新落成的博物館，外觀像個扭頭的少女，來自赫赫有名的瑞士建築大師Jacques Herzog和Pierre de Meuron，他們同時也是北京奧運鳥巢的建築設計者，另一個博物館的設計群則為舊金山的Fong & Chan Architects，其為亞裔的後代，所以這裡也可謂亞裔之光囉！

最值得探訪的是，高約9層樓的Observation Room，可以免費登高俯瞰整個金門公園的美麗景致。館內的收藏包括有美洲、非洲及大洋洲的藝術品。其中最值得欣賞的是美國油畫，這裡有超過1,000幅美國油畫，描繪著美國殖民地時代到20世紀中期的美國藝術，可謂美國油畫最夯的博物館。

🕯西半球最古老的溫室花房

溫室花房
Conservatory of Flowers

✉ 100 John F. Kennedy Drive，Golden Gate Park

📞 (415)8312090

🕐 週二～日10:00～16:30　　休 週一

💲 $8；每月第一個週二免費

http www.conservatoryofflowers.org

➡ 可搭5、7、21、33、44、71、N號公車

MAP P.187

　　這棟美麗的維多利亞式的玻璃花房，高齡130多歲，建於1879年，是公園裡最古老的一棟建築，也是西半球最長壽的溫室花房。1995年因為颱風吹損，曾經暫時關閉，當時花了美金2,500萬整修，重新開幕後更令人耳目一新。

　　室內植物高達1,700多種，從遙遠的剛果、菲律賓、到赤道植物什麼都有，花房前綠草如茵，這個20英畝大的花園Rhododendron Dell，花團錦簇，是你野餐、晒太陽、玩飛盤的好地方。

旅行小抄

花痴遊公園

如果你愛花成痴，隨著開花的季節，公園裡花木扶疏，絕對可以讓你看個過癮。每年2～5月是杜鵑花的季節，鬱金香則在2～4月，綻放在鬱金香花園(Queen Wilhemina Tulip Garden)，玫瑰多在5月初盛開在莎士比亞花園內，4月則是櫻花盛開在日本茶園的季節。

知 識 充 電 站

大人物不可不知

威廉赫爾 William Hammond Hall

金門公園之母，1865年身為景觀設計師的他，獨排眾議，在原來光禿禿的荒地上，蓋起了美麗的森林和湖泊。他發現在沙地上，種植植物和草地的祕密，經過數十年的培養與成長，終於蓋成了這座舉世無雙的大公園。

麥拉倫 John Mclaren

威廉赫爾辭職後，就由植物學約翰麥拉倫(John Mclaren)掌管，他不斷地擴建公園，栽種上萬種迷人的植物和花卉，公園裡有一座約翰麥拉倫小屋(John Mclaren Lodge)，曾經是他的家，園區內也有他的雕像，足見他的影響力有多深了。

加州科學館
California Academy of Sciences

✉ 55 Music Concourse Dr.
📞 (415)3798000
🕐 週一～六09:30～17:00，週日11:00～17:00
💲 $34.95
http www.calacademy.org
➡ 可搭5、44、N號公車
MAP P.187

　　歷經10年、5億美元的改裝，2008年9月，這個名列世界前10大科學博物館之一的加州科學館，終於重新開幕了。

　　這個號稱為全世界唯一同時擁有水族館、天文館、高4層樓的熱帶雨林及自然生態的科學博物館，館內珍藏四萬多種的生物，共分為8大區塊，尤其是其中的1隻白色鱷魚，可謂館內的吉祥物。

　　嶄新的建築出自世界建築大師Renzo Piano之手，號稱為全世界最「綠」的建築，非常講究環保的設計，像是太陽能板發電的天花板，和類似天線寶寶場景的綠活屋頂之外，都是參觀的要點。

→↓博物館的屋頂是環保的太陽能電板

熱帶雨林
Rainforests of The World

　　排隊進入一個大球體之後，就走進了赤道雨林的世界，所有稀奇的熱帶植物、昆蟲和生物，近在眼前。走進電梯之前，服務人員要你拍拍肩膀，因為怕四處飛翔的蝴蝶，就這麼被你夾帶出境了，一定要去坐坐透明玻璃電梯，電梯從4樓直落下海底的世界，當你看見電梯的玻璃外，居然是魚群四遊，應該會和我一樣，感到嘖嘖稱奇吧！

水族館 Aquarium

　　這裡有全世界最深海的珊瑚群等著你，38,000種海洋生物向你招手，海底的玻璃隧道當然也是參觀的要點之一。

天文館 Planetarium

一定不能錯過它的Planetarium Show，180度的IMAX超大螢幕，讓你抬頭仰望星空、遨遊天際。這裡也是全世界最大的數位天文館。

綠活屋頂 The Living Roof

宛如外太空的場景，一個個的圓氣窗，好像天線寶寶活躍的大草坪。草坪上種的都是加州獨有的野生植物，2.5英畝的加州植物綿延，這也是獨樹一格的環保設計，獨特的設計讓植物在7座山丘上不會滑落，且提供了建築物良好的隔熱效果，室內溫度平均降了華氏10度。

→↑利用可以調節的圓氣窗達到控制室內溫度的效果

非洲廳 African Hall

好像進入了非洲的大草原，靜態展示的動物栩栩如生。重頭戲是活蹦亂跳的企鵝，這裡的企鵝可是一點也不怕人，試試看！雖然隔著玻璃，它還是會跟著你喔！每日還有企鵝餵食表演呢！

沼澤區 Swamp

裡頭的白鱷魚是鎮館之寶，紀念品店裡都是它的蹤影，這也是本館最道地的伴手禮之一喔！

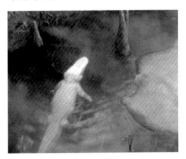

演化島 Island of Evolution

進入馬達加斯加的世界，體驗獨特的生態與演化的歷史。

氣候變遷區
Climate Change

　　全球暖化是重要的主題，說明環保與自然環境多麼息息相關，這裡的傅科鐘(Foucault Pendulum)，吊掛著240磅的青銅，隨著地球的自轉，敲擊著圓盤上的排列物，非常有特色。

博物館咖啡
Café & Moss Room

　　明亮的玻璃帷幕，大量導入自然光線，也是環保的設計之一，這裡是平價用餐的好地方，花園區也有露天餐座，不時有露天的表演，非常熱鬧。

旅行小抄

看秀經驗談

走進博物館的第一件事，應該是去天文台區拿Planetarium Show的票卡，票卡上會印出你的秀場時間，先到先拿。第一次因為太晚去，結果就錯失了這場博物館第一大秀，直到第二次，一入博物館就去拿，才能一睹為快。館內尚有多種的電影、動物餵食及秀場表演，像是昆蟲3D電影(Bugs！In 3D)、企鵝餵食(Penguin Feeding)、鱷魚傳說(Swamp Talk)等，都是大熱門。

🎨假日藝術市集的集散地

音樂廣場
Music Concourse

➡ 可搭5、44、N號公車
MAP P.187

　　原來是1900年國際展覽會的中心，如今是整座公園的心臟地帶。歐式的外觀、噴泉廣場、長椅與茂密的樹林，這裡常是假日藝術市集的集散地，也是舉辦各式音樂表演的場地，更是你野餐的首選地。

🐌 5英畝的詩意庭園

日本茶園
Japanese Tea Garden

- ✉ 75 Hagiwara Tea Garden Dr.
- 📞 (415)7521171
- 🕐 09:00～18:00(3～10月)，09:00～16:45 (11月～2月)
- 💲 $6，週一、三、五10:00進場免費
- http japaneseteagardensf.com
- ➡ 可搭5、21、44、71、N號公車
- MAP P.187

在占地5英畝的庭園內，小橋流水，彷彿走進了詩意的日本庭園。原來是來自於1894年加州冬季國際展(California Midwinter International Exposition)裡「日本村」內的模樣，後來經過日本園藝家荻原誠的不斷改進，終於確定了它的輪廓。茶園內有瀑布流水、佛像盆栽、及櫻花樹叢，

每年3、4月櫻花盛開，最值得一遊。舊金山盛行的幸運餅(Fortune Cookies)，相傳是1909年時荻原誠在此發明的，所以別忘了在茶園內的涼亭用茶，這裡有穿上和服的仕女，為你送上幸運餅及熱騰騰的茉莉花茶。

🐌 最熱門的結婚場地

莎士比亞花園
Shakespeare Garden

- ✉ Martin Luther King Jr Dr.，at Middle East Dr.
- 🕐 週二～日09:30～17:15，週五09:30～20:45
- 💲 免費
- ➡ 可搭5、21、44、71、N號公車
- MAP P.187

1928年由California Spring Blossom and Wildflower Association所設計，園中的植物、花卉都是出自大文豪莎士比亞(William Shakespeare)的詩作或是名劇之中，浪漫的花卉甬道，如今已成為最熱門的結婚場地，200種以上的植物、花卉，是情人們花前月下、談情說愛的完美見證。

裡面的花卉都是出自莎士比亞的詩作

🦆 金門公園最大的湖泊

史托湖
Stow Lake

☎ (415)75220347　　➡ 可搭28、44號公車
MAP P.187

　　碩大的金門公園共有11座湖，其中7座為人工湖，史托湖為園區中最大的湖泊，能融入五千多萬公升水的大湖，有著草莓山(Strawberry Hill)的陪襯，遠方杭亭頓瀑布(Huntington Falls)匯入湖中，風景如織，搖船於湖上非常心曠神怡。

旅 行 小 抄

你有膽量尋找White Lady的倩影嗎？

美麗的史托湖，風景如畫，搖櫓而上令人心曠神怡，但是你知道嗎？這個美麗的湖泊，卻有著一個流傳了百年的鬼故事，傳說中，一個女鬼(White Lady)出沒在這裡。

故事是這樣開始的：從前從前，一位母親推著娃娃車中的嬰兒來到了湖畔，她停下了娃娃推車，坐在湖邊的長椅上休息著，接著，來了一位女仕和她攀談，就在他們攀談時，娃娃車卻滑動了，掉進了湖裡，媽媽接著到處尋找她的孩子，到處見人就問：「Have you seen my baby？」，可憐的母親再也找不著她的孩子，傳說她最後也沈入湖底去找她的孩子去了。

從此，史托湖入夜後，就有人會遇見女鬼，問著你：「Have you seen my Baby？」，還有謠言說，只要你在深夜湖畔，大聲說：「white lady, white lady, I have your baby」3次，這個女鬼就會現身。

你敢不敢試一試呢？

金門公園─熱門景點

史托湖、鬱金香花園

史托湖搖搖樂

史托湖旁的船屋(Boathouse),有划船的出租服務,想在湖上划船,深入遊覽湖心風光,實在是一個很好的選擇。

湖心的草莓山(Strawberry Hill),是金門公園的知名景點之一,那兒高約430英尺,有美麗的瀑布,是欣賞日出、日落的好地方。

船屋有出租腳踏船(Pedal Boats)和划槳船(Row Boats)這2種。腳踏船約每小時美金$27元左右,一船最多載4個人,小孩嬰兒只要有大人陪伴,都可以上船,店家會提供救生衣,划船更允許寵物、小狗螯船。

船屋Boathouse
✉ 50 Stow Lake Dr
☎ (415)3862531
🕐 週一～四10:00~17:00,週五~日10:00~18:00(時間因季節不同,請上網查詢)
💲 $21~37/小時
http www.stowlakeboathouse.com

全家來騎腳踏船(Pedal Boats)

🌿 萬紫千紅的鬱金香

鬱金香花園
Queen Wilhelmina Tulip Garden

➡ 可搭5、18號公車
MAP P.186

好像走進了一個荷蘭的小村落,這裡的風車和花園,都是來自於1902年荷蘭皇后的禮物。春天是拜訪這兒最棒的季節,萬紫千紅的鬱金香滿地遍野,絕對是你殺底片的好地方。

萬紫千紅的美麗花圃

195

美食餐廳

無敵海景餐廳

*B*each Chalet Restaurant(海邊小屋餐廳)

✉ 1000 Great Highway
☎ (415)3868439
🕐 週日～四09:00～22:00，週五、六至23:00
💲 $20
http www.beachchalet.com
➡ 可搭18號公車
MAP P.186

位於金門公園的最西邊，瀕臨太平洋的無敵海景，在這棟由Willis Polk所設計的西班牙式的建築物裡，1樓到處是描繪著1930年代舊金山人生活的多幅巨型壁畫，這些由Lucien Labaudt所創作的壁畫，生動的刻劃出經濟蕭條時代，當地人的生活。

宛如美術館的1樓，同時也是個遊客中心，如果上到2樓，則是個看海的美麗餐廳Beach Chalet，提供早、午、晚餐，美式烹調加上無敵海景，時常人滿為患，建議最好先電話訂位。樓下1樓往後頭走，則是個半開放式的庭園餐廳Park Chalet Garden Restaurant，暖意的壁爐、開放的綠地、家庭式的溫馨，這裡提供飲料、小酒及簡餐、小點，週末早上10:00還有草坪BBQ烤肉大餐。兩個餐廳都有現場音樂表演，行前可先上網查詢。

海灣最浪漫的百年建築

Cliff House (懸崖屋眾餐廳)

✉ 1090 Point Lobos Ave.　　📞 (415)3863330

🕐 SUTRO'S：週一～六午餐11:30～15:30，週日11:00～15:30，晚餐17:00～21:30
BISTRO：週一～六09:00～21:30，週日08:30～21:30
ZINC BAR & BALCONY LOUNGE：週日～四09:00～23:00，週五、六09:00～24:00

💲 $20　　　　　　　　　　🌐 www.cliffhouse.com

➡ 可搭18號公車　　　　　　🗺 P.186

　　金門公園的西側是波光粼粼的大海，位於公園西側西北角的懸崖上，屹立著一座百年地標。

　　這裡曾經是舊金山百萬大富翁蘇特(Adolph Sutro)的屬地。1863年，蘇特在這兒蓋起了時髦的餐廳、飯店，而蔚為當時城中最In的玩點。爾後，蘇特又在附近蓋起了一座全世界最大的游泳池——蘇特游泳池(Sutro Baths)，這個擁有7座溫水游泳池的雄偉建築，在1960年遭到祝融，全部毀於一旦，如今僅是一片廢墟，而懸崖屋上的百年建築，一再翻新，成為新穎的餐廳，由於能盡覽太平洋的無限風光，而成為全城最浪漫的海灣餐廳。

　　懸崖屋(Cliff House)裡有多家餐廳，我最喜歡的是其中的Sutro餐廳，高級精緻的菜色，品嘗了多次，都非常滿意。樓高3層的透明玻璃，流瀉出動人的海景，餐廳中央的人形模特兒，穿著寫著Sutro Baths的泳衣，加上牆壁上滿是歷史的珍貴圖片，任誰都抹不去這兒曾有的風光。

　　另一個Bistro餐廳，在每週五19:00～23:00有爵士樂演奏，供應早、午及晚餐，這裡的海鮮濃湯(Clam Chowder)曾經得過獎，還有它的海鮮蛋捲(Seafood Omelets)都頗富盛名。

ZINC BAR & BALCONY LOUNGE裡則有美酒及咖啡，讓你欣賞旖旎海景，永不厭倦。

金融區、恩巴卡德羅中心
Financial District、
Embarcadero

到 紐約觀光，如果想去華爾街，那麼來到舊金山，就不能錯過「金融區」了。

這兒有舊金山最具特色的摩天大樓；從一百多年前充滿羅馬式古典風格的第一座鋼骨結構摩天大樓，到現代感十足的美國銀行總部和環美金字塔，這一區令人目不暇給的建築特色，處處透顯著歷史風貌與時間軌跡。

西元1850年，連續10年間的淘金熱潮，使得舊金山金融區的發展，更具備電影史詩般的時代背景，而其中又以蒙哥馬利街(Montgomery Street)榮

Hyatt Regency Hotel內的Eclipse藝術雕像

登這個商業中心的主動脈，所以，到金融區可別忘了走它一遭。

另外，離金融區不遠的恩巴卡德羅中心，有4座高達35～45層的大樓，大樓間有高架人行道相通，相當宏偉壯觀，大樓內部令人眼花撩亂如迷宮般的通道，也值得你來一探究竟。對於建築有興趣的遊客，絕對值得多花點時間在這兩個區域逛逛。

一日遊玩精華版

早上

參觀金融區相關景點

↓ 🚶 15～20分鐘

中午

逛渡輪大廈，在此午餐，如Slanted Door或La Mar用餐

↓ 🚶 15～20分鐘

下午

• Embarcadero Center逛街
• 月蝕酒吧品雞尾酒
• 或轉往貴族山遊覽

★行程悄悄話 可利用叮噹車，連結此區與貴族山一併遊覽，搭乘叮噹車的California線即可輕易到達貴族山(Nob Hill，見226頁)。

渡輪大廈

海灣大橋

金融區、恩巴卡德羅中心地圖

Washington St.　Washington St.
Clay St.　環美金字塔
Clay St.
Washington St.
Kearny St.
Montgomery St.
Sansome St.
Battery St.
Drumm St.

La Mar Cebichería Peruana
赫曼廣場
渡輪大廈

Embarcadero Center
Sacramento St.　Sacramento St.
富國銀行博物館　Tardich Grill
California Line
California St.　California St.

Hyatt Regency Hotel
Eclipse Bar
The Embarcadero
舊金山鐵路博物館

Pine St.　Pine St.
Sam's Grill　Peet's Coffee
Bush St.　Bush St.
Battery St.
Market St.
Spear St.
Steuart St.

Crocker Galleria
Post St.
Montgomery St.
Kearny St.
Market St.
Main St.
Beale St.
Fremont St.
Howard St.

Palace Hotel
New Montgomery St.
2nd St.
Mission St.
1st St.
Market St.
3rd St.
Howard St.
Folsom St.

熱門景點

🐍 舊金山全城最高的建築物

環美金字塔
Transamerica Pyramid

✉ 600 Montgomery Street
🕐 週一～五08:30～16:30
➡ 可搭1、15、41號公車　　MAP P.200

　　環美金字塔可以說是舊金山的「101大樓」，全棟建築高達853英呎(256公尺)，共計48層，是舊金山全城最高的建築物，也是美國密西西比河以西最高的建築。尖窄的4面金字塔造型設計，據建築師說是為了讓街道可以有多一點的光線。

　　第27層設有觀景區，景觀迷人，但目前並不對外開放。當初

建築師威廉(William Pereira)在執行這棟建案時，曾遭到許多反對與批評，但如今環美金字塔，已經成為舊金山不折不扣的大地標！

🎣 美國版的鏢局歷史

富國銀行博物館
Wells Fargo Bank Museum

✉ 420 Montgomery Street
☎ (415)3962619
🄲 週一～五09:00～17:00
💲 免費
🌐 www.wellsfargohistory.com
➡ 可搭1、10號公車
🅜 P.200

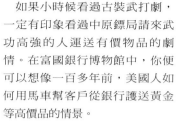

如果小時候看過古裝武打劇，一定有印象看過中原鏢局請來武功高強的人運送有價物品的劇情。在富國銀行博物館中，你便可以想像一百多年前，美國人如何用馬車幫客戶從銀行護送黃金等高價品的情景。

銀行加上快遞業務，從1852年搭上舊金山的淘金熱潮發跡，美國富國銀行結合了馬車快遞業務，為美國的運輸業打下了穩固的根基。在博物館中，可以看見美國整個運輸產業的發展、銀行發展歷程，當然也免不了淘金時期的一些歷史文物。

🎣 體驗骨董交通工具的歷史

舊金山鐵路博物館
SF Railway Museum

✉ 77 Steuart Street
☎ (415)9741948
🄲 週二～日10:00～18:00
💲 免費
🌐 www.streetcar.org/museum
➡ 可搭F號公車
🅜 P.200

舊金山鐵路博物館是個小而美的博物館。在舊金山旅遊，很多人一定不會錯過搭乘叮噹車(Cable Car)，當你搭乘叮噹車，獨享這個在其他大都會享受不到的悠閒趣味時，不要忘記走一趟鐵路博物館，體驗一下骨董交通工具的歷史。

博物館內保存了這個城市的軌道交通史蹟，更可看見精心打造、大小一致的古電車複製品，讓人在21世紀的今日，卻仍可以重返時光隧道，體會古早生活。

這裡過去是渡輪的轉運站

🦵 美食商業中心

渡輪大廈
Ferry Building

📧 Market Street & The Embarcadero
📞 (415)6930996
🕐 週一～五10:00～18:00，週六09:00～18:00，
　週日11:00～17:00
🌐 www.ferrybuildingmarketplace.com
➡️ 可搭2、6、7、9、14、21、31、32、66、71、F號
　公車
🗺️ P.200

渡輪大廈落成於1903年，卻在3年之後，差點因舊金山大地震慘遭祝融之災，還好當時消防艇從海灣抽水滅火，才倖免於難。

大廈的建築頗具氣勢，建築物中心的鐘塔，有如天主堂鐘樓般的莊嚴。由於是鐵路終點站，並兼具海灣對岸居民渡船通勤的功能，在1930年代早期，渡輪大廈每年的通勤人次高達5千萬人，相當可觀，但自從1936年海灣大橋啟用後，大廈也就慢慢地沒落了。

至此，渡輪大廈開始發展出另一番的迷人風情，幾乎和美食畫上了等號。不管你是不是想填飽肚子，這棟美食商業中心和農產市集混合的大樓，都值得你一逛。

每個星期二和星期六的下午2點以前，還有春秋兩季的每個星期日，這裡有農夫市場，無數新鮮的農產品，任你挑選。週六來除了有免費的音樂欣賞，還有水果、炒堅果和乳酪可試吃，而且都是免費的喔！

渡輪大廈名店一覽

藍瓶咖啡 (Blue Bottle Coffee)

✉ Shop #7, 1 Ferry Building
📞 (510)6533394
🕐 週一～六07:00～19:00，週日至18:00
http bluebottlecoffee.com

　　沒喝過藍瓶咖啡，就等於沒來過舊金山，這樣說真的一點也不誇張。渡輪大廈是其發跡地，據說2004年就是在渡輪大廈門口，從農夫市集擺攤開始的，進而有了2005年Hayes Valley上的車庫1號店，這裡常常大排長龍，讓你想不看見它都難。

　　位居舊金山NO.1咖啡寶座，小小的吧檯、座位很少、咖啡現做、強調有機烘培，我尤其迷戀它的Bella Donovan咖啡豆，這裡的拿鐵也是我喝遍舊金山咖啡覺得最順口的，雖然座位有限，但往後走向戶外，將有眺望海灣大橋的無敵海景等著你。

ACME麵包店 (ACME Bread)

✉ Marketplace Shop #15
http www.acmebread.com

　　舊金山米其林餐廳常用的御用麵包，吃不起高檔餐廳，就來個小資女的小確幸吧！講究有機健康的

素材、不添加防腐劑，櫃檯後方就是現場烘培製作麵包的廚房。

Miette蛋糕店 (Miette Patisserie)

✉ Marketplace Shop #10
http www.miette.com/main

　　完全的少女情懷，被譽為舊金山最好吃的杯子蛋糕店(cup cake)之一，2001年開張的它，是店主人Meg Ray遊歐歸來之後，甜蜜夢想的實現地。

蒲公英巧克力店 (Dandelion Chocolate)

✉ Marketplace Shop #50
🌐 www.dandelionchocolate.com

若是沒時間去它位在Mission區的旗艦店，就別錯過這裡。舊金山最佳巧克力店之一，創於2010年，講求bean-to-bar完全手作，意即從原產地的巧克力豆，從烘焙、研磨、倒模到製作，全部自己來，若不剁手帶上它的巧克力做紀念品，真是對不起自己。

青蛙谷農場市集咖啡店 (Frog Hollow Farm Market and Coffee)

✉ Marketplace Shop #46
🌐 www.froghollow.com

架上都是從農場直接運來的有機蔬果，這裡的牛油果烤吐司(Avocado Toast)是必點菜色之一，新鮮的牛油果，淋上橄欖油、胡椒和鹽，配上烤吐司和一杯Cappuccino(標榜用Verve咖啡店的咖啡豆製作)，就是最美味的口袋輕食。

搞怪冰淇淋 (Humphry Slocombe Ice Cream)

✉ Marketplace Shop #8
🌐 www.humphryslocombe.com

來這裡千萬別點什麼香草、巧克力，實在太辜負它的與眾不同了，來個鵝肝醬、辣椒口味，或是藍瓶越南咖啡口味(Blue Bottle Vietnamese Coffee)。祕密早餐(Secret Breakfast)是最富盛名的一款。這間在2008年由Jake Godby & Sean Vahey創立的冰淇淋店，等於是冰淇淋界的叛逆版。

女牛仔起司專賣店
(Cowgirl Creamery)

✉ Marketplace Shop #17
🌐 www.cowgirlcreamery.com

　　由Sue Conley和Peggy Smith這對好友於1997年所創立，以上等的乳酪和當地牧農的有機牛奶來做起司，擄獲了舊金山人的心。除了自家品牌，全世界的起司名牌也全員到齊。記得到隔壁的Cowgirl Sidekick Café點份Cheese Toasties！美味的熱烤起司，有焦糖洋蔥和芥末蜂蜜的香味，Red Hawk起司標榜以海水處理過，帶著海水特有的鹹味，Mt Tam起司則是最受歡迎的口味。

石板門餐廳
(Slated Door)

✉ Marketplace Shop #5
📞 (415)8618032
🕐 午餐週一～六11:00～14:30，週日11:30～15:00；下午茶14:30～17:30；晚餐17:30～22:00
🌐 www.humphryslocombe.com

　　老闆Charles Phan身兼廚師，不但融入歐美風味，更強調所有食材、香料都未經污染。他將美食視同創作，研發獨特的口味，比如無花果香的烤鴨，或用特殊配料展現不同風味的牛肉。更特別的是還有「得來速」(Out the Door)，專門服務外帶的客人。由於是舊金山熱門的改良式越南餐廳之一，一定要先訂位。

♪ 欣賞前衛藝術品

赫曼廣場

Justin Herman Plaza

✉ 1 Market Street
➡ 可搭2、6、7、9、14、21、31、32、66、71、F號公車
MAP P.200

赫曼廣場(Justin Herman Plaza)靠近恩巴卡德羅中心(Embarcadero Center)，很多人都喜歡到那兒去吃午餐。在這裡最知名的景觀就是用水泥築城的巨大方形管狀的噴泉——「華倫寇特噴泉」(Vaillancourt Fountain)，這個前衛藝術品，有人認為其醜無比，但也有人覺得饒富趣味，特別是當一幫溜冰好手，做飛躍而過的特技表演時，想必一定帶來不少意外的驚奇。當你逛到這一帶時，不妨學學當地人買個簡單的餐點，到廣場體驗一下輕鬆的午餐休息時光。

著名的
Vaillancourt
Fountain

旅 行 小 抄

舊金山農夫市場哪裡找

星期(全年)	地點	
週六	Ferry Building	🕐 08:00～14:00
	Alemany	✉ 100 Alemany Blvd. 🕐 06:00～16:00
週日	Civic Center UN Plaza	🕐 07:00～16:00
週二	Ferry Building	🕐 10:00～14:00
週三	Civic Center UN Plaza	🕐 07:00～16:00
週四	Crocker Galleria	✉ 50 Post Street 🕐 11:00～15:00
季節性(通常是5月～11月)	**地點**	
週六	Fillmore Center Plaza	✉ O'Farrell at Fillmore 🕐 09:00～13:00
週日	Ferry Building	🕐 10:00～14:00
週四	Ferry Building	🕐 16:00～20:00

美食餐廳

舊金山百大餐館之一

Sam's Grill
（山姆燒烤店）

- ✉ 374 Bush Street　📞 (415)4210594
- 🕐 週一～五11:00～21:00
- 💲 $20　　　　　🌐 www.samsgrillsf.com
- ➡ 可搭1、31、38AX、9X號公車
- 🗺 P.200

　　一切要從1867年說起，那時不過是個愛爾蘭人的路邊小攤，以販賣舊金山灣的新鮮牡蠣為主，後來就漸漸發展成名聞遐邇的海鮮餐廳。

　　Sam's Grill是舊金山有歷史意義的老餐廳，它的菜單幾乎日日更換，各種新鮮海產和牛排都有供應，午餐和晚餐供應的餐點無異，而且自上午11:00起就有馬丁尼酒(Martini)供你啜飲。服務品質相當親切，它和舊金山的傳統美食「煎牡蠣蛋捲」(Hangtown Fry，見23頁)也有淵源，曾榮獲舊金山百大餐館之一的它，在美食界具有歷史地標型的意義。

加州最古早餐廳

Tardich Grill

- ✉ 240 California Street　📞 (415)3911849
- 🕐 週一～五11:00～21:30，週六11:30～21:30，週日不營業
- 💲 $20　　🌐 www.tadichgrill.com
- ➡ 可搭10號公車；或搭Cable Car的California線
- 🗺 P.200

　　擁有百年歷史，號稱是全加州最老的一家餐廳，雖然老闆曾易主，但是風格口味依然不變。

　　以海鮮餐點聞名的Tardich Grill，料好實在，不信你可以花個$7塊美金點一碗海鮮濃湯來試試；其他的餐點分量也很足，老實講，價格相較起來算是便宜的了。

　　餐廳的裝潢帶點懷舊的味道，會令人聯想到淘金熱時期的氛圍，而服務人員一身白袍打扮，讓人突然有種進入醫院的錯覺。這家餐廳遠近馳名，連當地的知名人士如前任市長、銀行界的巨擘都是粉絲。只不過他們不接受訂位，不管你是甚麼天皇老子爺，想來吃美食，排隊就是了！

皇宮貴族般的氣派

*P*alace Hotel(皇宮飯店)

✉ 2 New Montgomery Street
📞 (415)5121111　　💲 $20
🌐 www.sfpalace.com
➡ 可搭7、9、21、31、66、71、J、K、L、M、N號公車
🗺 P.200

　　皇宮飯店其實是在1909年重建完成的，原來的模樣早在1906年時燒成了廢墟。雖然經過重建，然而顧名思義，皇宮貴族般的氣派，想當然就是最主要的特色。皇宮飯店以挑高的空間、玻璃彩繪的天花板和美輪美奐的澳洲水晶大吊燈，處處展現豪華特色。飯店共有4家餐廳，每家都有不同國家的口味和特色。在Kyo-ya中可以享用精緻的日本料理，另外也有道地的加州美食和上等葡萄酒等你享用。值得一提的是以下午茶及精緻自助餐聞名的花園用膳廳(Garden Court)，這裡的「奶油餅乾」(Buttery Biscuits)最富盛名。

　　此外，以壁畫得名的The Pied Piper酒吧，它曾被票選為世界7個最棒酒吧之一，裡頭藏有世界名畫「花衣魔笛手」(The Pied Piper of Hamlin)，也許你會好奇地想去喝一杯吧!

美國精品咖啡教父

*P*eet's Coffee
(彼思咖啡)

✉ 217 Montgomery Street
📞 (415)4218420　　💲 $10
🌐 www.peets.com　➡ 可搭9X、81X號公車
🗺 P.200

　　在Peet's Coffee的簡介DM裡出現了一句「If it's not Peet's, it's not coffee.」(如果不是彼思，就不是咖啡。)這語氣聽來著實狂妄，然而當你得知星巴克的開國元老就是受這位「美國精品咖啡教父」彼思所調教出來的時候，在踏進Peet's咖啡店後，你就會知道這一切並非浪得虛名了。

　　舊金山有數家Peet's咖啡店，他們除了咖啡豆外也販售香料。少量、當日烘焙，保證讓客戶在下單24小時內就收到貨品，強調新鮮快速，也是Peet's咖啡的特色。

　　打開他們烘焙的咖啡豆，的確又油又亮，看起來精氣十足，真是個送禮的好選擇。來舊金山就別喝星巴克了，趕緊來嘗一嘗這間舊金山最有名的大眾咖啡。

↑祕魯國民天菜Cebiches，像咖哩餃
造型的則是Empanadas

→主廚
Victoriano
Lopez

祕魯菜嘗鮮

La Mar Cebichería Peruana

✉ Pier 15 The Embarcadero

☎ (415)3978880

◉ 午餐：週一～四11:30～14:30，週五～日
11:30～15:00；晚餐：週一至17:30；Happy
Hours：15:00～18:00

🔗 lamarsf.com　　　MAP P.200

如果來到渡輪大廈，一定不要錯過附近這間祕魯餐廳，它絕對在我舊金山最愛餐廳的口袋名單之中。

深受西班牙、中國和日本菜的影響，再加上豐富的地理與天候，沒吃過祕魯菜之前，從來不會知道祕魯菜會這麼好吃，現代感時髦的室內裝潢，餐廳後方的室外區對著美麗的海景，陽光挑逗著味蕾，更讓人倍覺愉悅的氣氛。

來這兒已經不下好幾次了(甚至還很幸運地和主廚拍了照)，說它是我在舊金山最愛的餐廳之一也不為過，首選必推的祕魯國民天菜Cebiches，魚或海鮮泡在酸酸甜甜的檸檬汁與祕魯特產的紅辣椒等特殊醬料中，有sashimi的風味，卻更爽口開胃，建議點它的Cebiches Tasting就可以吃到最受歡迎的3種口味。

Empanadas也是我的必點，類似咖哩餃的造型，吃起來酥爽美味；另外，Causa是以祕魯盛產的金黃色馬鈴薯配上肉蛋或海鮮，也是祕魯的特殊料理之一。海鮮幾乎是這裡的大宗，餐前送上的炸地瓜、香蕉片或薯片，切片薄得不得了，咬起來喀滋喀滋，真的好好吃，尤其是白天坐在後面的戶外區用餐，望著藍天碧海，白船倚著海灣，三兩隻海鷗飛過，裝飾的鮮花入眼簾，浪漫開闊的氣息，真的會讓你很難忘。

購物名店

▌逛到腳軟手軟的4棟商場

*E*mbarcadero Center
(恩巴卡德羅中心)

✉ 由Battey、Drumm、Sacramento、Clay圍起來的4棟商場
☎ (415)7720700　　🕐 10:00～17:00
http www.embarcaderocenter.com
➡ 可搭1號公車；或搭Cable Car的California線
MAP P.200

　　來到舊金山，如果想要大開殺戒、狠狠買它一番，看來要屬恩巴卡德羅中心(Embarcadero center)最為首選了。商店多、品牌多、種類多、區域廣，保證讓人逛到腳軟、提到手軟。恩巴卡德羅中心由4座35～40樓層高、且有高架天橋相互連結的巨大建築所組成。範圍從赫曼廣場(Justin Herman Plaza)延展到貝特雷街(Battery Street)，還有周邊的克萊街(Clay Street)和薩克門多街(Sacramento Street)。上百家的商店和餐館，提供遊客多重選擇。

　　如果你要買服飾，可以到這裡來購買時尚精品，恩巴卡德羅中心擁有獨特風格的時尚品牌；男裝、女裝、童裝、珠寶飾品、內衣、玩具、鞋子、家庭用品和家飾、禮品、書店文具、美容與健康類商品、運動健身等。除此外還有銀行、郵局、甚至是醫療所。你也許要問逛累了怎麼辦？不要總是想到咖啡廳或飲食店小坐，其實中心裡的電影院也會是不錯的選擇喔！

美輪美奐的購物商場
Crocker Galleria
（克羅克購物廣場）

✉ 50 Post Street
☎ (415)3931505
🕐 週一～五10:00～18:00，週六10:00～17:00，週日休息
http www.thecrockergalleria.com
➡ 可搭9X、30、45號公車　MAP P.200

克羅克購物廣場位於金融區，擁有美麗的玻璃屋頂，是個美輪美奐的購物商場。

商場內精品應有盡有，方便白領階級一次買個夠。從世界名牌、鮮花珠寶、到美髮按摩，廣場照顧多面向的生活所需。乾洗、擦鞋、影印，就連牙齒不舒服都有牙科看。如果想看點藝術的東西，也有畫廊供選擇。

商場共計3層，購物消費都集中在1、2樓，飲食店幾乎都在3樓，因為陽光透徹的玻璃屋頂實在是太壯觀、太美麗了，這裡實在是用午餐的好地方。

夜 生 活

馬丁尼酒頗富盛名
Eclipse Bar
（月蝕酒吧）

✉ Hyatt Regency San Francisco，5 Embarcadero Center
☎ (415)2916581
🕐 15:00～24:00
http www.sanfranciscoregency.hyatt.com
➡ 可搭1號公車；或搭Cable Car的California線
MAP P.200

Hyatt Regency Hotel凱悅飯店大廳，是恩巴卡德羅中心一處很壯觀的地方，除了以中庭的雕塑作品Eclipse聞名外，1樓的酒吧更不容錯過。

這裡的馬丁尼酒(Martinis)頗富盛名，還有各式各樣的調酒。手持一杯馬丁尼，在羅曼蒂克的氣氛裡，望向壯觀的飯店中庭，氣派豪華，點點繁星從天而降、氣氛浪漫得不得了！

濱海區
Marina

一日遊玩精華版

早上
遊覽金門大橋、藝術宮等景點

午餐 🚌30分鐘
遊覽梅森堡，順道在Greens餐廳用餐

下午 🚌70分鐘 🚌35分鐘
參觀加州榮民堂 或莉莉安泰之屋

晚餐 🚌45~70分鐘 🚌10~35分鐘
Union Street逛街、晚餐 或Fillmore Street逛街，聽現場音樂表演

★行程悄悄話◁
此區的範圍相當遼闊，無法靠步行連結景點，須以公車連結，因此行前最好先研究好公車路線。

The

Marina District是舊金山的濱海區，由於它的地層很不穩定，所以在1989年的大地震中，整個區域幾乎全毀。今日我們在海灣旁所看到的地中海式拱門和紅瓦屋頂建築都是災後重建的。

梅森堡和馬林那綠地(Marina Green)則提供自然休閒和運動的好去處。若想從擁擠的城市出走，濱海區會是一個放鬆心情的最佳選擇。

濱海區地圖

🐾人類建築史上的里程碑

金門大橋
Golden Gate Bridge

✉ Lincoln Blvd & Highway 101
☎ (415)9215858
http www.goldengatebridge.com
➡ 可搭28、29、76號公車　　MAP P.213

金門大橋，為什麼叫做「金門」呢？原來是John Fremont在1844年為大橋周圍的海灣命名為「金門」，當1937年大橋竣工通車後，就沿用這個名稱了。

金門大橋是人類建築史上一個巨大的里程碑，它總共有6線車道加上2條行人步道，負起聯通舊金山市和Marin County的重責，是現今全世界第三長的懸索橋。它的橋體全長1.7英哩(2.7公里)，橋面離海水220英呎(67公尺)，造橋鋼索總長達8萬英哩，算一算，足夠繞地球赤道三大圈。它的工程艱鉅，從為了保護橋墩不受海潮侵蝕，而特別打造像足球場一樣大

→史特勞斯雕像
↓上橋前的指示標誌

的水泥擋板，並將裡面的海水抽乾來安放橋墩，由此可見工程有多麼浩大。至於它的高度呢？從橋塔頂端到埋在水下的橋墩，差不多和環美金字塔一樣高！

在整個舊金山的地標中，金門大橋的醒目當然與它的顏色也有關。稱為「國際標準橘」的朱紅色，是建築師Iring Morrow的提議，有別於一般橋梁的暗灰色調，自1987年起，朱紅色的亮光就這麼一直在海灣的上空閃耀著，直到今日。史特勞斯(Joseph B. Strauss)則被喻為「金門大橋之母」，他是金門大橋的總工程負責人，如今大橋廣場上還設有他的紀念雕像。

旅行小抄

欣賞金門大橋的5大景點

除了開車經過金門大橋之外，有哪些地點是適合觀賞金門大橋的呢？如果你是個電影迷，相信你一定從好萊塢電影中看到好幾個不同場景了。

1. 最普遍的就是跟著其他遊客在望遠台和遊客中心(Vista Point & Visitor Center)看，方便的是可以順便買紀念品。
2. 從貝克海灘(Baker Beach)看：一舉數得的是還可以在海灘散步日光浴兼釣魚。
3. 在地盡頭(Lands Ends)：從大橋西側觀賞，這裡是舊金山有名的裸體海灘呢！
4. Marin Headlands：需要開車到達，這裡號稱是欣賞金門大橋日落最美的地方。
5. Font Point：在大橋南端的下方，通常沿著史特勞斯的雕像後方小路就可以到達橋墩處的Font Point。

知識充電站

厭世者最愛的舞臺

來到金門大橋，無人不領略它的壯觀，但是你知道嗎？這座美麗的橋梁，卻是自殺者的最愛，超過數千名的民眾，從大橋輕生一躍而下，據說跳下金門大橋，僅有極少數的人能夠生還，因為經常維持在0度左右的海水，就算沒淹死，也會讓你凍死，因此，自殺成功率超高，而成為厭世者最愛的舞臺。

為了這些自殺事件，舊金山政府吵吵鬧鬧了很多年，原因是一派人士，主張在大橋建立高高的圍欄，阻止自殺事件，另一派人士，則認為這樣會傷害大橋的美麗，就像美麗的窗戶加上了鐵窗，真是醜死了。

最後，主張加裝圍欄的人士獲勝，仔細看看，現在大橋入口處都裝了高高的圍欄，挽救了許多的生命。

步行上橋記得多加衣服，橋上風超強、超大，時常吹到你頭痛欲裂，這是我數次凍成冰棒，帶著感冒回家的真實體驗。

靠步行橫跨大橋並不難，大橋全長2.7公里，大約走個1小時左右，但建議穿上夾克，時間最好別挑在車水馬龍的時候去，週日上午是個好選擇，因為車子比較少喔！

想騎腳踏車橫越大橋的人，多在漁人碼頭(見111頁)租好腳踏車，一般的行程是從漁人碼頭出發，騎上金門大橋，到達沙沙利度，再乘渡輪回到漁人碼頭。

充滿古羅馬廢墟的臨場感

藝術宮
Palace of Fine Art

✉ 3301 Lyon Street
☎ (415)5636504
$ 免費
http www.palaceoffinearts.org
➡ 可搭28、30、76號公車
MAP P.213

藝術宮原來只是為了1915年巴拿馬太平洋萬國博覽會而建立的，主建築是一座有著8角形拱廊所支撐的圓頂建築，充滿古羅馬廢墟的臨場感，由知名的建築師梅比克(Bernard Maybeck)所設計。本來預計在博覽會結束後就要拆掉的，所以只用了廉價的木材和灰泥作為建材。可是沒想到藝術宮卻在舊金山市民的請願之下，被保存了下來。然而經過歲月的洗禮，藝術宮經不起時間的侵蝕，竟然變成了危險建築。所幸經由舊金山市民們的再次爭取營救，藝術宮才免於被拆除的命運，並於1960年代進行重建。經過細心打造重建後的藝術宮已經成為今日遊客的必到之處。

水塘中美麗的天鵝加上古羅馬建築的倒影，成了大家取景拍照的主要目標。另外，藝術宮劇院(Palace of Fine Arts Theatre)也在這兒；來到藝術宮遊賞，行前不妨查詢一下網站，說不定藝術宮劇院裡會有你想看的表演呢！

建築物上都有古典的歐式雕花

同時欣賞藝術與軍事遺跡

梅森堡
Fort Mason

✉ 2 Marina Blvd
☎ (415)3457500　　🕐 09:00〜20:00
💲 免費
🌐 www.fortmason.org
➡ 可搭22、28、30、47、49號公車
🗺 P.213

　　到梅森堡可以看見舊金山所遺留的許多軍事痕跡。18世紀，西班牙人在這兒設置5門銅砲。1850年，這兒則成了加州的軍事保護區。在美國內戰時期，北軍曾在此地成立「黑峽砲兵連」，今日可見修復的磚牆還有10英吋口徑的大砲台。而內戰時期的營房，在今日則成了青年旅館。若有足夠時間，到水上公園和峽堡間的金門散步道(Golden Gate Promenade)走走也不錯。另外在臨海區的梅森堡中心則提供你許多藝術課程和節慶活動欣賞，別忘了索取一份日程表，來一趟知性之旅。

舊金山的「綠色奇蹟」

城寨區
Presidio

✉ 總辦公室50 Moraga Street
☎ (415)5615300　　🕐 09:00〜17:00
🌐 www.presidio.gov
　　交通查詢www.presidio.gov/shuttle
➡ 可搭29號公車，PresidiGo Downtown巴士可以連結舊金山市區到Presidio的交通，可上網或電話查詢
🗺 P.213

　　Presidio在舊金山是一個占地1,491英畝的國家公園，也是Golden Gate National Recreation Area的一部分。自1776年至1994年間，一直都是軍事用途。城寨區不但承載了美國陸軍的歷史，同時也反映出西班牙殖民地的重要性。因而這兒的「國家軍人公墓」也充滿歷史的色彩，最早的墓碑可以追溯到美國內戰期間。

　　附近的「寵物公園」也別具特色，本來是警犬的專屬墳場，後來則開放給城寨區的居民當寵物公墓。城寨區之於一個已開發的城市來說，簡直就是舊金山的「綠色奇蹟」，廣大難以數計的林木、100多種不同鳥類，對城市高樓中的居民而言，相對稱得上「自然」就是美囉！

　　本區尚有一個華德狄斯耐家庭博物館(The Walt Disney Family Museum)，可列入遊覽(見219頁)。

以羅丹的收藏最富盛名

加州榮民堂
Legion of Honor

✉ Lincoln Park at 100 34th Avenue
  (at Clement Street)
☎ (415)7503600
🕐 週二～日09:30～17:15
休 週一
💲 $15；17歲以下免費；每月第一個週二免費
http legionofhonor.famsf.org/legion/visiting
➡ 從市區坐38路公車到第33街下車再接18路
  公車
MAP P.213

The Legion of Honor(加州榮民堂)，幾乎是加州最美麗以及令人印象最深刻的博物館。它坐落在林肯公園中，居高臨下，對外可俯瞰太平洋、金門大橋及整個舊金山市區。而羅馬宮廷式的迴廊建築和庭院中的雕塑，讓你在還沒有進入展場廳內，恐怕就會把相機拿出來猛拍。

當陽光照耀在歐式優雅的殿堂，甚至到前院世界知名雕塑家羅丹的名作「沉思者」(Thinker)身上時，你會錯以為是到了歐洲，而非舊金山呢！

加州榮民堂建立於1924年，是

羅丹的沉思者雕像

為了紀念在第一次世界大戰中為國捐軀的戰士。它蒐集了超過4千年歷史的藝術文物、歐洲的古典家飾品、繪畫以及素描等，尤以羅丹的蒐藏最富盛名。

除了中世紀藝術和文藝復興時期等作品的常態性展出外，館內也有非常態的展覽，因此，建議你行前先上網查看，說不定會遇見大驚奇喔！

展出內容有什麼？

1. 古代藝術
包括希臘、羅馬、埃及、亞述、美索不達米亞等陶器、雕刻和金屬製品等。

2. 中世紀藝術
來自羅馬進入第5世紀以後千年內，修道院和大教堂中宣揚上帝恩澤為主旨的藝術品，如雕像和藍色琺瑯所做的聖物盒。

3. 歐洲裝飾藝術
家具(法國巴洛克鑲嵌式家具)、家飾用品和18世紀的英國瓷器等。進入實境式的布置展場，感覺就像進入了時空隧道，有種作客的感覺呢！

4. 畫作
從文藝復興時期以來到近代的畫作，除了知名的歐洲畫家如林布

蘭、高更、莫內等人的畫作外，也有康定斯基和畢卡索的作品。就連日本的版畫和印度的傳統微型畫，在這兒也可以看得到。

館內有許多林布蘭的名畫

旅行小抄

神祕的管風琴

到加州榮民堂欣賞藝術品有一個大特色，就是大約在下午4點鐘左右，會聽見管風琴的聲音，千萬別以為這是像大賣場「晚安曲」似的廣播放送。實情是在某個展場內有架大管風琴，現場演奏傳出來了樂音，一時之間，將遊客帶入了另一種境界。而且，光聽聲音不見得可以順利找到大管風琴所在，就像玩捉迷藏遊戲一樣，這也算是另一種參觀的趣味吧！

🦢歡樂王國的創造者

華德狄斯耐博物館
The Walt Disney Family Museum

✉ 104 Montgomery Street in the Presidio
📞 (415)3456800
🕙 10:00～18:00
休 週二
$ $20
http www.waltdisney.org
➡ 可45、43路公車；或搭PresidiGo Shuttle
MAP P.213

走進博物館之前，是一大片綠色的草地，週末到處都是躺在草地上曬太陽的人群，坐在博物館咖啡座往外望，陽光、綠地、人潮，真的好不熱鬧。

2009年開幕的它，位在城寨區內，磚紅色的整齊建築，被綠意環繞，風景是說不出來的開闊與美麗。博物館連地下室共有3層，裡頭展出著華德狄斯耐先生的一生，和狄斯耐王國的夢想世界。

在4萬平方英尺大的空間裡，1樓大廳展出了華德狄斯耐先生，一生中得過的927座獎項中，其中的250項，從他的出生背景、家庭照片，甚至還有他早年曾用過的舊家具等等。

2樓則有米老鼠的世界，還有許多狄斯耐早期的卡通影片或電影，地下室則有劇院，及狄斯耐現代作品的欣賞等等。

充滿童趣的休閒區設計

↑安女王式的建築特色

→花木扶疏的庭院是此類建築少有的異數

🕊 1小時維多利亞房屋導覽

莉莉安泰之屋
Haas-Lilienthal House

✉ 2007 Franklin Street(@Washington)
☎ (415)4413000
🕐 週三、六12:00～15:00，週日11:00～16:00
💲 $8
http www.sfheritage.org/haas-lilienthal-house
➡ 可搭1、12、19、27、47、49號公車　MAP P.213

一棟老房子，可以集世界觀光客的三千寵愛於一身，是因為1906年的舊金山大地震摧毀了太多19世紀的老建築，在地震中僅僅倖存的1萬4千棟維多利亞式房屋，自然顯得彌足珍貴。

一棟老房子，值得遊客絡繹不絕的來，是因為生動的入屋導覽，讓你走進幾近原封不動的19世紀生活，在原汁原味的老家具氛圍中，凍結時光的流逝，走入了一個懷舊的世界。

這個建於1886年，原為富商

William Haas所有的維多利亞式房屋，一口氣就在這兒住了三代，直到他的女兒Alice Lilienthal在1972年辭世，捐給了舊金山建築遺跡協會，才得以開放給大眾參觀。

在這裡，你可以隨著導覽員，在一個小時的步行導覽中，揭開這棟擁有24個房間、7.5間浴室，面積達11,500平方英尺豪宅的神祕面紗。

每週三、六、日有導覽團固定出發，約20到30分鐘一班，在45到1小時的導覽中，不但實地解說維多利亞式房屋的建築及裝潢特色，更融入了有趣的19世紀生活探密。

古屋探險記

走過夕陽照耀下，風姿綽約的維多利亞骨董房屋，建築家、藝術家、無不拜倒在它的魅力下。這些擁有浪漫古典的外貌、歐式雅致的風格、細緻雕花和繁麗裝飾的百年骨董老屋，已成了舊金山的建築之最，而位於城中的莉莉安泰之屋(Haas- Lilienthal house)，更是全市唯一一棟安女王式維多利亞房屋(Queen Anne Victorians)的開放博物館，它是全市最有名的老房子，也是全市的骨董建築之最，這一次，跟著屋內導覽員Don的解說，漫步在古屋，掀開了這棟老房子的奧祕。

導覽員Don Rice

「因為那時沒有電話，所以，注意看這裡居然有兩個大門，打開外面的大門，表示歡迎訪客，關關外門，表示謝絕來訪，這是19世紀社交生活的巧妙設計。」導覽員Don Rice表示。

「維多利亞房屋的客廳多為簾幕，而且光線幽暗，是因為太強的陽光，會損害到紅木製的骨董家具，廁所多在樓上，所以19世紀的訪客之道是，絕對不能喝太多的咖啡和水，因為當時賓客是不歡迎上樓的。」

1樓賓客室(guest room)裡的鋼琴，不是給主人彈的，而是給客人彈的，門外的花園，是安女王式維多利亞裡的異數，因為大部分的維多利亞屋是沒有這麼大的花園的，2樓寢室的亞洲風味屏風，說明了當時19世紀東方藝術對西方的撞擊和影響，隨著導覽員Don Rice一步步地解說，房子變成了津津有味的故事書，一張椅子是生活，一個腳印是歷史，這裡成為一個非常有趣的19世紀生活探險博物館。

整個房間都是火車模型

古典的家具擺飾受到東方禪風的影響

濱海區—熱門景點

莉莉安泰之屋

美食餐廳

推廣樂活的素食餐廳

*G*reens(綠意餐廳)

✉ 2 Marina Boulevard Fort Mason，Building A
☎ (415)7716222
💲 $20
🔗 www.greensrestaurant.com
➡ 可搭22、28、30、47、49號公車
🗺 P.213

Greens號稱是全舊金山最好的素食餐廳。坐在海灣旁的玻璃窗旁，一邊享受主廚Annie為你料理的健康美味素食，還可一邊瞭望碼頭美景，就連金門大橋的風光也可盡收眼簾。Greens特別之處

是，餐廳的食材大部分都是他們自己有機種植栽培的；他們還設有一個禪學中心，學員也是餐廳的工作人員；把禪學的精神落實到生活中，是他們修習的重要元素。所以Greens餐廳要賣的不只是健康的飲食，同時也是一種樂活的生活態度。

購 物 名 店

舊金山雅痞的最愛

*U*nion Street
（聯合街）

✉ 以Gough和Webster Street之間的Union Street最熱鬧

http www.unionstreetshop.com/index.html

➡ 可搭45號公車　　MAP P.213

　　如果逛夠了市區的大型購物商場，不妨走一趟聯合街，這兒最大的不同，在於它是舊金山雅痞們最愛的購物街，一間間的時尚專賣店，一間間的小店，連成了獨特的精品風格。

　　時尚精品、珠寶、藝術畫廊……應有盡有，也有風雅的餐廳，如果穿著及生活品味講究個性，想和別人不一樣，就要到這裡來！

舊金山多元文化的娛樂重地

*F*illmore District
（菲摩爾街區）

✉ 以Post和Fulton street之間的Fillmore Street最熱鬧

http www.thefillmoredistrict.com

➡ 可搭3、22號公車　　MAP P.213

　　來到菲摩爾街區，感覺就像走進了文化的大熔爐。如果你喜歡爵士樂，就不能錯過每年7月在這裡舉辦的「爵士樂節」(Fillmore Street Jazz Festival)，這裡同時也是舊金山欣賞現場音樂表演(Live Music)的重鎮，如果夜晚想喝點小酒小菜，聽聽好聽的現場音樂，無論是到知名的夜店Boom Boom Room、Sheba Piano Lounge，或是到The Fillmore Auditorium聽現場演唱，甚至到1300 on Fillmore餐廳品嘗它知名的「福音早午餐」(Gospel Brunches)，一邊吃早午餐，一邊聆聽黑人的現場福音演唱，都會是非常難得的體驗。

Boom Boom Room
✉ 1601 Fillmore Street
☎ (415)6738000
http www.boomboomblues.com

1300 on Fillmore
✉ 1300 Fillmore Street
☎ (415)7717100
http www.1300fillmore.com

Sheba Piano Lounge
✉ 1419 Fillmore Street
☎ (415)4407414
http www.shebapianolounge.co

FIllmore Auditorium
✉ 1805 Geary Boulevard
☎ (415) 3463000
http thefillmore.com

聖誕園遊會搶熱鬧

狄更斯聖誕園遊會
The Great Dickens Christmas Fair

- ✉ 舊金山牛宮展覽場(Cow Palace Exhibition Halls，2600 Geneva Ave. Daly City)
- ☎ (415)8974555
- ⏰ 11～12月底的每個週五、六、日10:00～17:00
- 💲 入場收費
- http www.dickensfair.com
- ➡ 搭Bart至Balboa Park站
- MAP P.213

　　如果是聖誕節前來到舊金山，就別忘了看看是否能參加這個相當特別的聖誕節慶祝活動「狄更斯聖誕園遊會」。

　　每一年從感恩節(約11月底)到聖誕節前(約12月20日以前)，在這一區的牛宮(Cow Palace)，會舉辦這個相當有趣的慶祝活動，活動中所有的來賓都必須打扮成19世紀維多利亞時代的模樣，好像回

到了中世紀的英國倫敦，非常有意思！

大文豪陪你歡度聖誕

　　像乘著時光機，時間回到了19世紀的維多利亞時代。

　　150年以前的英國倫敦，煙霧瀰漫的街道，小販在沿街叫賣著，一間一間販賣著聖誕禮物的小店，匆匆忙忙的行人，寒冷的空氣裡飄著溫暖的烤栗子香，迎面走來穿著維多利亞服飾的路人，有的竟然看起來似曾相識。

　　啊！好像是大文豪狄更斯(Charles Dickens)筆下的小說人物呢！那不是狄更斯著名小說《聖誕頌歌》(Christmas Carol)裡頭那個吝嗇的老頭史庫奇(Scrooge)嗎？那個不是狄更斯另一部曠世巨著《苦海孤雛》(Oliver Twist)裡頭的Mr. Pickwick嗎？

　　虛幻的小說人物，居然都栩栩如生地向你迎面走來，只要是狄更

斯的小說迷們，無不睜大了眼睛，周遭的景象，居然像整個走進了小說的世界，這可不是夢境喔！更不是正在拍攝什麼電影！而是已經舉辦了數屆的狄更斯聖誕園遊會，一如往年，在聖誕節的前夕，帶領你走進一個奇異的聖誕夜。

生於1812年的狄更斯，是英國舉世聞名的小說家，他曾經被毛姆列為全世界最偉大的10大小說家之一，他的作品如今廣傳於世，幾乎很少人沒拜讀過他的曠世著作，他的舉世名作包括《塊肉餘生記》(David Copperfield)、《雙城記》(A Tale of Two Cities)、《孤星淚》(Great Expectations)、《聖誕頌歌》(Christmas Carol)等等。

重現狄更斯筆下的世界

而創立於1970年的狄更斯聖誕園遊會(The Great Dickens Christmas Fair)，就是以這一位大文豪筆下的小說世界，開展出一個奇異的聖誕時光之旅。

在9萬平方英尺大的舊金山牛宮(Cow Place)，將會場倒置到100多年前的維多利亞時光，煙塵滾滾的倫敦街頭，晦暗的巷弄，衣衫襤褸在街頭玩耍的孩童，對照出衣裝革履的英國紳士、貴氣逼人的上流名媛，時光彷彿回到了狄更斯筆下的小說世界。

數百位身著維多利亞時代裝扮的工作人員，讓你恍惚倒錯了時光，現場的服裝大賽，更鼓勵參觀者打扮成那個時代的模樣。由小說人物陪你共度聖誕，讓你彷彿置身小說的情節當中，穿越時光機，這恐怕是此生中最難忘的聖誕了。

貴族山

Nob Hill

　　由多座山丘組合成的舊金山，過去這裡因為上坡的地形，交通不方便，而成為無人問津的地區，後來因為叮噹車的發明，改善了交通的狀況，再加上登高一呼的美麗風景，而成為大富翁們蓋豪宅的鑽石區。

　　因為投資大陸橫貫鐵路而發大財的4大富翁，紛紛在此區蓋起了豪華的大宅，後來在舊金山大地震後毀於一旦，

旅行小抄

遊玩建議
本區約2～4小時可以逛完，如果不在飯店下午茶的話，快的話恐怕1小時都可以解決。玩貴族山最方便的是乘坐叮噹車California線，可以連接中國城或金融區的景點一併遊覽。

繼而又變身成5星級的高級大飯店，成為舊金山最高檔的一區。

　　住不起大飯店的，別忘了在大飯店內的餐廳來杯下午茶，這兒擁有開闊美麗的舊金山灣景觀，非常令人難忘。

　　住得起大飯店的，這裡多的是五星級大飯店，飯店內通常都擁有登高一呼的超值美景。

貴族山地圖

來自天堂的藝術饗宴

慈恩堂
Grace Cathedral

✉ 1100 California Street
🌐 www.gracecathedral.org/welcome/overview
➡ 搭Cable Car至Nob Hill站
🗺 P.227

這裡是舊金山最古老的教堂；也是美國第3大新教聖公會教堂─搭乘California Street線的叮噹車，抵達富豪坡，即可看到。

教堂原址是美國富豪克拉克的房子，因毀於1906年大地震的火災中，直到1928年才開始動工，仿造自巴黎的聖母院外觀，改建成今日的慈恩堂。教堂蓋到1964年才完工。它和其他歐洲教堂的最大不同之處是建築材料；為了防震，慈恩

宛如巴黎的聖母院

堂全部都是鋼筋水泥，很堅固。

除了教堂外觀精緻細膩的雕工，值得你細細欣賞外；教堂裡的彩繪玻璃窗，更是不可多得的藝術饗宴。色彩斑斕的彩繪玻璃，緩和了不少莊嚴肅穆的教堂氣氛，當金色陽光透過彩繪玻璃灑向教堂的壁柱和地板時，色彩晶瑩的光影，彷彿暗示著，那就是來自天堂的光。

←門上的銅雕
↓教堂內有許多漂亮的彩繪玻璃

NOB HILL

🐌記錄叮噹車的演進

叮噹車博物館

Cable Car Museum

✉ 1201 Mason Street
📞 (415)4741887
🕐 10:00～18:00(4月～10月，其他月分只到 17:00)
💲 免費
http www.cablecarmuseum.org
➡ 搭Cable Car至Washington Street站
MAP P.227

叮噹車的歷史照片

Andrew Hallidie

把不可能化為可能，是舊金山叮噹車(Cable Car)最美麗的神話。這一切都要感謝安德魯海樂迪(Andrew Hallidie)，他是位來自倫敦的鋼纜製造商，因為目睹一輛載貨的馬車從山坡上「倒退嚕」，整輛馬車連同可憐的馬一起滑下山坡，因而發明了叮噹車。

當初大家都嘲笑他，認為叮噹車會爬坡是不可能的任務。當世界第一輛電纜車開始試車時，控車員看到陡峭的山坡，還嚇得落跑，最後安德魯只好親自上場，自己駕駛，向世人證明了叮噹車的成功。

從此以後，舊金山的叮噹車不但成了城市裡的最大特色，在1947年當局想要以巴士來全面取代它時，更是引起了群眾的抗議。最後只好保留了3條路線總計17英哩的軌道。

叮噹車博物館成立於1974年，是一個非營利性的教育機構設施。從博物館的第1層往下，可見到巨大的引擎和扯動電纜線的大圓形轉輪。除了展出纜車的相關硬體實境架構外，也有模型和大量的歷史圖片供遊客緬懷。還有3部從1870年代以來就存在的骨董纜車。而如果你真的對叮噹車有極大的興趣，博物館中也有販賣部，可以把不同的叮噹車紀念品，如書籍、卡片、衣物等帶回家做紀念。

現場可以實地觀賞叮噹車鋼纜運作的情形

美食餐廳

Tonga Room & Hurricane Bar
（熱帶雨林餐廳&颶風酒吧）

✉ 950 Mason Street
☎ (415)7725278
🕐 週三、四、日17:00～23:30；週五、六 17:00～00:30
💲 $20～30
🌐 www.tongaroom.com
➡ 搭Cable Car至Nob Hill站
🗺 P.227

是一個充滿波里尼西亞風情的餐廳，草蓬、熱帶植物、藤椅、圖騰，單看餐廳生動的布置風格，就彷彿帶你走入一個太平洋的熱帶雨林。而最令人驚訝的，還是位於餐廳中間的一塊大水池。因為這個水池身藏玄機，當你用餐到一半時，它可能隨時變成一個舞台，現場有熱情的音樂演奏，而且上方還會打雷下雨。你也可以起身狂舞，就把它當成是個在太平洋小島上，正在進行的嘉年華會。

在Tonga Room用餐，可以吃到道地的夏威夷美食，還有其他融合亞洲口味的菜單供你選擇。另

NOB HILL

外，值得一提的是，這裡號稱有舊金山最好喝的雞尾酒，沒來喝喝看，怎麼知道呢？它就位於Fairmont Hotel的地下1樓。

不過與其來這兒享用美食，倒不如說來此享用創意，以及製造難忘的回憶。怎麼說呢？不管你是想來這兒慶祝生日、畢業、週年紀念，或者舉辦婚禮；只要是想要留下特別的回憶的，這家餐廳會有專人幫你出鬼點子，一起來創造難忘的回憶。

夏威夷美食

360度絕佳美景
*T*op of the Mark（馬克之頂餐廳）

✉ Mark Hopkins San Francisco，One Nob Hill
☎ (888)4246835
◉ 雞尾酒16:30～23:30，輕晚餐17:00～22:00，週日Brunch 10:00～13:00
💲 $20～30
🌐 www.topofthemark.com
➡ 搭Cable Car至Nob Hill站
🗺 P.227

位於Intercontinental Mark Hopkins飯店的第19樓，是舊金山人盡皆知，擁有最佳景觀的高檔餐廳。因為它就坐落於貴族山上，這個舒適的用餐空間，提供了一個令人意想不到的360度絕佳美景。還有100種馬丁尼酒單(Martinis menu)供你選擇。週二～六有現場音樂演出。

若是想一邊用餐，一邊居高臨下，欣賞舊金山的美景如漁人碼頭、金門大橋、惡魔島等，那這裡絕對是不可多得的選擇。

很難忘這裡的下午茶，好吃的蛋糕，和登高一呼的城市美景，更添浪漫的遐想。

貴族山的歷史故事

談到貴族山就不能不談到4家大飯店。

顧名思義，貴族山上顯然有貴族。而能稱上貴族的，通常也都是大富豪啦！所以逛貴族山，就要來走訪一下這4家大飯店：Fairmont Hotel、Intercontinental Mark Hopkins Hotel、Stanford Court Hotel、Huntington Hotel。這些著名的大飯店，原址其實都是大財主的豪宅，因為1906年大地震的毀壞後，才重建為大飯店。

Fairmont Hotel是銀礦大王James Fair的老家，大理石門廳是特色，著名的Tonga Room就在這裡面。

Intercontinental Mark Hopkins Hotel是大富豪Mark Hopkins的老家，可以俯瞰舊金山城市美景的Top of the Mark，就在第19層。

Stanford Court Hotel是鐵路大亨，也是史丹佛大學創辦人Leland Stanford的老家。飯店大廳掛有許多畫作，上面畫的都是貴族山上的美麗別墅。

Huntington Hotel在慈恩堂對面，中間的亨廷頓公園為Collis P. Huntington的老家原址。外觀看起來像公寓式樓房，19世紀的油畫裝飾，充滿了英國的鄉村風味。

Fairmont Hotel
✉ 950 Mason Street
☎ (415)7725000
http www.fairmont.com/sanfrancisco

Intercontinental Mark Hopkins Hotel
✉ One Nob Hill
☎ (877)2701390
http www.intercontinentalmarkhopkins.com

Stanford Court Hotel
✉ 905 California Street，Nob Hill
☎ (415)9893500
http www.stanfordcourt.com

Huntington Hotel
✉ 1075 California Street
☎ (415)4745400
http www.huntingtonhotel.com

Charles Crocker

Huntington

Mark Hopkins

Stanford

NOB HILL

舊金山
住宿情報

住宿情報

位於金融區的Hilton Hotel大廳

選擇住宿3步驟

Step 1. 選定住宿日期

　　選擇旅館最好要懂得避開旺季，每年的暑假及12月聖誕節前後到1月，多是舊金山旅館的旺季，此時4星旅館的價錢，可能會高到美金$300多元，但是避開旺季，有時真的美金$100多元就可以住到，所以慎選日期，真的是省錢的最高法門。

Step 2. 選定住宿區域

　　選定日期後，可根據你的需要，找到你想要住宿的區域，基本上，以觀光客來說，當然以聯合廣場(Union Square)為首選，這裡是全城交通的樞紐，轉接到各點都非常方便，而且治安良好，商圈雲集，熱鬧方便，但缺點當然是價格比較貴一些，但如果你不在乎設備、裝潢，聯合廣場附近仍然有一些小旅館，比較狹窄、陳舊一些，但有時美金$100多元可以住到，聯合廣場旁邊的Tonderlon區域，治安比較不好，但距離聯合廣場只有一條街之隔，如果夜晚不要外出，早一點回旅館，就可以更便宜的價錢，住到較新的旅館。

　　首推聯合廣場外，我心中的第2個選擇，會是SOMA及Financial District區域的旅館，SOMA區人文色彩濃厚，但夜晚冷清，Financial District白天是白領上班的區域，夜晚沒有聯合廣場熱鬧，但交通和治安算良好，同級數的旅館價錢，自然比聯合廣場便宜一些。

　　如果想要奢華一下，全市高級的飯店，多集中在貴族山(Nob Hill)一帶，如果荷包滿滿，就是你飛奔的方向！

　　其他區域，如嬉皮街區(Haight street)、教會區(Mission District)，不建議觀光客住宿，因為夜晚治

Airbnb素人民宿＋教你上網競標旅館

近年來非常流行的兩個民宿出租網是www.airbnb.com和www.vrbo.com，這些素人民宿，因為獨特的裝潢風格，有時好運氣又可碰上好價錢，因此，成為旅館之外，是自助客的另一項考量。

這些民宿就像家一樣的，多有廚房可以烹飪，幫助節省旅費，有可與在地人相處，趁機了解異國文化，補足了旅館住宿的缺點，但近來舊金山因為嚴格的出租政策，有一陣子正在致力打擊這類的短期租賃網，不少短期出租的業者，因而收到政府的罰單，更有些被發現使用於賣淫的場所，正反兩面都提供給大家參考。

另外，www.priceline.com則是美國非常熱門的一個旅遊網站，它除了普通的預訂旅館之外，老美們更喜歡上網去競標。

選定住宿區域

區域	優點	缺點
聯合廣場(Union Square)	治安好、生活機能好、交通方便。	房間可能較小，價格較貴。
SOMA區	很多博物館在附近，人文色彩濃厚，離市中心又不遠。	白天熱鬧，晚上比較冷清。
金融區(Financial District)	高樓擁有城市及海灣景觀，交通還算便利，離市中心不算太遠。	白天熱鬧但常常塞車，夜晚冷清。
漁人碼頭(Fisherman's Wharf)	治安好，擁有開闊的海灣美景、空間寬敞。	離市中心較遠，轉接到別的旅遊點較遠。
貴族山(Nob Hill)	治安不錯，高樓擁有美景，到市中心還算方便。	價格可能不便宜，位在山坡上，可能要上、下爬坡。
北灘(North Beach)	生活機能不差，交通還算方便。	有夜生活，但出入份子較複雜。
濱海區(Marina)	這區旅館多有免費停車，房間較寬敞。	交通比較不方便，景點連結比較需要時間。
市政中心(Civic Center)	交通方便，離市區又不會太遠。	入夜後治安不佳，有許多流浪漢。

安較不佳，機場附近的旅館便宜，約比市區便宜8成，開車進入市區約20～30分鐘，除非你租車或開車，否則通車很不方便。

Step 3. 選擇住宿種類

觀光客都以旅館為住宿的種類，從2星到5星的都有，最貴的5星級大飯店有時會貴到美金$400元以上，最便宜的汽車旅館(Motel)或青年旅館(Hostel)，可低到60元以下，可根據你的預算來作選擇。

不想太貴、又想有點特色的，可以選擇B&B旅館(住宿包早餐)，這些旅館多是老維多利亞房屋改裝、包早餐、有家的溫馨感，或是一些Personal Hotel或是Boutique Hotel，一般房間比較小，但是地點方便、裝潢有特色，一般約100～250元可以住到。

如果打算較長住宿，可以考慮短期公寓旅館(Apartment Hotel)，如果是學生的寒暑假來玩，可以碰碰運氣找一找便宜的轉租公寓(Sublets)，這些是當地的留學生，因為假期要回國，暫時將空出的居所，短暫出租的房間，價錢當然非常便宜，你可以上轉租公寓網站以「San Francisco Sublet」關鍵字搜尋。

轉租公寓Sublet網站
http www.sublet.com

旅館怎麼找？

如果要自訂旅館，台灣許多網站，都有代訂國外旅館的服務，自己上網尋找，選擇性更多、更有彈性、價格也更便宜，以下是熱門的美國旅遊網站：

http www.sfvisitor.org
舊金山旅遊局的官方網站，可以代訂旅館，且旅館都是經過旅遊局認可的，有可信度。

http booking.com.tw
有中文頁面，使用起來很方便。

http www.sanfrancisco.com
旅館的解說相當清楚、詳細。

http www.hotelscombined.com
號稱最大的旅館比價網，有中文頁面方便你閱讀使用。

http www.expedia.com.tw
很熱門的旅遊網，除了旅館之外，也包括機票、渡輪、租車或套裝行程的預定。

http www.travelocity.com
美國大型的旅遊網，除了飯店外也包括機票、租車、渡輪的預定服務。

http www.priceline.com
可上網競標。

http www.hotels.com

http www.agoda.com
有多種語言可以選擇，記得選擇繁體中文。

http www.tripadvisor.com.tw
一樣有中文頁面，裡頭的住客評論具參考價值。

ACCOMMODATIONS

舊金山旅館精選

陽春型　美金$50元以下

　　想要以每晚美金$50元以下的價錢住到旅店，不是不可能，如果不在乎和人共用浴室、共睡一間房，也些青年旅館(Hostel)，可以實現你的夢想。

　　什麼都不在乎的話，有的一晚才$23元，如果想自己睡一間房，當然也有，只是價錢貴一些，這裡大多是年輕人的面孔，可以結交來自世界各地的年輕朋友，還可以在廚房自己煮東西吃，家庭共宿也歡迎，並非只是年輕學生的專利。

聯 合 廣 場 區

The Adelaide

✉ 5 Isadora Duncan Street
☎ (415)3591915，(877)3591915
$ Dorm Room $23，Private Room $60或以上
http www.adelaidehostel.com　　MAP P.52

　　走路到聯合廣場才兩個路口，交通相當便利。2002年曾經榮獲全舊金山最好的青年旅館殊榮，無論是自己睡的個人房(private Room)，還是和人共寢的大寢室(Dorm Room)都有，價格相當便宜，而且不像有些青年旅館需要辦青年證，這裡不必辦證，誰都可以入住。可免費上網、供應免費地圖，有廚房及洗衣設備，24小時開放。

USA Hostels San Francisco

✉ 711 Post Street
☎ (877)4832950
$ Dorm Room $26，Private Room $64
http www.usahostels.com　　MAP P.52

　　號稱美國第2有名的青年旅館，地點方便，離聯合廣場才3個路口。重新改裝過的它，擁有210個房間，有些須共用浴室，設備有廚房、洗衣房、45人座的小型電影院(還供應免費爆米花)，高速上網，免費打市區電話，免費的徒步旅行團等等。

Hostelling International San Francisco Downtown(聯合廣場店)

✉ 312 Mason Street
☎ (415)7885604，(800)9094776
$ Dorm Room $30或以上，Private Room $79或以上
http www.sfhostels.com　　MAP P.52

　　交通地點非常棒，離聯合廣場很近，能在這樣黃金的地段住到這樣便宜的價錢，真令人難以置信。大寢室(Dorm Room)是4人共寢，

個人房可睡1～2人，不喜歡公用浴室，也有附設私人浴室的Ensuite Bathrooms房  間，也是免費早餐，免費上網，每日清潔房間、廚房設備，並有會客大廳。

Hostelling International San Francisco City Center(市中心店)

- ✉ 685 Ellis Street
- ☎ (415)4745721，(800)9094776
- 💲 Dorm Room $28或以上，Private Room $89 或以上
- http www.sfhostels.com　　MAP P.174

全球90個國家，擁有4,000多家分店的國際青年之家(Hostelling International)，在舊金山擁有3個據點，分別位在市中心區、聯合廣場及漁人碼頭。這間市中心店，經過重新改裝，共有75個房間，除了有個人房之外，也有4～5人共住的大寢室。這裡提供免費早餐、免費上網、免費供應咖啡及茶、甚至免費無限制市區電話撥打等等。24小時Check in服務，地點位在市政中心(Civic Center)附近，交通方便。

如果想住Hostelling International，最好在台灣先辦好國際青年之家(Youth Hostels)的會員證，可打電話至台灣國際青年之家查詢，當然不是會員也可以住，不過價錢會貴一些。

Hostelling International San Francisco Fisherman's Wharf(漁人碼頭店)

- ✉ Building 240，Fort Mason
- ☎ (415)7717277，(800)9094776
- 💲 Dorm Room $28或以上，Private Room $65 或以上
- http www.sfhostels.com　　MAP P.92

交通稍微遠了一些，但擁有的是更多的綠意。位在國家公園區域內，可以遠眺惡魔島與金門大橋，環境更清幽、寬敞。一樣是免費早餐、免費上網、甚至免費停車，還有大電視的電視間(Big-screen TV Room)，甚至在戶外還有野餐桌呢！

Green Tortoise Hostel

- ✉ 494 Broadway
- ☎ (415)8341000
- 💲 Dorm Room $30，Private Room $60
- http www.greentortoise.com　　MAP P.114

位於小義大利North Beach區的這間青年旅館，曾經因為朋友住過這兒而造訪過。來自世界各地一長排的年輕面孔，是我對它的第一印象。

曾經榮獲全球10大青年旅館之一，包免費早餐、免費上網、每週3次免費晚餐、免費撞球台等等，每週三、五還舉辦聚會(Pub Crawl)，包能讓你廣交朋友。

旅行小抄

搞懂青年旅館的房型

Mixed Dorms with Shared bathroom	不分男女的大寢室，通常一間房睡4~8個人，須共用浴室。
Female Dorms with shared bathroom	女生大寢室，只有女生才能住，須共用浴室。
Mixed/ Female Ensuite Dorms	不分男女／女生專用的大寢室，房間內有自己的浴室。
Private Rooms with shared bath	1~2人睡的私人房，但沒有私人浴室，須共用。
Private Rooms with Ensuite bath	1~2人睡的私人房，房間內有私人浴室。

經濟型　美金 $50~99元

　　這個價錢大概只能住到汽車旅館(Motel)或1星、2星級的旅店，如果運氣好碰到促銷的話，也可能住到3星級或一些B&B(Bed+Breakfast)的飯店。

聯 合 廣 場 區

A ndrews Hotel

★★
✉ 624 Post Street
☎ (415)5636877，(800)9263739
💲 $79
http www.andrewshotel.com
MAP P.52

　　這個歐式小旅店只有48個房間，走路到聯合廣場才2個路口，房間全面禁煙，附免費早餐、免費上網，標榜房間內有32吋平面電視、DVD Player，附設餐廳及健身中心，房間較小，但基本上住客反應相當乾淨，網路上評價也不錯。

G rant Plaza Hotel

★★
✉ 465 Grant Ave.
☎ (415)4343883
💲 $69(1 Twin Room)
http www.grantplaza.com
MAP P.52

　　曾獲得許多旅遊雜誌的推薦，算是蠻物超所值的小旅店。在中國城的入口附近，距離聯合廣場才3個路口，交通算相當便利。旅店才做過重新整修，新家具、高速上網、停車費有特別優惠，也有機場的接送服務(須上網預定)。

Park Hotel

★★

✉ 325 Sutter Street
☎ (415)9560445
💲 $85(附浴室)、$65(公用浴室)
🔗 www.parkhotelsf.com
🗺 P.52

走路到聯合廣場不到10分鐘，交通方便，許多留學生在還沒租到房子前，都喜歡住在這裡，因為這裡對住超過1週的客人都會有特別的優惠，連住1個月以上，平均起來可能一天還不到30元，有些房間須共用浴室。

濱海區

Marina Inn

★★

✉ 3110 Octavia Street
☎ (415)9281000
💲 $56
🔗 www.marinainn.com
🗺 P.213

地點比較遠，但附近環境還不錯，附簡單早餐，還可以免費上網，房間比較小，附近停車較困難，但價格真的很便宜。

平民型 美金 $100～149元

這個價錢可選擇到3星級的旅店，也是一般大眾比較能接受的價錢，不會太差，也不是享受，走中間、現實路線，如果能兩人對住分房錢，其實是非常實在的價錢。

聯合廣場區

Hotel Union Square

★★★

✉ 114 Powell Street
☎ (415)3973000、(800)5531900
💲 $100
🔗 www.hotelunionsquare.com/index.html
🗺 P.52

原來是建於1913～1915年的老旅館，後來在1980年改名，重新整修，以全新的現代化裝潢，讓人耳目一新。旅館以1930年代的偵探小說家Dashiell Hammett為號召，以他的小說《馬爾他之鷹》(The Maltese Falcon)而設計的客房(Dashiell Hammett Suite)，成為它的噱頭之一，相傳Dashiell Hammett非常喜歡這個旅店，他曾在婚禮的前一天，和他的新娘Josephine Dolan住過這裡。

經過設計師精心設計，整個旅店煥然一新，看起來相當新穎而具現代感，有131個房間，感覺很藝術、現代，一點也沒有老旅館的感覺。地點也相當不錯，位於聯合廣場附近，是相當受到歡迎的Personality Hotel之一，一般住客在網上的評價相當不錯，不過缺點是附近停車費很貴(1天可能要$30元)。

Chancellor Hotel

★★★

✉ 433 Powell Street
☎ (800)428-4748，(415)3622004
$ $110
http www.chancellorhotel.com
MAP P.52

1915年的老旅館，因為非常好的位置(位在聯合廣場的中心點)，實在的價錢，而成為商務旅行者的最愛。

曾經因為朋友住過這個旅館，而實地造訪過它，房間比較小、擁擠，但一般水準都還不錯，浴室標榜有深度的浴缸，讓你能好好地泡澡，還附上趣味的橡皮鴨(Rubber Ducky)。共有135個房間，有附設餐廳，供應美式早餐及午

餐，雖然房間的裝潢感覺陳舊一些，但能在這麼棒的地理位置，以這樣的價錢入住，如果不講究享受的話，這裡是個蠻實在的選擇。

此旅館就位在舊金山著名早餐店Sears Fine Food(見64頁)的旁邊，別忘了一嘗它的美味早餐喔！

Handlery Union Square Hotel

★★★↙

✉ 351 Geary Street
☎ (415)7817800，(866)5390036
$ $149
http sf.handlery.com
MAP P.52

距離聯合廣場才5分鐘的路程，有戶外游泳池及附設餐廳，地點優，雖然小卻五臟俱全。幾乎該有的旅館設備，這裡都有，還有免費的電影台、LCD平面電視、禮物店等等。無線上網要收費、有客房內的保姆服務(須另外收費)，房間一般反應比較小些，但值得推薦的是這個旅館在網路住客的評鑑上評分滿高的。

Best Western The Hotel California

★★↙

✉ 580 Geary Street
☎ (415)4412700，(800)7807234
$ $149
http www.bestwesterncalifornia.com/hotels/best-western-the-hotel-california
MAP P.52

擁有96年歷史的老旅館，曾經獲得紐約時報(New York Times)推選為13個最物超所值的旅館之一。地點非常方便，標榜客房內的床墊是舒適的Beauty Rest名牌，有免費上網、衛星電視、全新的木頭地板、附設餐廳、雞尾酒吧及健身房等，共有82間客房，這間旅店在網路住客評鑑上，也有不錯的評分。

Hilton San Francisco Financial District

★★★★

✉ 750 Kearny Street
☎ (415)4336600
💲 $100～130
http www.sanfranciscohiltonhotel.com
MAP P.132

非常推薦這間旅店，是因為我本身有住過。乾淨、新穎，是住過這裡的首要印象，現代化的裝潢，新穎的家具，幾乎旅館該有的設備都有，有Spa，樓下有餐廳、酒吧及速食類的早餐咖啡，地點雖

然不在聯合廣場而在金融區內，但對面就是中國城，走幾步路就是北灘，生活機能相當方便，缺點是附近的停車費很貴，旅館隔音比較差，櫃檯的服務水準有待加強，但以中等價位，能住到有高級質感的飯店，這裡是相當不錯的選擇。

小康型　美金 $150～199元

手頭寬裕一點的話，除了旅館的舒適度之外，還可以講究一些特色，一些精品旅店(Boutique Hotel)，以裝潢主題捕獲人心，想出門住到一些家裡平常住不到的，這樣的價錢，可以滿足一下你渴望不同的度假心情。

聯合廣場區

Hotel Diva

★★★

✉ 440 Geary Street
☎ (415)8850200　💲 $170
http www.hoteldiva.com　MAP P.52

走路到聯合廣場約10分鐘，位在Curran Theatre(69頁)的對面。門面非常小，雖然沒有大飯店那種氣勢豪華的大廳，但是卻以藝術性、現代感的房間設計取勝。摩登的現代風，很有雅痞的味道，因此，很受一些明星、設計師或藝術家的歡迎。旅館門口地板上的留言磚，留下的都是造訪過這間旅館明星及名人們的簽名或手印。樓下大廳旁有星巴客和墨西哥餐廳，可以上網去看房間的照片，真的是雅痞式的摩登品味呢！

ACCOMMODATIONS

*H*otel Triton

★★★

✉ 342 Grant Ave.
☎ (415)3940500
💲 $195
🌐 www.hoteltriton.com
🗺 P.52

地點在中國城龍門口附近，走路到聯合廣場不遠。最特別的是裡面的裝潢，由藝術家加持的客房設計，大膽、新鮮、現代又趣味，好像走進了色彩鮮豔的幻想世界，藝術家遊走在140多個房間裡，揮灑創意，像打翻了調色盤那樣，挑逗你的視覺，房間裡有24小時的瑜珈頻道，早上免費供應咖啡和茶，下午茶有免費餅乾時間，免費上網等，房間一般反應比較小一些，家具大膽卻感覺陳舊。

*W*hite Swan Inn

★★★✦

✉ 845 Bush Street
☎ (800)9999570
💲 $129
🌐 www.whiteswaninnsf.com
🗺 P.52

想要有家的溫馨，可以試試B & B Hotel，這種住宿加早餐的旅店，小巧卻非常有家的味道。僅有26個房間，就好像住在英式的鄉村小屋，暖暖的壁爐，床上的泰迪熊，燈下的搖椅，有免費的下午茶、手製餅乾，甚至是甜酒，親切的服務，好像在老朋友家作客一般。距離聯合廣場稍微遠一些，需要10多分鐘以上的腳程。

*H*otel Rex, a Joie de Vivre Hotel

★★★✦

✉ 562 Sutter Street
☎ (415)4334433，(800)4334433   💲 $199
🌐 www.thehotelrex.com   🗺 P.52

網路住客評分相當高的一間精品旅店，曾經榮獲2007年舊金山最佳精品旅店(Boutique Hotels)的殊榮。最特別的是，這是個以文學為主題的旅店，大廳的書架上放著骨董書，講究閱讀的氣氛，還不時舉辦一些文學閱讀活動。古典的家具，配上骨董打字機，懷舊的時尚感，加上有口碑的服務態度，共有94個房間，上網須收費，房內的許多畫作，都是當地藝術家的作品。

下城區

W Hotel

★★★★

✉ 181 Thrid Street
☎ (415)7775300
💲 $300以上
🌐 www.whotels.com
🗺 P.74

圖片提供／W Hotel

全球知名的品味酒店，曾經榮獲全球最佳旅店的第17名，位在舊金山現代博物館的旁邊，地區人文風格強烈。品味雅痞式的設計，現代摩登，有Spa、游泳池，附設餐廳，404個房間有些有超漂亮的View，曾榮獲Citysearch票選為舊金山最佳旅店及2010年最佳綠色建築(US. Green Building Council)。造訪過這間旅店，房間內的品味裝潢，實在讓人沒話

圖片提供／W Hotel

說，一些服務的小細節，像是名牌的肥皂、洗髮精、減壓球及數字拼圖等，都讓人印象深刻。

St. Regis Hotel San Francisco

★★★★★

✉ 125 Thrid Street
☎ (415)2844000
💲 $259
🌐 www.stregissanfrancisco.com
🗺 P.74

奢華旅店的代表，曾榮獲美國百大旅店及當選全世界擁有最舒服的床的旅店。位在Soma區，交通便利，高雅、乾淨、品味，是所有的形容詞，每日報紙、32吋或42吋的平面電視，甚至廁所裡也有13吋的平面電視，乾溼分離的淋浴設備，游泳池、健身中心，但上網要另外收費。

ACCOMMODATIONS

金融區

Hyatt Regency San Francisco

★★★★

✉ 5 Embarcadero Center
☎ (415)7881234，(866)5380187
💲 $200以上
http www.sanfranciscoregency.hyatt.com
MAP P.200

　　想要有高級旅館的感覺，卻只想花美金$200元左右，這個位在金融區的大飯店，可以是你的選擇。氣派非凡的大廳，擁有800個房間的大規模，地點雖不在聯合廣場，卻在Embarcadero大商場旁邊，擁有渡輪大廈靠海的美景，又有緊臨商場的便利。從沒有看過這麼氣勢雄偉的飯店大廳，巨大的日蝕藝術雕塑，點點繁星從天而降，流水淙淙，24小時的健身房、附設餐廳、酒吧，打折有時只要美金$167元就可以入住。上網須另外收費，附近停車費很貴。

貴族山區

Fairmont Hotel

★★★★

✉ 950 Mason Street
☎ (415)7725000，(800)5274727
💲 $300以上
http www.fairmont.com/sanfrancisco　MAP P.227

　　貴族山(Nob Hill)上聚集著許多歷史性的高級大飯店，這間旅店就是代表之一。
　　曾經是美國電視影集《大飯店》的拍攝地，也是美國銀礦大亨費爾(James Fair)的家，飯店現有500多個房間，金碧輝煌、氣勢雄偉，幾乎所有高級旅店的設備一應俱全。

The Ritz-Carlton San Francisco

★★★★★

✉ 600 Stockton Street　　💲 $359
http www.RitzCarlton.com/sanfrancisco
MAP P.227

　　5星級的麗池大飯店，在2006年花費美金上千萬元的整修後，整個煥然一新。有游泳池、健身房、Spa、商業中心、代客停車、高速上網、附設餐廳等，共有336間客房。

舊金山
郊區一日遊

納帕酒鄉　　　　　**p248**

柏克萊大學　　　　**p260**

如何參加當地
短期旅行團　　　　**p270**

納帕酒鄉
Napa

不論你喝酒還是不喝酒，位於舊金山郊區的Napa酒鄉，實在是舊金山郊區重量級的景點之一。

癮君子們帶著朝聖的心情而來，除了可以拎著幾瓶上好的葡萄酒回家之外，還可以實地參觀到酒廠釀酒的過程或課程，饒富知識性的趣味。

不喝酒的則帶著休閒的心情前來，除了徜徉在隨風起伏的葡萄園，領略無垠的田野風光之外，還可以搭乘酒鄉的火車遊蕩、乘坐熱氣球升空、享受高山泉水的泥巴浴護膚，完全陶醉在自然的樂趣之中。

這裡有超過300間以上的酒莊，每間都各具特色，除了美酒之外，有的酒莊簡直就像個美術館，精美的蒐藏不輸真正的博物館，讓你嘖嘖稱奇，有的則以名人著稱，明星光環照耀有如奧斯卡，逛不完的酒莊風光，讓這裡成為當地最夯的度假勝地。

旅行小抄

交通指南：如何從舊金山市區到Napa

搭巴士前往Napa，交通真的很不方便，開車到Napa，其實不會很困難，只要開到29號高速公路，這條高速公路旁就集中有許多的酒廠，沿路直線開下去玩，就可以玩上一整天。

打算開車的人，最好早點出發，Napa的酒廠早上9點或10點就開門，但下午5點就會關門，所以儘早出門，才會玩得透徹。

不過打算大量品酒的人，就不適合自行開車，美國嚴禁酒後開車，所以除非車上有人和你輪著開，否則還是參加當地的賞酒旅行團，比較安全，這些旅行團一般會到舊金山市區的某個定點做接送的服務，相當省事方便。

距離	舊金山89公里(55英里)
車程	1小時
起點	舊金山市區聯合廣場
終點	Napa酒鄉
網址	www.maps.google.com可查詢詳細行車資訊

朝80號高速公路前進，走I-80 East方向。	→ 轉接高速公路CA-37 West，朝Napa前進。	→ 轉接高速公路CA-29，朝Napa前進，CA-29高速公路兩旁，即為Napa精華酒莊的聚集地。

Napa短期旅行團資訊

旅行團	電話／網站	說明
Beau Wine Tours	(707)9388001 www.beauwinetours.com	有4～8小時的Napa品酒之旅。
Gray Line	(415)4348687 www.grayline.com	總店位於漁人碼頭附近的43 ½碼頭，行程包括Napa南部與Sonama，包午餐。
泛偉假期	(415)8311183	推出說中文的Napa旅行團，可去電詢問。
Great Pacific Tour Co.	(415)6264499 www.greatpacifictour.com	費用美金約$134元，拜訪Sonoma、Napa的酒廠，包午餐。

盡量避開週末來玩，週末常人滿為患，塞車更是避免不了的事。每年5～10月，葡萄豐收的季節，是玩Napa的大旺季，旅館及餐廳，一定要提早訂位。
早上儘早出發，酒莊多在下午5點關門，太晚來無法玩得盡興。
若有2天以上的旅行，還可以考慮到Napa鄰近的Sonoma遊玩，Sonoma也有不少的酒莊，擁有美麗的自然風光，而且遊客比Napa少，一般的當地人會寧選Sonoma代替Napa來玩。

納帕遊客中心 Napa Valley Conference and Visitors Bureau
📧 1310 Napa Town Center，Napa
📞 (707)2267459
🔗 www.napavalley.com
❓ 裡頭有許多免費的地圖和旅遊資訊，別忘了多多運用喔

索挪瑪遊客中心 Sonoma Valley Visitors Bureau
📧 453 1st Street East，Sonoma
📞 (707)9961090
🔗 www.sonomavalley.com

加州葡萄酒大事紀

1800

1833：George Yount於Napa設立了第一座的葡萄園，
爾後小鎮以他為名，名為Yountville小鎮。

1861：Napa第一間釀酒
廠Charles Krug建立。

1873：匈牙利移民Agoston Haraszthy將歐洲上好
的葡萄品種引進加州，成為加州葡萄酒之父。

Napa景點精華一日遊

09:30

Di Rosa Preserve／Domaine Carneros

Di Rosa Preserve酒莊的入口不是很明顯，開車時要放慢仔
細看，否則很容易就錯過。這個媲美現代美術館的酒莊，
藝術品與美酒馳名，早上10點有藝術導覽團，要上網事先
預約，不參加導覽團者，可逛逛位於Di Rosa Preserve對
面的Domaine Carneros酒莊，來一杯它有名的氣泡酒。

11:00

Inglenook

電影《教父》(Godfather)迷絕對
不能錯過，崇拜《教父》的導演功
力，更要來逛逛這個《教父》導演
科波拉擁有的莊園，來一杯他自釀
的Rubicon美酒。還有免費的30分
鐘導覽團(Legacy Tour)。

12:00

**Wine Spectator Greystone Restaurant
午餐**

著名烹飪學校的附屬餐廳，菜色相當細緻、可口又富創
意，但分量較小，一份只夠一人品嘗。喜歡它的露天餐
座，葡萄園的自然風光，揮灑美食與美酒，交織出心曠
神怡的體驗。時常人滿為患，最好事先訂位。

13:15

Beringer Winery

全Napa最古老的酒莊，這裡也是
全加州第1個推出公眾導覽團的酒
莊。時間趕得及的話，參加13:30
的試酒導覽團(Taste of Beringer
Tour)剛剛好，行程約1小時，
可以了解到Beringer酒的釀酒過
程，認識葡萄園，教導品酒的訣
竅，最後再帶你品嘗4種酒。

1880：葡萄芽蟲病(Phylloxera vastatrix)重創加州葡萄園，當時損失慘重，結果發現使用抗蟲性強的根莖接枝，新葡萄就可以存活。

1976：加州葡萄酒在世界品酒大賽中榮獲大獎，從此備受世界矚目。

1900

1920：加州禁酒令實施，葡萄酒廠紛紛關門大吉。

1980：蟲害再現，受威染的葡萄當時須連根剷除。

15:00

Sterling Vineyard

位在火山岩的山坡上，必須乘坐纜車才能到達，登高一呼的山野景致，絕對讓你屏息。1964年成立，以風景與美酒馳名，是Napa最美麗的酒廠之一。

16:30

Old Faithful Geyser

有如火山爆發一般，每30分鐘從地底噴射出60～100英尺高的溫泉水柱，這個奇景全世界僅有幾處，也是Napa最著名的自然奇觀，園區內尚有禮物店、農場、竹林及野餐區等等。

17:30

Napa Premium Outlets

來美國一定得學會逛它的暢貨中心(Outlets)，這個Napa的暢貨中心擁有50種以上的名品，這些平常在台灣昂貴的名牌，在Outlets往往以非常便宜的價錢賣給你，是逛Napa可以順道逛逛的好地方。

19:30

French Laundry
餐廳晚餐

曾經被美國《時代》雜誌(Times)評選為美國最佳主廚的Thomas Keller，打造了這間餐廳頂級美食的光環。榮獲米其林3顆星榮耀，及美國10大最佳餐廳，絕對是世界級的美食享受。

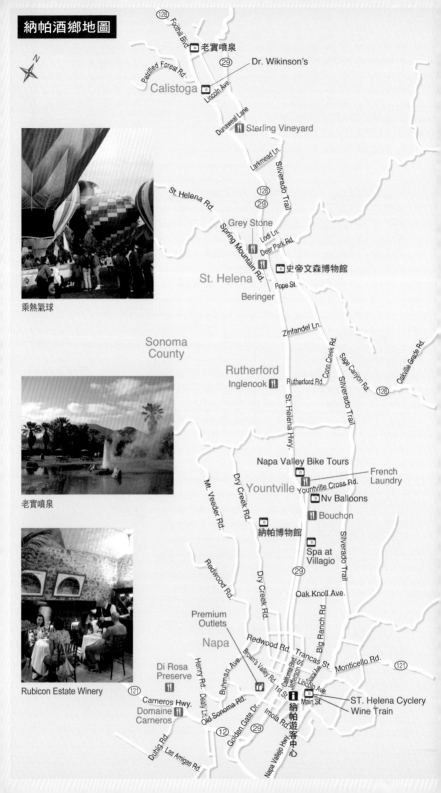

納帕酒鄉地圖

128
Foothill Blvd.

老實噴泉

29

Dr. Wikinson's

Petrified Forest Rd.

Calistoga

Lincoln Ave.

Dunaweal Lane

Sterling Vineyard

Larkmead Ln.

Silverado Trail

St. Helena Rd.

128

29

Spring Mountain Rd.

Grey Stone

Lodi Ln.

Deer Park Rd.

St. Helena

史帝文森博物館

Pope St.

Beringer

乘熱氣球

Zinfandel Ln.

Sonoma County

Conn Creek Rd.

Sage Canyon Rd.

Cakville Grade Rd.

Rutherford

Inglenook

Rutherford Rd.

St. Helena Hwy.

Silverado Trail

128

老實噴泉

Mt. Veeder Rd.

Dry Creek Rd.

Napa Valley Bike Tours

French Laundry

Yountville

Yountville Cross Rd.

Nv Balloons

Bouchon

納帕博物館

Silverado Trail

Spa at Villagio

Redwood Rd.

29

Oak Knoll Ave.

Dry Creek Rd.

Big Ranch Rd.

Premium Outlets

Redwood Rd.

Trancas St.

Monticello Rd.

121

Napa

Di Rosa Preserve

Rubicon Estate Winery

Henry Rd.

Dealy Ln.

Buhman Ave.

Brown's Valley Rd.

Calistoga Blvd.

1st. St.

Jefferson St.

Lincoln Ave.

Main St.

ST. Helena Cyclery

Wine Train

121

Carneros Hwy.

Domaine Carneros

Old Sonoma Rd.

Golden Gate Dr.

12

29

Imola Rd.

納帕遊客中心

Duhig Rd.

Las Amigas Rd.

Napa Vallejo Hwy.

1+1天 納帕還可以怎麼玩

乘熱氣球

Wine Country Balloons Tours
☎ (800)7595638
🌐 www.balloontours.com

　　乘坐熱氣球升空，從1,500英尺俯瞰納帕美麗的田園風光，歷時3~4小時。

騎單車

Napa Valley Bike Tours
☎ (707)2518087
🌐 www.napavalleybiketours.com/

ST. Helena Cyclery
✉ 1156 Main Street，Helena
☎ (707)9637736
💲 單車出租$15／小時，$45／天
🌐 sthelenacyclery.com

　　納帕當地可以租到自行車，自由自在逛葡萄園，真是說不出的愜意。尚有腳踏車的旅行團，單車好手或體力不錯者，可以有絕佳的體驗。Napa Valley Bike Tours有1天及4天的單車假期。

坐火車

Napa Valley Wine Train
✉ 1275 Mckinstry Street，Napa
☎ (707)2532111，(800)4274124
🌐 www.winetrain.com

　　坐在1915~1947年的骨董老火車上，穿過綠色葡萄園，品美酒、嘗美食，從納帕一路到Helena的北邊，約3個小時，可以在車上午餐(Luncheon)、早午餐(Brunch)或晚餐(Dinner)，價格不菲，但經驗難求。

逛博物館

納帕博物館
Napa Valley Museum
✉ 55 Presidents Circle，Yountville
☎ (707)9440500
休 週一、二
🌐 www.napavalleymuseum.org

史帝文森博物館
Robert Louis Stevenson Silverado Museum
✉ 1490 Library Lane，St. Helena
☎ (707)9633753
休 週日、一
🌐 www.silveradomuseum.org

　　納帕博物館展出納帕的歷史及美術的作品。史帝文森博物館展出大文豪史帝文森(Robert Louis Stevenson)的生平紀念品。

洗泥巴浴

Dr. Wilkinson's Hot Springs Resort
✉ 1507 Lincoln Ave.，Calistoga
☎ (707)9424102

　　由火山灰和高山泉水混合成的泥巴浴(Mud Bath)，是納帕一個小鎮Calistoga的特產，躺在火山灰泥混合成的泥巴中，再加入滾燙的Calistoga溫泉，據說這種泥巴浴，具有美容及放鬆心靈的療效。

比美術館還藝術

Di Rosa Preserve

✉ 5200 Sonoma Highway
☎ (707)2265991
🕐 週三～日10:00～16:00
休 週一、二休息
http www.dirosaart.org　　MAP P.252

徜徉在Napa山谷的一片綠色草原上，放置了無數的大型雕塑藝術，簡直就像是個大型的戶外藝廊，室內的The Gatehouse Gallery對遊客收費開放，但如果要參觀它的戶外藝廊(Sculpture Meadow)就必須參加的導覽團(Guided Tour)。

這裡的藝術品多為20世紀的現代藝術，如果時間太趕來不及參加導覽團，酒莊本身的玻璃現代建築，就非常賞心悅目。

週一及週二休館，平日開放時間不長，如果趕不及參觀，可以參觀這個酒廠對面的另一個特色酒莊Domaine Carneros。

氣勢磅礴有如歐洲宮廷的

Domaine Carneros酒莊

Domaine Carneros，美輪美奐居高臨下，登高一呼的露天座位，可以覽盡四周田野風光，仿造自法國18世紀宮廷所建的它，以釀製氣泡酒(Sparkling Wine)而著稱。

Domaine Carneros
✉ 1240 Duhig Road
☎ (707)2570101
🕐 每日10:00～18:00
http www.domainecarneros.com

導演柯波拉的夢想

Inglenook

✉ 1991 St. Helena Hwy.Rutherford
☎ (707)9681100　　🕐 10:00～17:00
http www.inglenook.com　　MAP P.252

這裡是世界知名的大導演法藍西斯·柯波拉(Francis Ford Coppola)實現夢想的家園。曾經得過6次奧斯卡金像獎的他，以電影《教父》、《現代啟示錄》等等舉世聞名，而在成功的電影夢之外，他最大的心願，居然是擁有一座自己的酒莊，釀出自己心愛的酒。

1975年，他和太太Eleanor在Napa買下了這個酒莊，開始了他的釀酒夢。Rubicon是他研發出的招牌酒，莊園內尚有一個小小的電影博物館，展出柯波拉的電影藝術，及電影裡的服裝或道具。

酒莊門前是個美麗的水池

◢ 邊嘗美食邊領略田野綠意

Wine Spectator GreyStone Restaurant

✉ 2555 Main street Helena
☎ (707)9671010
🕐 週二～六午餐11:30～14:00，晚餐17:30～20:30
🌐 www.ciachef.edu/visitors/gs　MAP P.252

　　由世界知名烹飪學校 The Culinary Institute of America(簡稱CIA)所屬的Greystone餐廳，實在是Napa午餐的好地方。

　　位於19世紀的磚式古堡中，在占地1萬5千平方英尺的場地內，培育出世界許多頂尖的大廚，這裡的有機花園(Organic Garden)、草藥花園(Cannard Herb Garden)、15英畝的葡萄園，保證食材的來源與新鮮，附屬的Greystone餐廳，更是專業主廚們魔幻食材的舞臺。

　　品嘗過這裡的美食，真的不同凡響，精緻而富創意，實在是Napa秒殺美食的好地方。

✒↓食物相當細緻可口，但分量不多

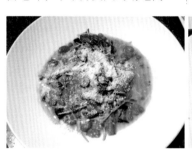

◢ 加州首度推出公眾導覽團的酒莊

Beringer Winery

✉ 2000 Main Street，St. Helena
☎ (707)2575771
🕐 10:00～17:30
🌐 www.beringer.com
MAP P.252

　　全Napa最古老的一間酒廠，創立於1875年，是Napa指標型的酒廠之一。古樸的建築氣質，徜徉在花園之中，看起來相當有古典的韻味。真的可以選擇參加這裡的導覽團，於1934年推出，是加州第1個推出公眾導覽團的酒莊，曾經參加過這裡的導覽團，

像個古樸的歐式鄉村莊園

實地參觀釀酒的過程，饒富知識性的趣味。

曾榮獲Ottawa試酒大賽冠軍

Sterling Vineyard

✉ 1111 Dunaweal Lane，Calistoga
☎ (707)9423344
🕐 10:30～17:00、週六、日10:00～17:00
🌐 www.sterlingvineyards.com
🗺 P.252

白色的建築宛若希臘聖殿

　　非常有特色的一個酒莊，必須要乘坐纜車才能到達。當纜車徐徐升高，所有Napa山谷美好的景致都臣服在你的腳下、位在山頭的白色建築，遠看宛如希臘的聖殿，在湛藍的天空陪襯下，有著愛情海般開闊又浪漫的氣息。

　　講究的是現代化的釀酒技術，因此，高科技的視聽導引，讓你有著別於一般古老酒莊不同的感覺。尤其喜歡它的試酒室，擁抱在一片蒼翠的巨木群中，露天聽著鳥鳴飲酒，身心格外舒暢。

　　創立於1964年的它，1981年曾經榮獲Ottawa試酒大賽冠軍而享譽盛名，在這個占地1,200英畝的莊園中，釀造出Bordeaux式的葡萄酒，這裡最高級的酒品是它的Reserve Wines，酒瓶上標示著Reserve字樣，是味道濃郁的上乘品。

每隔30分鐘的奇景

老實噴泉 Old Faithful Geyser

✉ 1299 Tubbs Lane，Calistoga
☎ (707)9426463
🕐 08:30～19:00，夏日延長至18:00　💲 $15
🌐 www.oldfaithfulgeyser.com　　🗺 P.252

　　每隔30分鐘，溫度高達350度的溫泉，會從地面噴出，高達60～100英尺的水柱，會看到你噴噴稱奇。這是Calistoga鎮上的奇景之一，除了噴泉奇景之外，這裡有納涼的露天桌椅，供你小憩或野餐。還有竹林及農場，農場裡頭畜養的動物，可以讓你餵食或撫摸。入場收費，行前最好上網去看看，有時在網站上會有折價券。

噴高的水柱，壯觀到可謂世界奇景

ONE DAY TRIP

256

郊區一日遊—納帕酒鄉

品酒3步驟

Step1 眼到
拿起酒，以白色為背景，酒杯傾斜45度，仔細觀看酒的顏色，白酒應是越陳顏色越深，紅酒顏色越明亮的越好，如果顏色晦暗就並非好的紅酒。

Step2 鼻到
輕輕搖晃酒杯，待酒的香氣與空氣融合後，輕聞幾下，看看自己喜不喜歡這個味道。

Step3 口到
先飲一口酒，含在口腔內，讓口腔的每個角落都感受到酒的滋味，細細地感受它是什麼滋味，最後再慢慢嚥下，好酒多有後韻，會有餘韻停留在齒頰中呢！

Sterling酒莊的解說員

紅酒 vs 白酒

		我是紅酒
	Cabernet Sauvignon	紅葡萄的頂級品種，味道微酸，帶有濃厚的水果味。
	Pinot Noir	有葡萄酒極品之稱，有特殊的花香味和果味，它也是釀製法國勃艮地(Burgundy)葡萄酒的葡萄品種。
	Merlot	味道香醇、順口的淡酒。
	Zinfandel	味道濃郁著稱，上品應該色深而且酒味濃厚。
		我是白酒
	Chardonnay	最受歡迎的白酒品種，略甜而帶有濃郁的果香。
	Chenin Blanc	清淡、略澀，常為混合酒使用。
	Sauvignon Blanc	從白色透明到奶油色的都有。

各大名牌便宜3～7成

Napa Premium Outlets

✉ 629 Factory Stores Drive，Napa
☎ (707)2269876
🕐 週一～六10:00～21:00，
　週日10:00～19:00
🌐 www.premiumoutlets.com/outlets/outlet.asp?id=25
🗺 P.252

在這裡，所有的名牌都以便宜3成到7成的價錢賣給你，這個暢貨中心(Outlets)擁有50種以上的名牌，像是Coach、Benetton、Kenneth Cole、Levis、Nautica、Guess、BCBG、Calvin Klein、

Gap……，價錢便宜讓你買到手軟，實在是Napa除了逛酒莊之外，另一個觀光客喜歡的地方。

納帕最頂級的美食餐廳

French Laundry

✉ 6640 Washington Street，Yountville
☎ (707)9442380
🕐 晚餐17:30～21:15，週五～日有午餐供應11:00～13:00
🌐 www.frenchlaundry.com
🗺 P.252

美國何其大，能榮獲全美Top 10餐廳是何等的殊榮，而位在Napa的這間餐廳，正是美食光環的所在，由舊金山頂尖大廚Thomas Keller所開的這間餐廳，曾經榮獲全美10大美食餐廳之一、全球50大餐廳，也是舊金山榮獲米其林3星榮耀的餐廳之一。

餐廳最早在1900年是個酒館(Saloon)，當1906年舊金山禁酒令發布後，酒館被賣掉，1920年代，這裡變成了洗衣店(French Steam Laundry)，這也是餐廳名稱的由來。1978年這裡的鎮長Don

Schmitt買下了它改裝成餐廳，1994年世界名廚Thomas Keller接手，從此成為納帕最頂級的美食餐廳。

菜色為典型法式，再融合現代美式的口味，主廚每日推出兩種套餐(testing menu)，每套9道菜色以上，因為Thomas的美食理念，是無論再美味的食物，感受都會越吃越下降(所謂的the law of diminishing returns概念)，因此，這裡的餐點小而美，套餐定價美金$295元，價格不菲，但平均還得兩個月前就訂位呢！

明星方岑的French Laundry美食體驗

(那年方岑來舊金山，知道她吃過French Laundry，還和主廚Thomas Keller合影過，很感謝她為我寫下這篇French Laundry的美食日記，與大家共享。)

French Laundry不是什麼洗衣店之類的，而是在美國葡萄酒鄉納帕的一間高檔法式餐廳，經營者Thomas Keller，是亞倫杜卡斯之外，世界上唯一同時拿下6顆米其林星的大廚。

光臨French Laundry的那天，我們點了美金$175元的餐，另加點白松露美金$45元，再加上酒和19%服務費，一個人就花了約美金$500元。(趕快ORZ膜拜一下，這就是朝聖的代價啊！)

餐廳裡頭低低的天花板，大小不一的房間，約容納16張桌子，用餐時安安靜靜的，只有Thomas Keller的廚藝，會讓你發出驚歎聲，嗯～真的是實至名歸呢！

也許是用餐的過程中我一直拍照，和朋友們認真地品嚐每一道料理，引發了餐廳經理的注意，最後他竟然主動邀請我們參觀整個French Laundry，瀏覽每個房間，還直搗黃龍地拐進廚房聖殿親眼目睹Thomas Keller像個將軍，站在井然有序大島桌的後方，指揮近10位工作人員。Thomas Keller和我們合照時人很親切，我和朋友們還私下猜想，他們該不會以為我們是米其林派來的秘密食客吧！

其實Thomas Keller在Napa還有另一間餐廳Bouchon，那裡輕鬆明亮的調性，與這裡大異其趣，價格也實惠多了，Bouchon強調法式鄉村輕食，麵包很有特色，塗麵包的鵝肝醬像瑪琪琳那麼大罐，香味濃郁四溢，吃起來非常過癮。

Bouchon
✉ 6534 Washington Street，Yountville　　📞 (707)9448037

圖片提供／方岑

French Laundry 的廚房

259

柏克萊大學
UC Berkeley

美國加州柏克萊大學(又稱加州大學柏克萊分校,University of California at Berkeley,簡稱UC Berkeley), 排名全美大學的前10大,創立於1868年,是美國加州大學最古老,也是最富盛名的一所公立大學, 全校學生約3萬多人,校園占地約27平方公里,這裡曾出過20多位諾貝爾獎(Nobel Prize)的得主,它也曾經是反越戰和1964年自由言論運動的中心,其頂尖的學術地位,至今無人能出其右,而其校園內的明媚風光,更是讓人印象深刻。

更讓人叫好的是,從舊金山出發,只要搭乘捷運(Bart),就能直達這裡,對於沒有車的自助旅行者來說,這裡實在是不求人的上選景點。

旅 行 小 抄
交通指南:如何從舊金山市區到柏克萊大學(Berkeley)

從舊金山市區到達柏克萊大學非常方便,只要學會搭乘捷運(Bart),約30分鐘即可到達。

舊金山市區任何一個捷運Bart車站上車。	→ 搭往Richmond列車(請注意:星期日須要轉車),在Downtown Berkeley站下車。	→ 轉搭公車AC 521,或朝Center Street往東走一個路口,左轉Oxford Street往北走兩個路口,即到達大學遊客中心。

柏克萊大學

✉ 舊金山東北方15英里　　　📞 (707)2267459

🔗 berkeley.edu(大學官網)，visitberkeley.com(地方旅遊局官網)

➡ 開車：從舊金山市區出發，經海灣大橋(Bay Bridge)，經I-80號高速公路往東，University Ave. 出口下；或搭乘捷運(Bart)：在Downtown Berkeley站下，往東步行兩個路口

自助式徒步逛校園

站在這所頂尖的美國學府，如果你以為學校裡的景點，只有一間一間的教室、單調的板擦和粉筆、綠油油的草皮，那可就大錯特錯了。跟著這份徒步校園地圖，一網打盡校園內的精華景點，如果能結合歷史故事、校園典故和增長知識的角度來遊覽，那麼柏克萊大學將會變得豐富又有趣。

柏克萊大學地圖

N

Chez Panisse Restaurant and Café

Cheese Board Pizza Collective

Hearst Ave.

赫斯特礦業大樓

University Ave.

柏克萊大學 西區校門

←Bart車站 (Downtown Berkeley站)

Center St

Oxford St

柏克萊藝術博物館和 太平洋電影資料館

Top Dog

生命科學館

加州廳

總圖書館

薩勒塔

南廳老建築

薩勒門

史普羅廣場

大學遊客中心

赫斯特人類學博物館

Gayley Rd

Piedmont Ave

Bancroft Way

Bancroft Way

Durant Ave

電報街

Channing Way

Fulton St

Ellsworth St

Dana St

Haste St

Telegraph St

Bowditch St

College Ave

Piedmont Ave

柏克萊藝術博物館和太平洋電影資料館
Berkeley Art Museum and Pacific Film Archive

✉ 2155 Center St, Berkeley, CA 94720

📞 (510)6420808

🕐 週三、四、日11:00～19:00，週五、六 11:00～21:00

💲 $12

🌐 www.bampfa.berkeley.edu

➡ AC公車1、7、18、25、49、51B、52、800、851號，或搭Bart在downtown Berkeley站下車，步行約5分鐘

美國大學大多幅員廣大，有許多的大門入口，位於柏克萊大學的西區校門，沒有大門，只有一個銅製圓球的雕塑，卻是建議必走的一處入口，原因是2016年1月才重新開幕的柏克萊藝術博物館和太平洋電影資料館就在不遠處，而緊鄰入口的Center Street非常具有大學城街道的風味，許多的餐廳林立、熱鬧的人潮，這條街上可以吃到當地最有名的Top Dog熱狗(269頁)，讓你滿足一下懷念的學生夢。

Center street上的柏克萊藝術博物館和太平洋電影資料館，是視覺藝術的中心，收藏有一萬九千多件的藝術作品，及一萬七千多件的影像作品，更時常會舉辦各種主題的展覽、演講等等，創立於1963年的它，由於舊建築不敷使用，決定移址到新處，2016年新建築落成，由建築師Diller Scofidio和Renfro所設計，其融合Art Deco與鋼鐵的簡約風格，以及室內大膽用色與現代空間感的運用，實在值得一探。

讀建築 `MAP` P.261

赫斯特礦業大樓
Hearst Mining Building

　　建於1907年的這棟大樓，是由 John Galen Howard所設計的，被喻為全校最美麗的建築物。大樓內牆上展出的歷史圖片，是來自早期加州礦景的珍貴資料。

知識充電站

發現鉳、鈾、鉲的大學

柏克萊向來具有自由的校風與反戰的精神，這裡不但是60年代嬉皮運動的擁戴者，更是社會運動的鼓吹地。除此之外，這裡更是世界科學的研究發展重心，例如，二次世界大戰時期，這裡就曾經是美國研發原子彈的基地之一，而維生素B、E、K就是在此發現的，甚至許多物理上的元素，像是鈾(Uranium 238)等等，也是在此發現的，而鉳(Berkelium)和鉲(Californium)發現時的命名，就是以這所大學的名稱來命名的。

找把手 `MAP` P.261

加州廳
California Hall

　　校長辦公室位於這裡，1964年這裡是自由言論運動（Free Speech Movement)的起源地。猜猜看這裡的大門為什麼沒有把手？原來，當時大批的學生聚集於此，他們抗議校長藐視他們的需要與言論自由，就把當時的大門綁了起來，不讓校長出入，現在大門連把手都拆了，這可是校方和學生鬥智鬥力的結果喔！

尋找女神 `MAP` P.261

總圖書館
Doe Memorial Library

　　校園內有超過20座以上的圖書館，而這個總圖書館，是全美前4大的圖書館之一，僅次於美國的國會圖書館、哈佛大學及耶魯大學。抬頭仰看圖書館的大門口，會有一個希臘女神海神娜(Athean)的雕像，她是希臘的智慧之神。進門後往右走會經過莫里森閱讀室(Morrison Reading Room)，據說那是世界上最安靜的角落。

🦴 找恐龍

MAP P.261

生命科學館 Valley Life Science Building

看過電影《侏邏紀公園》嗎？想知道裡頭的暴龍大到什麼程度嗎？一隻樓高3層的大恐龍就在這裡等著你，它的名字叫Osborn，這隻暴龍來自真正比例的化石模型，如果不過癮，屋頂上的始祖鳥，讓你更High，彷彿走進了史前時光。大門口的靜態展覽，有史前老虎的化石骨骼等等，另外還有個古生物學博物館(Museum of Paleontology)，讓你能進一步探索，這裡是校園內最大的建築物，不妨逛逛它到底有多大。

↓樓高3層的大恐龍非常震撼

ONE DAY TRIP

⟡ 參觀依希的故事
MAP P.261

赫斯特人類學博物館 Phoebe Hearst Museum of Anthropology

✉ 103 Kroeber Hall(Bancroft Way 和College Ave.交叉口)

☏ (510)6437648

🕐 週三～六10:00～16:30，週日12:00～16:00

休 週一、二休館

$ 免費

http hearstmuseum.berkeley.edu

博物館導覽團 Docent Tour

☏ (510)6437649

@ pahma-education@berkeley.edu

　　創立於1901年，是全美國西岸最老也最大的人類學博物館，這裡展示著從加州、祕魯、埃及、墨西哥馬雅等等的文化及手工藝品，最特別的是印第安人依希(Ishi)的展覽。

　　依希為美國原住民Yahi部落的一員，自1911年起，他住在博物館內，傳下了Yahi部落珍貴的文化和民俗技藝，直到他在1916年去世為止。

　　目前博物館因整修暫時休館，預計在未來會重新開放，所以行前最好再上網或電話加以確認。

⟡ 緬懷自由運動
MAP P.261

薩勒門／史普羅廣場 Sather Gate／Sproul Plaza

　　以花崗石及青銅製的薩勒門，是大學的正門，正門前方即是1964年自由言論運動的發源地——史普羅廣場(Sproul Plaza)，當時這裡舉行了無數次的靜坐、學生運動與示威抗議活動，如今是學生活動的中心，無數的社團活動在此，學生福利社和咖啡廳也在此，這裡的大學禮品店，是買大學紀念T恤和吉祥物小金熊的好地方。

史普羅廣場已成學生聚會中心

🏃 秉持柏克萊精神   MAP P.261

電報街
Telegraph Street

史普羅廣場跨過一條街，就是逛街的好地方——電報街了。這裡秉持了柏克萊人叛逆的精神，販賣的東西相當特殊，承襲著60年代的嬉皮風味，廉價餐廳、邊緣商品、特色書店……，非常具有阿飛精神。

↑順應潮流的總統T

🏃 美景無敵   MAP P.261

薩勒塔 Sather Tower(Campanile)

✉ S Hall Rd.
🕐 週一～五10:00～15:45，週六10:00～16:45，
　週日10:00～13:30及15:00～16:45
💲 $3

登上307呎高的它，整個校園、從柏克萊到舊金山灣的美景盡收眼前，美不勝收。建於1914年，這個由John Falen Howard仿照威尼斯聖馬可波羅鐘樓所建造的鐘塔，如今已成為整個校園的中心地標，也是柏克萊的精神象徵。 由61個鈴鐘組成，每小時響一次，幸運的話你可以聽到它響徹雲霄的鐘聲，回憶起你美麗的學生時光。

小金熊傳奇

「嗨！我叫Oski。」這隻有名字的小金熊(Golden Bears)，是柏克萊的象徵，仔細看它還真的和加州州徽上的加州熊，有著神似的兄弟臉呢！柏克萊人迷戀這隻小金熊的程度，從校園裡四處「熊」影幢幢，就看得出端倪，甚至連建築物的把手，都細緻地雕飾著這隻小金熊，就知道它有多受歡迎了。

再仔細看看四周，到處都是穿著寫著Cal字樣T恤的大學生，原來Cal是California的縮寫，因為過去的美國大學運動聯賽裡只有一所加州大學，也就是柏克萊大學，所以柏克萊就一直以California為校名，簡稱Cal，甚至沿用至今。

就像我們的北一女以綠制服為榮，柏克萊生以Cal T恤為榮是一樣的

道理。這裡榮耀的光環，甚至連停車位都是尊貴的象徵。如果你發現停車格裡寫著「Reserved For NL」，就要趕快睜大你的眼睛，因為NL的意思，是指諾貝爾獎(Nobel Laureate)，所以能停在這個格子裡的主人，當然非同小可，可是享譽世界諾貝爾獎的得主或候選人啦！

連門把都是小金熊的標誌

找金熊

`MAP` P.261

南廳老建築
South Hall

超過130多年的歷史，South Hall是全校最老的建築。特別的是建築內有20個小金熊，這隻名為Oski的小金熊，是柏克萊大學的吉祥物，賞建築找金熊，是這裡特別為你設計的旅行小遊戲。

Chez Panisse Restaurant and Café

✉ 1517 Shattuck Ave. Berkeley
📞 (510)5485049
🕐 週一～六餐廳17:30～21:15，咖啡廳11:30～23:30
🚫 週日休息　　http www.chezpanisse.com

來到柏克萊(Berkeley)，最不能錯過的就是這間Chez Panisse餐廳，距離柏克萊大學並不遠，走路約15～20分鐘，但是卻是加州美食的地標，很難抹去的一段輝煌的歷史。

這間餐廳是加州菜(California Cuisine)的發源地。成立於1971年，它的創辦人Alice Waters，在這裡研發出加州菜的作法與精神，從此席捲整個美國西部，成為加州菜的代表。

來過這間餐廳數次，烹調水準很值得一嘗，曾經在2006～2008年間榮獲美國Restaurant Magazine評選為世界50大餐廳之一，並榮獲米其林1星餐廳的殊榮。

菜單內容每日更換，週一價錢最便宜，約美金$75元，週二～四為$100元，週末較貴為$125元，所以想便宜嘗鮮，星期一來比較能撿到便宜。

加州菜標榜新鮮及使用當季盛產的材料

🍕 加州比薩天王 MAP P.261

起司板合作社 Cheese Board Pizza Collective

- ✉ 1512 Shattuck Ave Berkeley
- ☎ (510)5493183
- 🕐 週二～六：午餐11:30～15:00，晚餐16:30～20:00
- 休 週日、一　　http cheeseboardcollective.coop

位在加州菜發源地、也是米其林一星餐廳Chez Panisse的斜對門，被網路選為美國最值得一嘗的10道佳肴，這次居然沒有Chez Panisse的份，而光環卻悄悄地落在這個小小的、卻永遠在大排長龍的Pizza店。

現場永遠人山人海，加上Live Music的演奏，氣氛熱鬧又悠閒，當咬下Pizza的霎那間，那濃郁無比的好滋味，讓你突然了悟了，為什麼有人說，沒吃過這間店就算沒來過柏克萊。

不愧為柏克萊平民美食界的天王，也是我此生吃過最好吃的

Pizza之一。這間開始於1971年的老店，也被稱為加州菜發源地必訪的景點之一(Gourmet Ghetto)，雖然每日只提供1種口味的素食Pizza，就已經打遍天下無敵手了，選用當季新鮮的蔬菜與當地特產的起司，簡單的料理，就可以變化出味覺的豐富層次，這些是加州菜的精神，這裡不但發

揮得淋漓盡致，而且「員工即老闆」的合作社經營概念，使得生意蒸蒸日上，儼然已成柏克萊平民美食的地標了。

🌭 大學生的最愛 MAP P.261

頂尖熱狗店 Top Dog

一店
- ✉ 2534 Durant Ave Berkeley
- ☎ (510)8435967
- 🕐 週一～四10:00～02:00，週五至凌晨03:00，週六11:00～03:00，週日11:00～02:00

二店
- ✉ 2160 Center St Berkeley
- ☎ (510)8490176
- 🕐 週一～五10:00～23:00，週六11:00～23:00，週日11:00～22:00
- http topdoghotdogs.com

1966年的老店，陪伴著柏克萊學生多少個歲月，這個學生最愛的平民美食，也是當地最富盛名

的熱狗店之一。

第一間老店位在Durant街上，紅色的老磚房不時飄出熱狗的烤肉香，營業到深夜2、3點，具有歷史的意義，熱鬧Center街上的新分店，則裝潢現代整潔許多，向來是大學生們的最愛。

彈牙扎實的口感，有牛肉、豬肉、雞肉、素食等各種熱狗的口味，更棒的是醬料隨你加，是柏克萊學生美食的代表之一。

如何參加
當地短期旅行團

自助旅行者，往往因為交通問題，無法到達較遠的景點，這裡教你如何參加當地的中文旅行團，這些由當地老中旅行社所辦的旅行團，不但說國語，解決了你語言不通的問題，有的還有免費的定點巴士接送，甚至行程當中的解說，也說中文，是你想拓展旅行版圖的最佳幫手。

當地中文旅行社哪裡找？

方法1：直接打電話給他們，他們統統說國語。

舊金山當地的中文旅行社

名稱	電話 (電話撥話方式見281頁)	網站
泛偉假期	(415)8311183	www.travelnewworld.com
麗山旅遊	(415)4212171	www.lassentours.com
美加旅遊	(888)5896688	www.c-holiday.com
Vi Vi Travel	(415)4341688	–

方法2：買一份當地的中文報紙，舊金山最有名的中文報為《星島日報》及《世界日報》（通常中國城可以買到），跟著中文報上的旅行社廣告，找到喜愛的行程，別害怕打電話去問，他們都說國語。

行程一把抓

　　由舊金山出發的行程包羅萬象，有舊金山市區一日遊(San Francisco City Tour)，再連結其他景點，如優勝美地國家公園、17哩黃金海岸、赫氏古堡等2～4日郊區遊，甚至可連結到洛杉磯、拉斯維加斯、黃石公園或美國東岸。基本上，某些行程的團費是不包括用餐的，記得要詢問清楚，另外司機和導遊的小費須另付，每日約美金$6元左右。

　　有些團可以到旅館去接送，但大部分都是自行到巴士的集合地點

玩家交流

當地人怎麼玩？

　　一般觀光客比較喜歡去的郊區行程，是納帕酒鄉、優勝美地國家公園，而當地人雖然也喜歡到納帕飲酒，但有時會選擇觀光客較少的索挪瑪(Sonoma)山谷，這裡一樣有許多的酒莊，且觀光客較少。

　　每年一到冬季，當地人喜歡到太浩湖(Lake Tahoe)滑雪，如果連著雷諾(Reno)賭場一起玩，可以連成2天以上的行程，這對很少有滑雪機會的台灣觀光客來說，算是相當新鮮的行程。

索挪瑪 Sonoma
http www.sonoma.com

太浩湖 Lake Tahoe
http www.visitinglaketahoe.com

雷諾 Reno
http www.reno.gov

上車，集合地點除了在舊金山市區之外，也包括San Jose、Milpitas、Cupertino、San Mateo、Oakland等，記得詢問清楚。

熱門行程參考價

行程	天數	參考價(美金)	內容
舊金山市區觀光(City Tour)	1天	$70	聯合廣場、雙峰、金門公園、金門大橋、藝術宮及海灣巡遊，幾乎重要景點都會遊覽到。
◎蒙特利、17哩海岸 (Monterey、Bay-17 Miles Drive、Carmel)	1天	$88	參觀著名的蒙特利水族館、最美麗的17哩陽光海岸，還有克林伊斯威特當過鎮長的歐洲藝術小鎮Camel。
優勝美地＋赫氏古堡 (Yosemite-Fresno)	2天	$128起	遊覽美國國家公園優勝美地，及美國報業鉅子雄偉華麗的故居Hearst Castle。
納帕＋俄勒岡州＋綺麗湖 (Napa＋Oregon＋Crater Lake National Park)	3天	$178起	納帕酒鄉品酒、遊覽紅木國家公園、綺麗湖國家公園及印第安人的古戰場。

※價格依各旅行社的公告為準，此僅為參考價。
※有◎者為作者極力推薦的行程。

舊金山郊區車程表

方向	地點	開車距離(從舊金山出發)
北	Muir Woods	0.5小時
	Napa／Sonoma wine country	1小時
東	Oakland downtown	20分鐘
	Lake Tahoe	4小時
	Reno	4～5小時
	Yosemite National Park	4小時
	Las Vegas	12小時
南	Half Moon Bay	35分鐘
	San Jose	1小時
	Santa Cruz	2小時
	Carmel／Monterey	2.5小時
	Los Angeles／Disneyland	8小時

郊區一日遊—當地短期旅行團

271

TRAVEL INFORMATION
實用資訊

遊客在行程上所需要的所有資訊盡皆囊括其中，讓您的行程規畫得更為完整，確保旅遊的平安與舒適。

【前往與抵達】（P.272）
* 簽證
* 航空公司
* 美國海關
* 政府單位
* 平安保險辦理

【航空交通】（P.274）
* 機場
* 機場交通
* 出境
* 公共巴士
* 叮噹車
* 計程車
* 捷運
* 火車
* 渡輪
* 開車、停車與租車

【觀光客服務台】（P.278）
* 遊客中心

【消費購物】（P.278）
* 營業時間
* 貨幣
* 消費指南表
* 折扣日
* 小費

【日常生活資訊】（P.279）
* 時差
* 國定假日&溫度對照表
* 華氏、攝氏氣溫對照表
* 打電話
* 節慶
* 醫院與藥局
* 網路
* 郵寄
* 電器使用
* 報紙與媒體
* 治安
* 實用網站
* 徒步旅行團
* 單位換算
* 尺寸對照表

舊金山旅遊黃頁簿

Travel in San Francisco

前 往 與 抵 達
DEPARTURE & ARRIVAL

簽證

美國於2012年10月2日宣布台灣加入免簽證計畫(簡稱VWP計畫)。根據這項計畫，只要是符合資格的台灣晶片護照持有人，即可赴美觀光旅遊或商務達90天，無需簽證，但規定到期後不得延簽，或在美國改變身分(如變更成學生簽證等等)，詳情可上網詳查。

http 到www.ait.org.tw/zh/vwp.html

只要赴美觀光不超過90天即不須簽證，但仍須申請一個名為ESTA的旅行許可證，申請前要準備好具有有效期限的護照及信用卡，只要上網申請、上網付款(約美金$14元)即可，詳情可上網查詢。這個ESTA旅行許可自核准日起具有兩年的效期(除非你的護照過期)，最遲在旅行前的72小時前一定要送出申請。

http esta.cbp.dhs.gov/esta/application.html?execution=e3s1

美國在台協會台北辦事處

✉ 台北市信義路3段134巷7號
☎ (02)21622000
http www.ait.org.tw

航空公司

台灣直飛往舊金山的航程，去程約11個小時，回程約13.5小時，有些航空公司可以在香港、東京等地轉機，但以直飛為多。

由於航程較遠，因此記得行前辦理好航空公司的貴賓聯誼卡，用此累積里程，只要累積到一定的里程，日後就有好康。

台灣飛往舊金山航空公司查詢電話

航空公司	美國連絡電話	台北連絡電話
華航 (China Airlines)	(800)2275118	27151212
長榮 (Eva Airlines)	(800)6951188	25011999
聯合航空 (United Airlines)	(800)2416522	23258868
新加坡航空 (Singapore Airlines)	(800)7423333	25516655
國泰航空 (Cathay Pacific Airlines)	(800)2332742	27152333

美國海關

在飛往舊金山的班機上，機上的空服人員會發給你入關的表格，須填寫好「美國海關申報表」，記得入境美國最好不要攜帶肉製品、水果、植物、動物或是超過1萬元美金，否則都要誠實申報。

飛抵美國入關時，美國海關人員將會檢查你的相關證件，並按指紋及照相，海關人員還會簡單地詢問你一些問題，如：「你此次會來美國幾天？住在哪裡？有攜帶食物嗎？」等等，請據實回答，若不了解英文，可以請求翻譯協助。

政府單位

駐舊金山臺北經濟文化辦事處(Taipei Economic and Cultural Office in San Francisco)可以幫助你。

✉ 555 Montgomery Street，Suite 501，San Francisco

☎ 旅外國人急難救助行動電話：(415)2651351
美國境內直撥：(415)2651351

⁉ 急難救助專供車禍、搶劫、被補等緊急求助之用，非急難重大事件，請勿撥打。有關護照、簽證等一般領事事務，請向舊金山臺北經濟文化辦事處查詢

FAX (415)3627680

http www.roc-taiwan.org/US/mp.asp?mp=66

平安保險辦理

美國的醫療費用真的超貴，雖然全民健保也可以理賠國外的醫療費用，某些國內的醫療保險，也包括國外的醫療、住院費用理賠，但出國前加買旅遊平安險，真的值得慎重考慮的。

旅遊平安險有意外險和醫療險這兩種，意外險是指因意外發生而導致的殘障和身故有所理賠。醫療險則包括國外住院、手術、治療和醫藥費用的理賠。另有海外旅遊不便險，理賠行李遺失延誤，飛機延誤、食物中毒等項。

桃園國際機場即有投保櫃檯，而且手續相當簡便，可以慎重考慮。

旅行小抄

帶月餅通關請小心

8、9月遊美國，海關很可能會詢問你有沒有帶月餅(Moon Cake)，雖然攜帶餅乾、糖果類食品未被禁止，但是有些月餅內含肉類(如：伍仁)，海關很可能會因此開箱檢查，還是請誠實回答。

海關對話一把抓

Q. Why did you come to America／What is the purpose of your visit？(你為何來美國／你來訪的目的？)
A. Sight-seeing.(觀光。)
Q. How long will you stay in America？(你會在美國待多久？)
A. 10 days.(10天。)
Q. Where will you stay in America？(你在美國住哪裡？)
A. XXX Hotel.(XXX旅館。)
Q. Sorry！I can not speak English. Could you find someone to help me？(對不起，我不會說英文，你可以找人來幫我嗎？)

航空交通
TRANSPORTATION

機場

舊金山國際機場距市區30分鐘的車程，可以在機場坐捷運(Bart)，直達舊金山市區(在Powell Street下，就是舊金山最熱鬧的聯合廣場)，對自助旅行者來說非常便利。

舊金山國際機場(San Francisco Airport)共分為4個航站：
• 第1航站(Terminal 1)
• 第2航站(Terminal 2)
• 第3航站(Terminal 3)
• 國際航站(International Terminal)

第1、2、3航站是國內航站，國際航站是國際航線的飛機報到和到達的地點。

可運用國際航站Level 4的機場接駁車(Air Train)，到達各航站(Terminal)及停車場(Garage)。Air Train每天24小時，每4分鐘一班，當然，你也可以靠步行到各個航站，整個走一圈約25分鐘。

San Francisco International Airport
http www.flysfo.com
☎ (650)8218211(機場諮詢Airport Information)
(650)8217900(停車諮詢Airport Parking)
(650)8217014(失物招領Lost & Found)

舊金山國際機場

機場交通

由舊金山機場前往舊金山市區的5種方式：

方式	搭乘資訊
計程車 Taxi	💲 從機場坐計程車到舊金山市區約美金$65元上下
共乘小巴士 Shuttle	💲 約1人15～18美元，如果能事先預約更好 Door to Door Van Services服務電話： ●Advanced Airport Shuttle ☎ (650)5046641 ●American Airporter Shuttle ☎ (415)2020733 http www.americanairporter.com ●Airport Express ☎ (415)7755121 http www.airportexpresssf.com
捷運 Bart	💲 在國際航站的level 3搭乘Bart到達舊金山市區各點，約40分鐘到達，費用約美金$8元上下 ●Bart ☎ (650)9922278 http www.bart.gov
公車 SamTrans Public Bus Service	連接機場到San Mateo County和部分舊金山和Palo Alto的幾個點
租車	搭機場接駁車(Air Train)藍線(Blue Line)到達租車中心(Rental Car Center)

公共巴士

舊金山公車從早上5點開始服務，一直到午夜，甚至還有開到深夜的夜貓子公車路線，它是舊金山市民最常利用的交通工具。

公車總類共有3種：Muni、Metro和F線骨董街車。Muni公車通常行駛於地上，為市營公車，通常是以數字來劃分路線。搭乘次數多的話，可考慮購買Visitor Passports(見47頁)。

Metro公車行駛於地面下，是地下公車，是以英文字母來劃分路線，如J、K、L、M、N。

F線是老骨董街車，可從Market Street坐到漁人碼頭，觀光客不要錯過，請詳見44頁。

需要公車全區搭車地圖者，可以在舊金山遊客中心買到。

如果需長期使用Muni公車，不妨考慮購買Clipper卡，這是一種可用於公車、捷運、Caltrain火車的多功能加值卡。相關資訊請見Muni網站。

Muni／Metro／F line小百科

📞 (415)6736864

💲 成人$2.25，學生、老人、殘障$1，4歲以下免費，上車投現不找零。1.5小時內轉搭其他公車時，請於上車時向司機拿轉乘券(Transfers)，下趟公車出示轉乘券可免費

🌐 sfmta.com

❓ Muni地鐵車站售票機購票，或上車投現

Muni公車站牌

計程車

計程車計價方式為起跳$3.50，0.2英里之後每0.2英里為$0.55，每等候1分鐘再加$0.55，前往機場要再加$4，行李不多收費，乘客要自付過橋費及小費。可到Taxi Fare Finder網站算出大約的計程車費。

除計程車外，也可上Uber或Lyft網站訂車，這也是近幾年來相當流行的素人叫車網站及APP。如果怕英文不好，以下提供華人經營的私人叫車行，這裡說中文都可通，但以提供機場接送為大宗。

Taxi Fare Finder網站
🌐 www.taxifarefinder.com

計程車叫車電話
📞 Arrow Cab (415)6483181
📞 DeSoto Cab (415)9701300
📞 Green Cab (415)6264733
📞 Luxor Cab (415)2824141

Uber
🌐 www.uber.com

Lyft
🌐 www.lyft.com

華人機場接送(通中文，天天機場專車)
📞 (510)5070468

舊金山計程車投訴電話 San Francisco Police Department Taxi Detail
📞 (415)5531447

舊金山的計程車有各種顏色

捷運Bart

　　捷運Bart沿著Market Street行駛於舊金山市區的某些景點，之後經由跨海的海底隧道，共分5條路線，共43站，連結到舊金山外的10多個城市，甚至到舊金山國際機場，每15～20分鐘一班，非常便捷，是舊金山連結周邊其他城市的好幫手。

Bart小百科

📞 (415)9892278(舊金山Bart車站)
　(877)6797000(捷運警察)
　(510)4647090(失物招領)

🕐 服務時間：週一～五:04:00～午夜，週六06:00～午夜，週日及國定假日08:00～午夜
　班車時間：尖峰時間每15分鐘一班車，離峰時間每20分鐘一班

💲 $1.75～10不等，不同車站不同價錢

🌐 www.bart.gov

各站的票價，4歲以下小孩免費

跟著螢幕顯示的步驟操作

紙幣(bills)及零錢幣(coins)投入口，可選擇找零

信用卡或提款卡插入口

舊車票插入口

退幣口及收據

火車

　　Amtrak為美國國鐵，可以連結到全美國的城市如洛杉磯、芝加哥等等。火車票價依不同時間、不同路段、不同價錢，可以上網或電美國24小時電話訂購，或在車站、旅行社購買。

　　Caltrain火車則是屬於地方性的火車，連結舊金山到Palo Alto、San Jose、Santa Clara等周邊的城市，票價單程約美金$2.25～11元之間，不同城市不同價錢。

Amtrak
📞 (800)8727245
🌐 www.amtrak.com

Caltrain
✉ 700 4th Street
📞 (800)6604287
🌐 www.caltrain.com

渡輪

　　乘坐渡輪可以到達各觀光小島，如惡魔島、天使島、Sausalito、Tiburon等海邊小鎮，甚至到達Oakland或納帕等城市，有些船公司還推出海灣用餐的巡遊行程，觀光客可以多多利用。

藍金號渡輪 Blue & Gold Fleet
📞 (415)7058200(資訊專線)，
　(415)7055555(購票專線)
🌐 www.blueandgoldfleet.com
💲 可上網買票，或在Pier 41、39號售票口買票

紅白號渡輪 Red & White Fleet
📞 (415)6732900
🌐 www.redandwhite.com
💲 上網買票，或在Pier 43 1/2售票口買票

鳴號角號 Hornblower Cruises $& Events
📞 (888)4676256，(415)4388300
🌐 www.hornblower.com
💲 上網買票，Pier 3或Pier 40上船

開車、停車與租車

在舊金山開車，當地的法令是不可開車打手機(除非使用藍芽耳機)，前後座都必須繫上安全帶，市區除了特殊規定，速限25mph，小孩小於8歲，或身高未超過4尺9吋(約144公分)者，開車時都必須要做安全座椅。

在舊金山停車有特別規定，規定上坡停車時，輪胎須轉向路面，下坡停車時，輪胎要朝向路邊行人道，搞不清楚的話，可以看看別的車子是怎麼停的，如果上、下坡停車，輪胎沒有轉向，在舊金山是會受罰的。此外，市區的停車費通常都很貴，一天會到美金$20～25元。

租車公司一般只租給21歲以上有駕駛執照的人，有的租車公司甚至會要求25歲以上，租車者須準備駕駛執照(或國際駕照)、護照及信用卡擔保，沒有信用卡者須預付大量的現金。

全國連鎖租車網站一把抓

Hertz
http www.hertz.com

Avis
http www.avis.com

Dollar
http www.dollar.com

Budget
http www.budget.com/budgetWeb/html/rentals/sanfrancisco-rental.html

Alamo
http www.goalamo.com

National Car Rental
http www.nationalcar.com

旅行小抄

遊舊金山，一定要知道的幾個數字

2.25	公車票價2.25元。
7	叮噹車票價7元。
8.75%	2013年1月1日起，買的東西最後再加上8.75%的營業稅，才是最後價錢。
15%	旅館稅是14.07%，再加上州稅及舊金山城市旅遊稅，總和約15%。
15~20%	餐廳須付15～20%的小費。
21	舊金山飲酒規定為21歲，販賣酒的場所會查驗護照。
70~40	舊金山的氣溫，最高溫很少高於70度F(21度C)，最低溫很少低於40度F(5度C)。
415	舊金山的城市電話區碼。
511	一定要記得的網站是www.511.org，打上起點和終點的地址，可以立刻查出連結的公車路線，非常好用。
911	緊急報案電話為911，台灣是119。
94115 94133	舊金山郵遞區碼。

觀 光 客 服 務 台
TRAVEL INFORMATION

遊客中心

位於聯合廣場附近的舊金山遊客中心，裡面有很多免費的旅遊資訊及地圖，這些觀光資訊的小冊子內，有很多景點、餐廳的折價券，除此之外，現場並有專人協助解答，真是不逛不可。

San Francisco Visitor Information Center

✉ 900 Market Street，Hallidie Plaza地下一樓，(Powell和Market Street交叉口)

☎ (415)3912000，(415)3912001(有關城市節慶活動的資訊)

🕐 週一～五09:00～17:00，週六09:00～15:00

🚫 週日休息

🌐 www.sanfrancisco.travel

消 費 購 物
SHOPPING

營業時間

銀行	週一～五09:00～17:00，有些銀行週六有開，但週六只開至中午
辦公時間	週一～五08:30～17:30
餐廳	早餐：08:00～中午 午餐：中午～15:00 晚餐：17:30～22:00 早午餐(Brunch)：10:00～14:00
商店	10:00或11:00～18:00或19:00 週日比較早關門，通常到18:00

貨幣

1美元約為台幣31元上下，即時匯率可上網查詢。

匯率查詢

🌐 tw.money.yahoo.com/intl_currency

消費指南表

投幣式罐裝汽水	$1.25(美金)
電影票	$10
麥當勞速食套餐	$5
平信郵資	$0.47
計程車起跳	$3.50
星巴克咖啡	$3

折扣日

每年感恩節和聖誕節之後是最大的折扣季，撿便宜就要趁此時。美國的服裝商店幾乎隨時隨地都有減價區，進商店先別急著買，寫著Sale或Clearance的區域通常都在後頭，可以讓你撿到大便宜。美國購物不滿意幾乎可以退換，只要在商家規定的退貨時間內(大多是7～14天，有些店還到30～90天)來退換，只要保留收據和吊牌，幾乎都不會有什麼問題。

小費

美國是小費至上的國家，做什麼都別忘了給小費啊！

小費一覽表

餐廳	15%，高級餐廳到20%
酒吧	15%
計程車司機	15%
泊車小弟	美金$1～2元
旅館侍者	每件行李美金$2～4元
旅館清潔人員	1天1人美金 $1元

日常生活資訊
BEING THERE

時差

舊金山與台灣有時差，比台灣慢16個小時。每年3月的第2個星期日02:00起，到11月的第1個星期日02:00止，為了充分利用陽光節省能源，因此，時鐘會撥快1小時，是所謂的夏令時間(Daylight Saving)，此時舊金山與台灣時差約15個小時。

舊金山	台灣
8	24
9	1
10	2
11	3
12	4
13	5
14	6
15	7
16	8
17	9
18	10
19	11
20	12
21	13
22	14
23	15
24	16
1	17
2	18
3	19
4	20
5	21
6	22
7	23

※本表時間為非夏令時間，若為夏令時間(3月的第2個星期日～11月的第1個星期日)，舊金山時間應再加1小時，如本表舊金山為8點，其實為9點。

電器使用

舊金山的電壓是115～120伏特，相容於台灣，台灣來的電器請隨便插。

報紙與媒體

注意美國街頭的自助式報亭，這裡你可以投幣買到當地的英文報，還有免費的娛樂週報可拿，舊金山最出名的英文報紙是《Chronicle》和《Mecury News》，免費的吃喝玩樂週報是《Guardian》、《SF Weekly》、《Metro》等，這些都是你尋找當地熱門表演活動的頭號大幫手，另有月刊《Where Magazine》，你通常可以在當地的遊客中心免費索取，上頭有當地當月最新的生活娛樂情報。

治安

舊金山治安較差的區包括有：Tenderloin、Western Addition、Civic Center和某部分的Mission District、Golden Gate Park，白天基本上都還算安全，入夜後就盡量不要逗留在這些區域內。

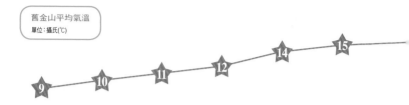

舊金山平均氣溫
單位：攝氏(℃)

9　10　11　12　14　15

・1月1日／新年
・1月的第3個週一／金恩紀念日
・2月的第3個週一／總統日
・5月的最後1個週一／陣亡將士紀念日

| 1月 | 2月 | 3月 | 4月 | 5月 | 6月 |

　　舊金山一年四季溫和，年平均氣溫在攝氏10～18度之間，但日夜溫差大，1月、2月是舊金山的雨季，降雨機會較多，其他季節都適合旅遊。預知舊金山即時氣象和氣溫，請上網查詢。

　　雖然舊金山四季氣候宜人，但日夜溫差會到10度，所以攜帶的衣服，以多層次的洋蔥穿法最聰明，隨時在背包裡放一件小外套，入夜時你會感激我所言不假。

The Weather Channel官網

http www.weather.com

　　美國氣溫多採華氏(℉)，通常與台灣採的攝氏(℃)不同，換算方式請見右圖。

華氏(℉)	攝氏(℃)
110℉	
100℉	40℃
90℉	30℃
80℉	
70℉	20℃
60℉	10℃
50℉	
40℉	
32℉	0℃
20℉	
10℉	-10℃
0℉	-18℃
-10℉	
-20℉	-30℃

華氏(℉)　攝氏(℃)

　　舊金山的公用電話為50分可打15分鐘，若是不同區碼的電話，則有不同價錢，可以拿起話筒先撥號，電話內接線生會告知你須投入多少硬幣。

　　不同區碼的電話號碼，撥號時前面要加1，例如舊金山電話區碼是415，如果所打的電話是650-1234567，在舊金山撥打，就必須撥 1-650-1234567。

　　市區公用電話只能使用硬幣投幣，可用硬幣為25分、10分及5分，只要硬幣足夠，美國的公用電話可以撥打國際電話。

舊金山實用電話

緊急電話：911
大眾捷運系統交通查詢：511
市區官方消息熱線：311
警察(非緊急狀況)：(415) 5530123
火災(非緊急狀況)：(415) 8618020
救護車：(415) 9313900
查號台：411，外區查號台是 (415) 5551212
路況查詢：(800) 4277623
郵局查詢：(800) 2758777
活動熱線：(415) 3912000

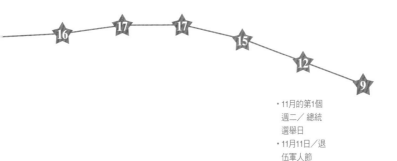

·11月的第1個
週二／總統
選舉日
·11月11日／退
伍軍人節

·7月4日／獨立
紀念日(美國國
慶)

·9月的第1個週
一／勞工節

·10月的第2個
週一／哥倫布
紀念日

·11月的第4個
週四(連續假
期)／感恩節

·12月25日(連
續假期)／聖
誕節

| 7月 | 8月 | 9月 | 10月 | 11月 | 12月 |

從美國打美國本地

不同區碼，前面要加1。美國的電話是7碼，區域號碼是3碼，手機電話和一般電話一樣，按一般打法即可。

撥打方式	加碼	區域號碼(area code)	電話號碼
本區電話 (撥給區域號碼相同的電話)			×××××× (區域號碼一樣的電話對打，只需撥對方的電話號碼即可)
外區電話 (指區域號碼不同的電話)	1 (最前面要加1)	415	××××××

美國打台灣

打台灣手機要去掉前面的0，出國先買好國際電話預付卡，比在當地使用手機漫遊便宜。

撥打方式	國際冠碼	國碼	區域碼	電話號碼
一般電話	011	886	2(台北)	×××××××× (台灣電話號碼由6～8碼不等)
手機	011	886	(不須區碼)	××××××××× (9碼，要去掉第一個號碼0)

從台灣打美國

通常21:00～08:00為減價時段。

撥打方式	國際冠碼	國碼	區域碼	電話號碼
一般電話 (打手機和一般電話相同)	002／007／009等	1	415(舊金山)	×××××× (共7碼)

281

最值得推薦的節慶，是6月最後1個週末舉行的「同性戀驕傲大遊行」，10月31日晚上的「萬聖節化妝街頭舞會」。

時間	活動	電話、網站
1月1日	新年慶祝會 (Happy new year)	舊金山旅遊局 (415)3912000 www.sanfrancisco.travel
1月不定	舊金山美食節 (Dine about Town)	www.dineabouttown.com
2月 (農曆1月1日)	中國新年慶祝會 (Chinese New Year)	(415)9823071 www.chineseparade.com 遊行是從Market和 2nd Street交口開始
3月不定	亞美電影展 (Asian-American Film Festival)	caamfest.com
接近3月17日 的週日	聖派屈克節大遊行 (St. Patrick's Day Parade)	舊金山旅遊局 (415)3912000 www.sanfrancisco.travel
4月不定	日本櫻花季 (Cherry Blossom Festival)	(415)5632313
4月不定	舊金山國際影展 (San Francisco International Film Festival)	(415)9313456 www.sffs.org
5月第3個週日	萬人化妝碎浪賽跑 (Examiner Bay to Breakers Foot Race)	(415)8085000 ext 2222 www.baytobreakers.com
5～10月底止	芳草地花園慶祝會 (Yerba Buena Gardens Festival)	www.ybgf.org
6月第2個週日	嬉皮街擺街會 (Haight Street Fair)	(415)6669952 www.haightashburystreetfair.org/ drupal_hasf
6月最後一個 週末	同性戀驕傲大遊行 (San Francisco Lesbian／Gay／Bisexual ／Transgender Pride Celebration Parade)	(415)8643733 www.sfpride.org
7月4日	美國獨立紀念日 (Independence Day)	舊金山旅遊局 (415)3912000 www.sanfrancisco.travel
7月不定	菲摩街爵士音樂節(Fillmore Street Jazz Festival)	(510)2325030
9月每個週末	舊金山莎士比亞節 (San Francisco Shakespeare Festival)	(415)4222222 www.sfshakes.org
9月下旬	舊金山藍調音樂節 (San Francisco Blues Festival)	(415)9795588 買票專線Bass(415)4782277 www.sfblues.com
10月第1個 週日	同志街擺街會 (Castro Street Fair)	(415)4673354 www.castrostreetfair.org
10月上旬	哥倫布日及義大利花車大遊行 (Columbus Day & Italian Heritage Parade)	(415)7887353 www.sfcolumbusday.org
10月下旬	舊金山爵士音樂節 (San Francisco Jazz Festival)	www.sfjazz.org
10月31日晚	萬聖節化妝街頭舞會 (Halloween Street Party)	舊金山旅遊局 (415)3912000 www.sanfrancisco.travel
11月底～12月	狄更斯聖誕園遊會 (Great Dickens Christmas Fair)	www.dickensfair.com
12月下旬	「胡桃鉗」(Nutcracker)芭蕾舞表演	(415)8652000 www.sfballet.org

醫院與藥局

美國是醫藥分家制，所以很多的藥都需要醫生處方，當然也有一些家庭常見的藥，不需要醫生處方，可以在藥房直接購買。重大疾病請送醫院急診室。

舊金山的著名藥房

Walgreens
✉ 825 Market Street(@ 4th Street)
☎ (415)5439534

✉ 141 Kearny Street(@ Post Street)
☎ (415)8340231

✉ 3201 Divisadero Street(@ Lombard)
☎ (415)9316417

舊金山著名醫院

California Pacific Medical Center
✉ 2333 Buchanan Street
☎ (415)5634321

Medical Center of the University of California at San Francisco
✉ 505 Parnassus Ave.
☎ (415)4761000

實用網站 & APP

www.sfstation.com	有最新的城市動態、展覽、娛樂、餐廳、活動、住宿等介紹。
www.sfgate.com	可找到天氣、交通、新聞等生活資訊。
www.sanfrancisco.travel	舊金山旅遊局的官方網站，可找到不少的旅遊資訊及行程規畫建議。
www.backpackers.com.tw	背包客棧中文網頁，可輕鬆找到舊金山的便宜機票及住宿。
Mistersf.com	當日舊金山的最新活動、餐廳介紹。
www.yelp.com	非常流行的美食餐廳搜尋引擎。
www.opentable.com	非常好用的餐廳訂位網站，幾乎舊金山的名餐廳都可在此訂位。
www.511.org	打入起始點與終點的地址，就可以幫你規畫出搭乘大眾捷運系統的路線。
Routesy	提供所有舊金山大眾捷運系統的資訊，如Muni、Bart、Caltrain、AC公車等。
SFpark	提供你所有市區的停車資訊，包括停車場費用，空位查詢等等。
Yelp	今晚想要吃什麼？上Yelp去搜尋現在最夯的餐廳、咖啡廳、酒吧！
Tip Calculator	數學不好沒關係，舊金山用餐必須付小費，讓它幫你快速計算，免傷腦筋。
OpenTable	想要餐廳訂位，打電話說英文怕怕，那就用這個APP來訂位。
iBart	有路線規畫、費率計算等等，是搭乘Bart的APP指南。
Hotel Tonight	今晚別怕找不到旅館，這個APP可以幫你找到現在哪個旅館有空房。
SF Station	提供舊金山最即時的城市活動、博物館展覽、演唱會、音樂會消息。
Airbnb	幫你快速找到便宜又有特色的當地人住宿，有中文頁。
Currency	血拼時的良伴，可以幫你快速換算美金與台幣。
Flywheel-The Taxi	如果覺得有牌照正規的計程車司機比較有保障的話，這裡可以幫到你。
SF/Arts Express	網羅舊金山及灣區即時一千個以上的藝術活動，幫你快速搜尋。
SF Climates	舊金山各區氣候、溫度快查。

網路與智慧手機

舊金山以提供全城的Wi-Fi系統為目標，目前整條Market Street上都有Wi-Fi系統的供應，使用電腦或手機，只要打開Wi-Fi搜尋，找到「__San_Francisco_Free_WiFi」這個連結，即可使用Wi-Fi享受無限上網。

其實美國的咖啡店，像是星巴克等等，都有免費的Wi-Fi上網服務，也可免費讓你充電，非常方便，另外像是Market street上的Westfield百貨公司(65頁)，舊金山總圖書館(176頁)，Apple電腦旗艦店(58頁)等等，都有免費的Wi-Fi提供，也可以多利用。

需要3G或4G手機漫遊美國者，建議攜帶GSM三頻或四頻的手機，到美國時可以向美國著名的電信業者、像是AT&T、T-Mobile、Verizon、Sprint購買易付卡(Pay to Go)使用，舊金山國際機場就有手機業者的專門店，下載後即可立刻買到易付卡，但金額滿昂貴的，還是建議多使用Wi-Fi上網較划算。

San Francisco Apple Store
✉ 300 Post Street
☎ (415)4864800

郵寄

目前舊金山寄回台灣郵件的計價是明信片1.15元，航空信件(Air Mail Letter)按重量計，不超過1 ozs就是1.15元，航空包裹(Airmail Parcel)按重量計，可上網查詢，若想知道附近郵局所在，也請上網查詢。

United States Postal Service官網
http www.usps.com

徒步旅行團

名稱	電話	網址	說明
City Guides 城市之旅	(415)5574266 每日出發，免費	www.sfcityguides.org	由地方上的義工提供免費導覽，從歷史、建築到文化，有各種不同的行程。
Gourmet Walks 美食之旅	(415)3121119	www.gourmetwalks.com	品嘗最棒的巧克力、加州美酒、品味起司……各式美食。
Local Tastes of the City Tours 城市之旅	(415)6650480	www.sffoodtour.com	走訪北灘的歷史，並曾榮獲2006年及2007年最佳徒步旅行團的殊榮。
Barbary Coast Trail 野蠻海灘之旅	(415)4542355	www.barbarycoasttrail.org	介紹舊金山野蠻海灘的歷史。
California Nature Tours 自然之旅	(415)9715201	www.californianaturetours.com	有賞鳥、賞花、觀賞野生動物等各種行程。
Chinatown Adventure Tours With The 'Wok Wiz' 中國城之旅	(650)3559657	www.wokwiz.com	老牌的中國城徒步團，曾獲許多雜誌和報紙的推薦。

Haight Ashbury Flower Power Walking Tour 嬉皮之旅	(415) 8631621	www.haightashburytour.com	走訪嬉皮街，找尋60年代嬉皮的痕跡與歷史。
Victorian Home Walk 維多利亞屋之旅	(415) 2529485	www.victorianwalk.com	拜訪200間以上的維多利亞房屋，從聯合廣場出發，約2.5個小時。
San Francisco Giants 棒球之旅	(415) 9722000	www.sfgiants.com	棒球迷的最愛，可參觀AT&T Park，巨人棒球隊Giant的比賽等等。
Tom's Scenic Trail walking 森林之旅	(415) 2646235	www.muirwoodstour.com	在謬爾森林(Muir Wood)享受森林浴，徒步導覽森林、賞花、野餐，可到你的旅館接送。

單位換算

美國與台灣的使用單位不同，以下是簡單的換算表。

台灣	美國	換算方式
攝氏	華氏	$℃=(℉-32)×5÷9$ 或 $℉=℃×9÷5+32$
公分(cm)	英吋(inch)	1 inch = 2.54 cm
公里(km)	英哩(mile)	1 mile = 1.6 km
公斤(kg)	英鎊(lb)	1 lb = 0.45 kg
公克(g)	盎司(oz)	1 oz = 28 g

尺碼對照表

女裝

歐洲	30	32	34	36	38	40	42	44
美國	2	4	6	8	10	12	14	16
台灣	76	81	86	91.5	96.5	101.5	106.5	
日本	5	7	9	11	13			

女鞋

歐洲	36	36	37	38	39	40	41
美國	5.5	6	6.5	7	7.5	8	8.5
台灣	66	68	69	70	71	72	73
日本	22.5	23	23.5	24	24.5	25	25.5

男裝

歐洲	44	46	48	50	52	54	56
美國	18	20	22	24	26	28	30
台灣	83	83.5	84	84.5	85	85.5	86
日本	S	S	M	M	L	L	LL

男鞋

歐洲	40	40	41	42	42	43	43
美國	7	7.5	8	8.5	9	9.5	10
台灣	73	74	75	75	76	77	78
日本	24.5	25	25.5	26	26.5	27	27.5

個人旅行 *98*

舊金山(最新版)

文　　　字　　陳婉娜
攝　　　影　　陳婉娜

總　編　輯　　張芳玲
發 想 企 劃　　taiya旅遊研究室
編輯室主任　　張焙宜
主 責 編 輯　　張焙宜
特 約 編 輯　　陳美君
修 訂 主 編　　鄧鈺澐
封 面 設 計　　林惠群
美 術 設 計　　林惠群
地 圖 繪 製　　蔣文欣、林惠群、涂巧琳

太雅出版社
TEL：(02)2882-0755　FAX：(02)2882-1500
E-mail：taiya@morningstar.com.tw
郵政信箱：台北市郵政53-1291號信箱
太雅網址：http://taiya.morningstar.com.tw
購書網址：http://www.morningstar.com.tw
讀者專線：(04)2359-5819 分機230

發 行 所　　　太雅出版有限公司
　　　　　　　台北市11167劍潭路13號2樓
　　　　　　　行政院新聞局版台業字第五○○四號
法律顧問　　　陳思成律師
印　　刷　　　上好印刷股份有限公司　TEL：(04)2315-0280
裝　　訂　　　東宏製本有限公司　TEL：(04)2452-2977

三　　版　　　西元2017年01月01日
定　　價　　　430元
(本書如有破損或缺頁，退換書請寄至：台中市工業30路1號 太雅出版倉儲部收)

ISBN 978-986-336-141-1
Published by TAIYA Publishing Co.,Ltd.
Printed in Taiwan

國家圖書館出版品預行編目資料

舊金山 / 陳婉娜作. -- 三版.
-- 臺北市：太雅, 2017.01
　面；公分. -- (個人旅行；98)
ISBN 978-986-336-141-1(平裝)

1.自助旅行 2.美國舊金山
752.77169　　　　　　105018401

這次購買的書名是：

舊金山 最新版 (So Easy 98)

* 01 姓名：＿＿＿＿＿＿＿＿＿＿ 性別：□男 □女 生日：民國 ＿＿＿＿ 年

* 02 手機(或市話)：＿＿＿＿＿＿＿＿＿＿＿＿＿＿＿＿

* 03 E-Mail：＿＿＿＿＿＿＿＿＿＿＿＿＿＿＿＿＿

* 04 地址：□□□□□ ＿＿＿＿＿＿＿＿＿＿＿＿＿

* 05 你選購這本書的原因。

1. ＿＿＿＿＿＿＿ 2. ＿＿＿＿＿＿＿ 3. ＿＿＿＿＿＿＿

06 你是否已經帶著本書去旅行了？請分享你的使用心得。

＿＿＿＿＿＿＿＿＿＿＿＿＿＿＿＿＿＿＿＿＿＿＿＿＿＿

＿＿＿＿＿＿＿＿＿＿＿＿＿＿＿＿＿＿＿＿＿＿＿＿＿＿

　　很高興你選擇了太雅出版品，將資料填妥寄回或傳真，就能收到：1.最新的太雅出版情報 2.太雅講座消息 3.晨星網路書店旅遊類電子報。

填問卷，抽好書 (限台灣本島)

　　凡填妥問卷(星號＊者必填)寄回、或完成「線上讀者情報上傳表單」的讀者，將能收到最新出版的電子報訊息，並有機會獲得太雅的精選套書！每單數月抽出10名幸運讀者，得獎名單將於該月10號公布於太雅部落格與太雅愛看書粉絲團。參加活動需寄回函正本始有效(傳真無效)。活動時間為即日起～2018/06/30

以下3組贈書隨機挑選1組

放眼設計系列2本 (隨機)

手工藝教學系列2本 (隨機)

黑色喜劇小說2本

太雅出版部落格	太雅愛看書粉絲團	旅遊書王(太雅旅遊全書目)	線上讀者情報上傳表單
taiya.morningstar.com.tw	www.facebook.com/taiyafans	goo.gl/m4B3Sy	https://goo.gl/kLMn6g

填表日期：＿＿＿＿年＿＿＿＿月＿＿＿＿日

(請沿此虛線壓摺)

廣　告　回　信
台灣北區郵政管理局登記證
北 台 字 第 1 2 8 9 6 號
免　貼　郵　票

太雅出版社 編輯部收

台北郵政53-1291號信箱
電話：(02)2882-0755
傳真：(02)2882-1500
（若用傳真回覆，請先放大影印再傳真，謝謝！）

(請沿此虛線壓摺)

太雅部落格 http://taiya.morningstar.com.tw

有 行 動 力 的 旅 行 ， 從 太 雅 出 版 社 開 始